Leben mit Hirn

Sebastian Purps-Pardigol

Leben mit Hirn

Wie Sie Ihre Potenziale entfalten, egal was um Sie herum geschieht

Illustriert von Nadine Rondholz

Campus Verlag
Frankfurt/New York

Besonders für Paul

MIX
Papier | Fördert gute Waldnutzung
FSC® C089473

ISBN 978-3-593-51471-0 Print
ISBN 978-3-593-44861-9 E-Book (PDF)
ISBN 978-3-593-44862-6 E-Book (EPUB)

Umschlaggestaltung: total italic, Thierry Wijnberg, Amsterdam/Berlin
Umschlagmotiv: © Shutterstock/Foxys Graphic
Illustrationen: Nadine Rondholz
Satz: DeinSatz Marburg UG | tn
Gesetzt aus: Minion Pro und Myriad
Druck und Bindung: Beltz Grafische Betriebe GmbH, Bad Langensalza
Beltz Grafische Betriebe sind ein klimaneutrales Unternehmen (ID 15985-2104-1001).
Printed in Germany
Kontakt: Werderstr. 10, 69469 Weinheim, info@campus.de
www.campus.de

Inhalt

Einleitung

Eine ziemlich teure Tasse Tee

Als das Auto an der Ampel hält, schießt mir ein Gedanke durch den Kopf: »Raus hier! Jetzt oder nie!« Ich sitze auf der Rückbank, hinter dem Fahrer. An der Kreuzung warten noch andere Fahrzeuge auf Grün. Ich könnte mich vielleicht in eines von ihnen retten, wenn ich jetzt schnell aus dem Wagen springe. Oder aber ich renne in eine der kleinen Seitengassen. Die drei Männer, die mich in das Auto gezwängt haben, sind zwar groß und muskulös – doch sie scheinen mir nicht sonderlich schnell zu sein. Ich könnte ihnen womöglich entkommen.

Mein ganzer Körper ist voller Adrenalin. Meine Gedanken rasen und werden von meinen Emotionen befeuert: Zum einen bin ich wütend auf mich, dass ich in so eine Situation geraten bin. Zum anderen wirken die drei Kerle wirklich beängstigend. Eine kurze Zeit lang spürte ich Ohnmacht, doch jetzt merke ich den archaischen Impuls zur Flucht.

Springe ich in eines der anderen Autos, kurz bevor es bei Grün losfährt, oder renne ich in eine der Seitengassen? »Ich entscheide das, sobald ich aus dem Wagen raus bin und eine bessere Übersicht habe«, denke ich. Die ersten Schritte werde ich nach hinten links machen. Dort ist eine erhöhte Verkehrsinsel. Von dort aus kann ich das Straßennetz besser einsehen.

Es geht los. Ich lehne mich mit meiner Schulter unbemerkt gegen die Tür, damit ich sie gleich schneller aufstoßen kann. Die drei grimmigen Muskelpakete im Auto scheinen abgelenkt. Mein Herz rast nochmal einige Schläge schneller als ohnehin schon die ganze Zeit. Ich halte die Luft an und ziehe langsam am Türgriff … nichts passiert. »So ein Mist – sie haben die Kindersicherung eingeschaltet«, realisiere ich. »Ich bin wohl nicht der Erste, den sie in diesem Auto durch die nächtlichen Straßen von Istanbul fahren.«

Ein Blick in mein Gehirn: Ich erlebte sehr eindrücklich das Zusammenspiel seiner verschiedenen Anteile. Die primitiven neuronalen Strukturen meines Hirnstamms lassen in einer solchen bedrohlichen Situation sehr wirksame Notfallprogramme anspringen. Einige neuronale Strukturen hatten bereits begonnen, eine große Menge Adrenalin und Noradrenalin auszuschütten. Wäre ich in eine sogenannte unkontrollierbare Stressreaktion gerutscht, könnte mein Hirn nur noch mit einer der drei Überlebensstrategien reagieren: Angriff, Flucht oder Starre. Ich wäre wohl die Bestzeit meines Lebens gerannt, hätte ich mich an der Ampel aus dem Auto befreien können.

Zugleich gibt es da noch diese neuronalen Netzwerke direkt hinter unserer Stirn, in unserem präfrontalen Cortex (PFC). Dieser wirkt wie ein Gegenspieler zum Hirnstamm mit seinen archaischen Überlebensreaktionen. Kein anderes Säugetier auf dem Planeten hat einen so ausgeprägten PFC wie wir Menschen. In ihm sind viele unserer höheren kognitiven Fähigkeiten beheimatet, wie die vorausschauende Handlungsplanung, die Kreativität, die Empathie, das Mitgefühl, die Beurteilung von Erfahrungen, aber auch das Priorisieren. Eine weitere seiner Fähigkeiten ist die Impulskontrolle. Diese beruhigte die Signale meines Hirnstamms und sorgte dafür, dass ich nichts Unüberlegtes tat.

Durch den gescheiterten Fluchtversuch rasten meine Gedanken einen Moment lang noch mehr als zuvor. Die Ampel schaltete auf Grün, und wir fuhren weiter. »Ruhig atmen«, sagte ich mir. Nach einigen Augenblicken erhielt mein PFC wieder die Oberhand. Mein Hirn beruhigte sich, und ich reflektierte die Situation: »Wow, du wirst gerade räuberisch erpresst«, dachte ich. »Wie lange wird das Ganze dauern? Wie verhalte ich mich am besten?«

Eine halbe Stunde, bevor ich in das Auto gedrängt wurde, war ich noch durch den Istanbuler Stadtteil Taksim gelaufen. Das Viertel im europäischen Teil der Metropole ist mit den vielen kleinen Geschäften rund um die große Fußgängerzone ein beliebter Ort für Touristen. Ich war mit einem Einheimischen ins Gespräch gekommen, der mich in diese Bar gelotst hatte, in der das unschöne Ereignis begann. Es war das Jahr 2006. Ich verantwortete die weltweiten Allianzen zur Unterhaltungsindustrie für den schwedischen Telekom-Zulieferer Ericsson. Am kommenden Tag sollte ich gemeinsam mit meinen Kollegen vor Ort Meetings mit den

CEOs von Warner Music, Universal Music und Sony Music haben. Wir würden über die Lizenzen für digitale Musikrechte verhandeln.

Diese Gespräche versprachen anstrengend zu werden, also bestellte ich mir nur einen grünen Tee in der Bar, in die ich unbemerkt gelockt worden war. Was dann geschah, ist ein bekanntes Betrugsmuster, wie man mir später erklärte: In dem Moment, als mein Tee serviert wurde, setzten sich plötzlich zwei unbekannte Frauen ungefragt zu mir und meinem türkischen Begleiter. Noch im Hinsetzen bestellten sich die beiden jeweils ein Getränk. Und die erschienen kurz darauf auf unserer Rechnung – denn wir hätten sie ja eingeladen, behauptete der Kellner. Laut der Getränkekarte, die er mir präsentierte, kosteten ihre Bestellungen 1200 Euro. Die Falle war zugeschnappt. Mein Begleiter tat überrascht, doch ich glaubte ihm nicht. Ich war der einzige Mitteleuropäer in dem Laden, stellte ich fest. Ohne gute Kampfsportkenntnisse hatte ich keine Chance, ungeschoren aus dieser Nummer herauszukommen. Ich hatte nicht so viel Bargeld bei mir, und so fand ich mich plötzlich in einem Hinterzimmer ohne Fenster wieder. Vier dunkle Gestalten unterhielten sich eine gefühlte Ewigkeit darüber, was sie nun mit mir machen würden. Ich kam mir vor wie in einem Tarantino-Film. Einer erklärte mir schließlich, dass wir zu einem Geldautomaten fahren würden, damit ich meine Schulden begleichen könnte. So landete ich in dem Auto.

»Was ist wohl der maximale Betrag, den der Geldautomat ausspucken wird?«, frage ich mich. »Die Alternative zum Geld sind Schmerzen und viele Zahnarztbesuche, um das zu richten, was die Jungs mir antun könnten«, sagt eine Stimme in meinem Kopf. Ich lebe in der Schweiz und habe ein gutes Gehalt. Trotzdem ärgert mich die Summe – und zudem will ich einfach nicht beraubt werden!

Das Auto hält. Verdammt, sind die drei gut vorbereitet: Eine abgelegene lange Straße. Selbst wenn ich rennen würde, würden sie mich mit dem Wagen erwischen. Ich hätte keine Chance gegen die Männer, es sei denn, ich wäre Chuck Norris. Geld oder Gesundheit – die Wahl habe ich bereits während der letzten Kilometer getroffen. Natürlich Gesundheit! Einer der Hünen begleitet mich in den Vorraum der Bank. Als ich ihm das Bündel Geldscheine in die Hand drücke, gibt er mir – und das finde ich sogar bis heute noch überraschend freundlich – einen ehrlich gemeinten Rat: »Don't trust anybody in this city!«

Wie wir in der heutigen Welt über uns hinauswachsen können

Den Überlebensmechanismus mit Angriff, Flucht oder Starre, den ich in Istanbul in mir spürte, haben wir alle früh in unserem Hirn verankert. Er reagiert ganz von allein. Die höheren kognitiven Leistungen des PFC (am Ende des Buchs finden Sie ein Glossar, in dem ich Ihnen viele der wiederkehrenden neurowissenschaftlichen Begriffe in Ruhe erkläre), die den archaischen Anteilen entgegenwirken können, entstehen erst im Laufe der Zeit. Abhängig vom sozialen Umfeld und den Erfahrungen während unserer Kindheit und Jugend entwickeln sich viele Netzwerke in unserem PFC gut – manche vielleicht etwas weniger. Doch selbst wenn Letzteres geschieht, weiß man inzwischen aus der modernen Hirnforschung, dass unser Gehirn in der Lage ist, sich ein Leben lang neu zu vernetzen. Das bedeutet, dass wir grundsätzlich jederzeit neue Gedanken, neue Fähigkeiten und neue Verhaltensweisen entwickeln können. Wenn es die richtigen sind, meistern wir schwierige Situationen einfacher, erreichen persönliche Ziele leichter und können resistenter mit Stress umgehen. Wir haben mehr mentale Energie zur Verfügung, können die Beziehungen zu den Menschen in unserem Umfeld verbessern und letztlich auch unser persönliches Wohlbefinden und unser Erleben von Glück steigern.

Doch wie kann das gelingen?

Ich habe mich vor langer Zeit auf die Suche gemacht, darauf Antworten zu finden. Auf meinem Weg arbeitete ich mich durch Hunderte wissenschaftliche Studien und sprach mit vielen Menschen, die in ihrem Leben besondere Erfahrungen gemacht haben – aufgrund ihrer Profession oder persönlichen Lebensereignisse. Über einige von ihnen werden Sie auf den nächsten Seiten mehr erfahren.

Vor 25 Jahren habe ich zum ersten Mal an einem intensiven Persönlichkeitstraining teilgenommen. In den folgenden Jahren habe ich viel Zeit investiert, rund um den Globus nach Lehrern zu suchen, die mir halfen, alten Ballast abzuwerfen und mich stetig weiterzuentwickeln. Parallel dazu habe ich zehn Jahre für Unternehmen wie Sony Music, Swisscom und Ericsson gearbeitet. Hier war es eine andere Art persönlichen Wachstums, die mich interessiert hat: »Wie muss ich als Führungskraft sein, damit sich meine Mitarbeitenden besonders gut entfalten können?«

Meine Neugier auf Persönlichkeitsentwicklung hat vor sechs Jahren eine weitere Triebfeder erhalten, als mein kleiner Sohn geboren wurde. Seitdem frage ich mich häufig: »Wie kann ich ein wirklich guter Vater und das bestmögliche Vorbild für ihn sein?«

Im Jahr 2008 habe ich begonnen, meine Erkenntnisse beruflich mit Menschen zu teilen. Zum einen verbringe ich als Berater und Coach Zeit mit Unternehmern und Führungskräften. Ich zeige ihnen, wie sie eine Kultur in ihrer Organisation etablieren, durch die Mitarbeitende mehr der in ihnen liegenden Potenziale entfalten können. Aus diesem Teil meiner Arbeit entstand gemeinsam mit meinem Wegbegleiter, dem Hirnforscher Dr. Gerald Hüther, die Initiative »Kulturwandel in Unternehmen und Organisationen« (kulturwandel.org). Davon handeln auch meine beiden Wirtschafts-Bestseller *Führen mit Hirn* und *Digitalisieren mit Hirn*. Zum anderen biete ich Persönlichkeitstrainings für Menschen an, die Lust haben, sich einige Tage intensiv mit sich und den für sie wichtigen Bereichen ihres Lebens zu beschäftigen.

Während meiner Arbeit mit inzwischen mehreren Tausend Teilnehmenden innerhalb und außerhalb von Unternehmen sah ich regelmäßig wiederkehrende Themen, die diese Menschen beschäftigen. Was viele beispielsweise umtreibt, ist: »Wie gelingt es mir, jeden Tag bestmöglichen Zugriff auf das zu bekommen, was in meinem Kopf steckt?« Dazu habe ich für dieses Buch mit mehreren Fluglotsen und dem Chief Security Officer der Deutschen Flugsicherung gesprochen. Diese Personen arbeiten in einer sogenannten Hochrisiko-Organisation. Manche der Fluglotsen haben die mental sehr anspruchsvolle Aufgabe, pro Stunde jeweils bis zu 60 Flugzeuge mit teilweise mehreren Hundert Passagieren sicher auf den Boden zu navigieren. Sie brauchen ständigen Zugriff auf ihre neuronalen Ressourcen, denn bereits nur ein Fehler kann viele Menschenleben kosten.

Eine weitere wiederkehrende Frage für viele lautet: »Wie kann ich mich in Belastungssituationen emotional stabilisieren, wie kann ich alten Ballast hinter mir lassen?« Dazu habe ich mehrfach eine Mutter getroffen, die ihr Kind durch einen Unfall verloren hat. Sie berichtete, wie es ihr gelungen ist, einen guten inneren Umgang mit dem Menschen zu finden, der persönlich eine Mitverantwortung an der Tragödie trägt.

Und auch die Herausforderung, wie man nicht nur täglich, sondern möglichst auch langfristig Zugriff auf die eigenen neuronalen Fähigkeiten und Potenziale erhält, ist für immer mehr Menschen von Bedeutung. Denn wir leben in einer Zeit, die ein menschliches Hirn ziemlich fordern kann. Allein die hohe Informationsdichte und die gleichzeitig eintreffenden Impulse über verschiedenste Kommunikationskanäle verlangen ihm etwas ab, wofür es nicht geschaffen ist: Multitasking. Das parallele Verarbeiten mehrerer Vorgänge raubt ihm mächtig viel Energie. Studien der York University und der University of London zeigen, dass uns beim Multitasking 17 Prozent unserer Auffassungsgabe verloren gehen und dass sich mittelfristig dadurch auch die Anzahl der Nervenzellen in manchen Bereichen unseres Hirns zurückbilden. Man muss kein Wissenschaftler sein, um zu verstehen, dass der Verlust von Hirnzellen nicht besonders erstrebenswert ist. Doch wie kann man mit Phasen hoher Informationsdichte umgehen? Dazu erklärt ein Geiselverhandler, was er und seine Kollegen tun, wenn viele Impulse zur selben Zeit auf sie einströmen und sie sich selbst stabilisieren müssen. Denn wenn das nicht gelingt, kann es Tote geben.

Echte Bedrohungsszenarien, wie das von mir erlebte in Istanbul, sind für die meisten von uns hoffentlich eher die Ausnahme. Unser Hirn, dessen allerwichtigste Aufgabe es ist, uns am Leben zu erhalten, ist jedoch trotzdem ständig subtil im Suchmodus nach Gefahren, um diese vorausschauend abzuwenden.

Wenn nichts Lebensbedrohliches zu finden ist, wählt es das Nächstbeste. Dann ist es eben der Autofahrer, der uns die Vorfahrt nimmt. Eine Schrecksekunde im Großstadtverkehr und schon schickt unser Hirn sich selbst in eine neuronale Übererregung. Vielleicht ist es aber auch das trödelnde Kind am Morgen, die spitz formulierte Mail der Chefin oder der leere Akku des Handys beim Verlassen des Hauses – das Angriffs-, Flucht- oder Starre-Verhalten des Hirnstamms erwacht dann gerne zum Leben.

Worum es mir in diesem Buch auch noch geht

Besonders eindrücklich ist so eine fehlgeleitete Übererregung bei Konflikten in den sozialen Medien. Facebook, Twitter & Co. scheinen für viele Nutzer ein bisschen so wie Autofahren zu sein: Sie kommen mit Menschen in Kontakt, die sie im echten Leben nicht kennen, und sie beschimpfen diese auf eine Art und Weise, wie sie es sich im direkten Kontakt nie trauen würden. Der Unterschied zu dem vor sich hin schimpfenden Autofahrenden: In den sozialen Medien lesen andere mit, sie erzürnen sich ebenfalls, und es entstehen Lawinen negativer Kritik – die sogenannten Shitstorms. Es hat den Anschein, als sei das impulsregulierende Korrektiv des PFC bei manchen Menschen außer Kraft gesetzt, wenn sie vor ihrem Bildschirm sitzen, etwas lesen, das ihnen nicht gefällt, und niemanden haben, mit dem sie darüber sprechen können. Dann übernimmt der archaische Angriffsmodus des Hirnstamms und tippt seine Beleidigungen in die Tastatur.

Dabei widerstrebt dieses konfrontative Auftreten einem tief in uns verwurzelten neurobiologischen Grundbedürfnis: dem Bedürfnis nach Verbundenheit. Ein ganz anderes Verhalten würde uns daher guttun: Freundlichkeit. Die Stanford-Professorin Sonja Lyubomirsky hat nachgewiesen, dass allein wenige Akte der Freundlichkeit nachweisbar zu einem 40 Prozent höheren Glücksempfinden führen.

Doch es gibt sie nun einmal, diese Momente im Alltag, die in einer neuronalen Übererregung münden und in denen Freundlichkeit zu entwickeln schwierig ist. Um mit solchen Situationen gelassener umzugehen, lernen Sie bereits zu Beginn dieses Buchs fünf Methoden kennen, die Ihnen dabei helfen können – egal, was Sie gerade ärgert: andere Menschen, Ihr Handy oder Sie sich über sich selbst.

Ich erkläre Ihnen auf den späteren Seiten die neurobiologischen Hintergründe des Verbundenheitsbedürfnisses und was in uns geschieht, wenn es fehlt. Dazu habe ich mehrfach mit international arbeitenden Friedensmediatoren gesprochen, deren Aufgabe es ist, zerstrittenen Parteien in Kriegsgebieten dabei zu helfen, sich zu befrieden. Einer von ihnen berichtete mir von einer Mediation im Kosovo. Sie begann damit, dass ihm eine Gruppe Kosovo-Serben gegenüberstand und fragte: »Warum glaubt die ganze Welt, dass wir Mörder sind?«

Wie er in dieser verzwickten Situation reagierte und ob er überhaupt noch als Mediator akzeptiert wurde, erfahren Sie später in seiner Erzählung.

Da wir gerade bei Konflikten sind … Eine Haupttriebfeder für mich, dieses Buch zu schreiben, ist meine Sorge über die zunehmende Spaltung der Gesellschaft und den damit einhergehenden Verlust menschlichen Miteinanders. Die Covid-19-Situation wirkte wie ein Vergrößerungsglas, durch das manch Verborgenes plötzlich sehr schnell sehr sichtbar wurde: Viele Menschen scheinen nicht mehr dazu in der Lage zu sein, kultiviert Meinungen auszutauschen oder überhaupt andere Meinungen zuzulassen. Sie kanzeln einander ab und verurteilen den anderen. Das Virus war ein Katalysator für eine unterschwellige Dynamik, die vorher bereits brodelte. Es ist mir ein tiefes Anliegen, dass die Leserinnen und Leser dieses Buches das Wissen erhalten, um diese Dynamik im eigenen Leben und im eigenen Umfeld zu verändern. Daher werde ich auch all die ungünstigen Auswirkungen von fehlender Verbundenheit auf Gehirn und Körper beschreiben. Aber ich beleuchte ebenso die Sonnenseite und was uns alles möglich sein wird, wenn wir dieses Grundbedürfnis nach Verbundenheit stillen.

Ich zeige Ihnen den »G-Punkt des Gehirns« und wie Sie diesen aktivieren. Sie lernen einen engen Vertrauten des Dalai Lama kennen, der als glücklichster Mensch der Welt gilt. Er hat mit mir für dieses Buch über die Methoden gesprochen, mit denen es für ihn möglich wurde, in diesen Glückszustand zu gelangen. Mit der Hilfe dieses 75-jährigen Mönchs können Sie sich eine Jahrtausende alte mentale Technik aneignen, die rasend schnell zu positiven Veränderungen in Ihrem Gehirn führt, wie auch Wissenschaftler inzwischen nachweisen können. Und zugleich hilft diese Technik ganz automatisch, die Beziehungen zu anderen Menschen zu verbessern. Sie macht uns den Menschen zugewandter und lässt uns wie ganz von allein mehr Wohlwollen in uns spüren.

Wie Sie in der Mitte des Buchs erfahren werden, hat dieses Kultivieren einer wohlwollenden inneren Haltung jede Menge positive Auswirkungen auf einen selbst – sowohl emotional als auch körperlich!

Die Erkenntnisse und die Methoden in diesem Buch habe ich bewusst für verschiedene Lebensphasen und Prioritäten geschrieben. Manches wird Ihnen vielleicht bekannt vorkommen und Sie können Ihr Wissen durch den wissenschaftlichen Hintergrund weiter vertiefen. Vieles ist möglicherweise genau der Augenöffner, den Sie gerade brauchen. Es kann auch sein, dass Sie etwas lesen, das Sie momentan noch gar nicht anspricht – das Ihnen jedoch weiterhilft, wenn Sie zu einem späteren Zeitpunkt das Buch wieder in die Hand nehmen.

Während des Schreibens habe ich immer wieder verschiedene Perspektiven eingenommen. Ich stellte mir die Führungskräfte vor, mit denen ich arbeite, und ich erinnerte mich an das, was diese Menschen während ihrer eigenen Entwicklung bewegt. Ich hatte auch Teilnehmende meiner Persönlichkeitstrainings im Sinn und wie diese Menschen mit diesem Buch einen guten Schritt weiterkommen könnten. Ich nahm zudem auch die Sichtweise von Eltern ein – ich selbst gehöre ja auch zu dieser Gruppe – und habe für sie an manchen Stellen Inhalte eingefügt, die hilfreich sein könnten. Ich habe mir meinen jetzt noch kleinen Sohn im jungen Erwachsenenalter vorgestellt und wie ich ihn dann mit diesem Buch erreichen könnte. Ich hoffe, dass es auch jetzt schon dem ein oder anderen jungen Erwachsenen helfen wird. Denn dieses Buch ist eines, das ich mit Anfang Zwanzig gerne gelesen hätte – manches wäre für mich dadurch einfacher gewesen. Ich habe mich auch gefragt, mit welcher Fragestellung ganz andere Menschen es in die Hand nehmen, und versucht, vieles einzuweben, das es auch für sie interessant machen könnte.

Wer auch immer Sie, lieber Leser, liebe Leserin, sein mögen: Ich hoffe, dass es mir in den vergangenen achtzehn Monaten gelungen ist, etwas zu Papier zu bringen, das zu Ihnen in Ihrer aktuellen Lebenssituation passt. Wenn das der Fall ist, haben Sie am Ende der Lektüre eine Menge nützlichen Wissens und ganz konkrete Ideen in der Hand, um mit Ihrem Hirn noch besser zu leben.

Haben Sie viel Freude beim Lesen.

Ihr
Sebastian Purps-Pardigol

Kapitel 1

Die eigenen Erzählungen: Wie wir unser Hirn verzaubern

Es war an einem Samstagvormittag vor einigen Jahren. Mein kleiner Sohn war gerade zweieinhalb Jahre alt. Ich hatte mit ihm an diesem Morgen bisher vieles unternommen, was er sehr mochte: Wir haben in seinem Lieblingsbuch gelesen, haben Pancakes gebacken und passend dazu im Thermomix frisches Apfelmus zubereitet. Er saß glücklich auf seinem Kinderstuhl und war mit den klein geschnittenen Pfannkuchenstückchen beschäftigt. Da klingelte mein Handy. Ich sah die Nummer und den Namen eines Unternehmers im Display. Ihn und seine Firmen unterstütze ich als Berater und Prozessbegleiter bereits seit einigen Jahren bei der Verbesserung der Unternehmenskultur. »Herr Purps-Pardigol, sorry, dass ich am Wochenende störe, aber ich brauche mal ganz dringend Ihre Einschätzung. Ich habe Ihnen gerade ein Dokument gemailt.« Ich schaute zu meinem Sohn, sah die große Menge Essen auf seinem Teller und schätzte, dass er dafür wohl noch fünf Minuten Zeit brauchen würde. »Wir haben drei Minuten«, antwortete ich ins Telefon, um auf der sicheren Seite zu sein. Dann eilte ich die Treppe zu meinem Arbeitszimmer hoch. Nach zwei Minuten und 38 Sekunden war ich mit dem Gespräch fertig. Ich habe das später an meinem Handy überprüft, denn ich wollte wissen, in welch kurzer Zeit ein Kleinkind eine ganze Küche verwüsten kann.

Meinen Sohn konnte ich nicht mehr sehen, als ich wieder hereinkam. Dafür jedoch die Packung mit den nun aufgeplatzten Eiern, die er von der Kücheninsel auf das Parkett heruntergerissen hatte. Er schien versucht zu haben, die glibberige Masse aus der Packung herauszuholen, denn in einem Radius von einem halben Meter sah ich überall Teile des Eigelbs, die durch den Aufprall allein niemals so weit hätten spritzen können. Mit der Reismilch ist er nicht ganz so weit gekommen. Er hatte den auf dem Schrank stehenden Tetra Pak nur umgeworfen. Da ich vergessen hatte, ihn zuzuschrauben, war der Großteil der Milch aus einem Meter Höhe auf den Boden und teilweise unter die Fußleisten geflossen, wie ich später am Tag fluchend feststellte. Dann gab es noch diesen kleinen Mehlberg auf dem Fußboden. Ihm entsprang eine verdächtige Spur um die Kücheninsel herum, die mich zu meinem Sohn führte. Irgendwo hatte er noch eine Schüssel aufgetan. In ihr zermatschte er die erbeuteten Zutaten – so, wie er es aus seiner Kinderküche kannte. Dieses Mal war es jedoch echtes Essen und echtes Chaos.

Ich war ernsthaft enttäuscht. »Er hatte den perfekten Morgen: Ich habe ihm aus seinem Lieblingsbuch vorgelesen, er hat sein Lieblingsessen bekommen, wir haben viel Zeit miteinander verbracht … wieso verwüstet er die Küche?!«, dachte ich mir. Mit genervter Stimme und einem Armschwung, der auf das ganze Chaos hinweisen sollte, stand ich vor ihm und fragte ihn, warum er so ein Schlachtfeld erschaffen habe. Mein kleiner Sohn war jedoch ganz in seiner Welt versunken. Er bemerkte mich nicht einmal. Ich stellte fest, dass ich nicht zu ihm durchdrang und setzte mich neben ihn auf ein kleines, verbleibendes Stück sauberen Boden. Mit ruhigerer und interessierterer Stimme fragte ich: »Kannst du dem Papa erklären, was du da gerade machst?« Als er mich und meine Frage endlich bemerkte, fing er über beide Ohren an zu strahlen. Er schob mir die Schüssel herüber und sagte: »Papa. Essen!« Ich verstand nun, dass mein kleiner Sohn mir Frühstück zubereitet hatte. So wie ich es kurz zuvor an diesem Morgen für ihn getan hatte. Innerhalb eines Wimpernschlags war mein Frust verschwunden.

Unser innerer Zustand kann sich rasend schnell verändern, wenn wir in der Lage sind, Erlebnisse anders zu verarbeiten. Manchmal geschieht das, indem wir durch äußere Einflüsse eine andere innere Perspektive erhalten. Bei mir war es der Moment, als mein Sohn mir freudig strahlend erklärte, dass er mir Frühstück gemacht hatte. Plötzlich konnte ich dem Schlachtfeld in unserer Küche eine andere Bedeutung geben.

Doch auch dann, wenn diese äußeren Impulse fehlen, haben wir wirksame Möglichkeiten, unseren inneren Zustand schnell und nachhaltig zu verändern. So wirksam, dass man die unmittelbaren Verbesserungen sogar neuronal messen kann. Der Philosoph und Neurowissenschaftler Anthony Jack von der Case Western Reserve University in Cleveland hat im Jahr 2012 eindrucksvoll gezeigt, wie sehr unsere Gedanken unsere neuronalen Aktivitätsmuster beeinflussen.

Stellen Sie sich vor, Sie lägen in einem funktionellen Magnetresonanztomografen (fMRT), mit dem man Scans Ihres Gehirns erstellen kann. Anthony Jack bittet Sie darum, zwei unterschiedliche Arten innerer Bilder in sich zu erzeugen. Zuerst wird Jack Sie fragen: »Wenn alles in Ihrem Leben ideal laufen würde – wo sähen Sie sich in zehn Jahren? Wo würden Sie leben? Wie würden Sie Ihre Zeit verbringen? Was wären Sie dann für ein Mensch?« Denken Sie einen Augenblick über die Antworten nach, die Ihnen auf diese Frage einfallen …

Während Sie in Ihren Zukunftsträumen schwelgen, würde der Wissenschaftler Jack mit dem fMRT erkennen, dass Ihr linker präfrontaler Cortex (PFC) aktiver geworden ist. Dieser Teil des menschlichen Gehirns ist von Geburt an mit der Erfahrung von persönlichem Wohlempfinden assoziiert.

Woher man das weiß? In anderen Studien, bei denen man wenige Wochen alten Babys etwas Zuckerwasser auf die Lippen träufelte und dabei die elektrische Aktivität des Gehirns untersuchte, fingen die Kleinen an zu lächeln: Sie freuten sich über den süßlichen Geschmack. Die Wissenschaftler konnten eine höhere Aktivität des linken PFC bei den Babys messen. Der aktivste linke PFC, den man wissenschaftlich jemals erfasst hat, war übrigens derjenige von Matthieu Ricard, einem engen Vertrauten des Dalai Lama. Dieser Mönch hat viel Zeit seines Lebens eine besondere Form der Meditation praktiziert, die zu diesen bemerkenswerten Veränderungen in seinem Hirn geführt haben. Seit den Untersuchungen in einem neurowissenschaftlichen Labor gilt er als »happiest man in the world«. Matthieus Form der Meditation, mit der sich auch Ihr linker PFC mehr aktivieren lässt, lernen Sie in Kapitel 3 kennen.

Doch zuerst zurück zu Ihnen, zu Ihrem aktiven linken PFC und zu Anthony Jack. Letzterer würde in Ihrem Kopf noch etwas anderes entdecken: Einen recht aktiven ventromedialen PFC. Dieser Teil des Hirns ist bedeutsam für die Erzeugung eines sogenannten »safety signal«, eines Gefühls sozial-emotionaler Sicherheit. In weiteren Untersuchungen wäre auch sichtbar, dass Ihr parasympathisches Nervensystem hochgefahren ist. Das ist der Teil des peripheren Nervensystems, der aktiv wird, wenn nach einer Anstrengung der Ruhezustand eintritt. Es verlangsamt Herzschlag und Atmung, erweitert die Blutgefäße und bringt die Verdauung in Gang.

Nun beginnt Phase zwei des Experiments. Anthony Jack bittet Sie, andere innerer Bilder entstehen zu lassen. »Welche Herausforderungen erleben Sie derzeit? Was könnte in Ihrem Leben aktuell schwierig werden? Welche Ängste beschäftigen Sie?« Während Sie sich mit diesen Fragen beschäftigen, kann Jack völlig andere Aktivitätsmuster in Ihrem Gehirn feststellen. Es werden neuronale Netzwerke aktiv, die mit dem sympathischen Nervensystem verbunden sind.

Der Name trügt, denn so sympathisch ist dieses System gar nicht. Wenn es aktiv ist, steigert es Blutdruck und Herzfrequenz, während es die Sekretion von Verdauungssäften reduziert. Es bereitet unseren Körper auf Flucht oder Kampf vor. Während Sie sich weiterhin mit den problemorientierten Fragen des Wissenschaftlers beschäftigen, zeigen die Hirnscans, dass die Aktivität in Ihrem linken PFC gesunken und dafür im rechten PFC gestiegen ist. Dieser Bereich ist eher mit unangenehmen Gefühlen assoziiert. Denken Sie nochmal an die Babys und das Zuckerwasser. Es gab damals einen weiteren Teil des Experiments, bei dem man ihnen etwas Zitronenwasser auf die Lippen träufelte. Die Kleinen verzogen das Gesicht. Die Wissenschaftler sahen eine Erhöhung der Erregung nun in ihrem rechten PFC.

Ob Sie sich nun also etwas unangenehm Schmeckendes in Ihren Mund stecken oder über Probleme in Ihrem Leben grübeln – in beiden Fällen springt Ihr rechter PFC an. Beides fühlt sich nicht gut an.

Durch unsere Gedanken beeinflussen wir unmittelbar, welche Bereiche unseres Gehirns aktiviert werden.

Hätte man an dem Morgen, als mein Sohn mir »Frühstück« zubereitete, bei mir die neuronale Aktivität gemessen, wäre mutmaßlich eine sprunghafte Veränderung sichtbar gewesen: Das stressassoziierte sympathische Nervensystem und der rechte PFC waren vermutlich hochaktiv, als ich zurück in die Küche ging und das Chaos sah. Dann kam der Moment, in dem ich realisierte, dass er das alles getan hatte, um mir Frühstück zuzubereiten. Der linke PFC fuhr hoch und das sympathische Nervensystem fuhr herunter. Mein Hirn beruhigte sich. Ich fühlte mich besser – und geliebt.

Die Auswirkungen unserer Gedanken auf uns sind nicht nur unmittelbar, sondern auch langfristig messbar. So hat beispielsweise der Glaube, eine Bestimmung im Leben zu haben, einen messbaren Einfluss auf Gesundheit, Leben und Tod. Der Kardiologe Randy Cohen vom Mount Sinai Medical Center in New York hat zehn Studien analysiert, die sich mit dem Gefühl der Lebensbestimmung beschäftigen. Er veröffentlichte seine Erkenntnisse in der Studie »Purpose in Life and its Relationship to All-Cause Mortality and Cardiovascular Events: A Meta-Analysis«. Cohen hatte Zugriff auf die Daten von 137 000 Menschen, die untersucht und befragt worden waren. Hatten diese Menschen in Interviews angegeben, eine Bestimmung oder einen Sinn in ihrem Leben zu haben, war die Wahrscheinlichkeit, dass sie an einer Herzerkrankung litten, um 19 Prozent geringer als in den Vergleichsgruppen. Die Langzeitstudien zeigten, dass die Sterblichkeitsrate von Menschen, die ein sinnerfülltes Leben führen, um ganze 23 Prozent niedriger liegt als die der übrigen. »Für Ihr eigenes Wohlbefinden sollten Sie alles dafür tun, eine Bestimmung für sich zu finden«, resümiert Cohen.

Ich habe Ihnen nun erste messbare Auswirkungen unserer Gedanken auf unser Gehirn und den restlichen Körper nähergebracht. Im Folgenden möchte ich Ihnen erklären, wie Sie idealerweise mit unangenehmen Umständen umgehen, damit sich diese nicht ungünstig auf Ihre Gedanken und Ihre innere Welt auswirken.

Lassen Sie uns dafür einige Tausend Jahre in die Vergangenheit reisen und die alt-indische Sprache Sanskrit betrachten. Darin gibt es zwei Begriffe, die bis heute sowohl hinduistische als auch buddhistische Konzepte beeinflussen: »Sukha« und »Dukkha«. »Sukha« bedeutet Glück, Freude und Zufriedenheit. »Dukkha« ist die Beschreibung des Zustands von Stress, Schmerz und Leid. Interessant ist die Herkunft dieser beiden Begriffe. Sanskrit wurde von den alten Ariern (die übrigens ursprünglich Menschen aus dem indo-iranischen Sprachgebiet sind – und für gewöhnlich keine blonden Haare und blaue Augen haben) in den fernen Osten gebracht. Dieses nomadische Volk reiste zu Pferd und mit kleinen Wagen. Gut ausgebaute Straßen fehlten und eine Reise war deutlich beschwerlicher als heutzutage. Die Wege waren damals voller Schlaglöcher. Darum machte die Qualität des Wagens den großen Unterschied, ob es eine angenehme oder weniger angenehme Reise wurde. War die Achse des Wagens nicht zentral ausgerichtet, ruckelte das Gefährt stark oder fiel sogar in den Kurven um. Der damalige Begriff »kha« beschreibt das Loch der Achse. »Su« und »Dus« waren Präfixe und bedeuteten »gut« und »schlecht«. »Sukha« stand daher für die »gute Achse« und »Dukkha« für die »schlechte Achse«. Auf ein und derselben Straße konnte das nomadische Volk mit einer guten Achse eine angenehme und mit einer schlechten Achse eine unangenehme Reise erleben. Nun konnten die Nomaden nicht überall neue Straßen bauen, doch sie hatten Einfluss auf die Qualität ihrer Wagen und deren Achsen.

Buddhistische Konzepte übernahmen den Begriff von »Sukha« und »Dukkha«: Wir können die Qualität der Wege, die wir in unserem Leben gehen, nur bedingt beeinflussen. Doch wie das nomadische Volk der Arier Einfluss auf die Qualität ihrer Achsen hatte, so haben wir Einfluss auf unseren Geist. Ist er in einem schlechten, starren Zustand (»Dukkha«), erleben wir vieles, was uns widerfährt, als Leid und Schmerz. Ist er dagegen in einem guten, flexiblen Zustand (»Sukha«), nehmen wir das, was uns geschieht, mit deutlich mehr Freude und Zufriedenheit wahr – selbst dann, wenn uns eine Menge Schlaglöcher auf unserem Weg begegnen.

Doch wie können wir so einen »Sukha«-Zustand des Geistes in uns stärken? Lassen Sie uns dafür in die Gegenwart zurückkehren und einige neurowissenschaftliche Labore besuchen, in denen in den vergangenen Jahren viele hilfreiche Entdeckungen gemacht wurden. Sie müssen sich all die Namen und Orte nicht merken – Sie werden die Inhalte des Buchs auch dann verstehen, wenn Sie sie ignorieren. Ich habe sie hauptsächlich für all die Leserinnen und Leser aufgeführt, denen diese Details wichtig sind.

Wir können die Beschaffenheit unserer Wege nicht vorhersehen.
Jedoch können wir uns darauf vorbereiten,
dass wir auf der Reise stabil bleiben.

Um unser Glück müssen wir uns schon selbst kümmern – den Fokus bewusst neu ausrichten

Reisen wir zuerst an die University of Michigan in das Jahr 2012. Hier hat sich die Professorin für kognitive Neurowissenschaften, Heide Klumpp, mit dem Einfluss unserer Aufmerksamkeit auf unser Gehirn beschäftigt. Es ging um die Forschungsfrage: Reicht das bewusste Ignorieren bestehender emotionaler Reize, um unser Gehirn zu beruhigen?

Stellen Sie sich vor, Klumpp würde Ihnen auf einem Bildschirm gleichzeitig sowohl drei geometrische Symbole als auch Fotos von drei emotional ausdrucksstarken Gesichtern zeigen. Die Symbole wären Dreiecke, Kreise und Quadrate. Die Gesichter auf den Fotos drücken Wut, Trauer und Freude aus. Emotional ausdrucksstarke Gesichter zu betrachten, führt für gewöhnlich ganz automatisch zu einer Reaktion in unserem Gehirn. Eine Schlüsselregion für die Verarbeitung solcher Reize ist die Amygdala. Das ist eine mandelförmige Struktur in unserem Kopf, die ich gerne auch als »Gefahrenriecher« bezeichne, da sie bei jeder echten oder vermeintlichen Gefahr Alarm schlägt.

In Ihrem Blickfeld sind also gleichzeitig sechs Dinge zu erkennen: drei Symbole sowie Fotos von drei Gesichtern. Sie sind nun mitten in einem Experiment, das sich »Emotional Faces Shifting Attention Task« nennt. Langer Name, doch die Aufgabe ist kurz: Sie müssen Ähnlichkeiten finden. In manchen Runden sollen Sie ausschließlich auf die Symbole achten und dabei die beiden von den dreien identifizieren, die identisch sind. Wenn Sie also zwei Dreiecke und einen Kreis sehen, kennzeichnen Sie die beiden Dreiecke. Die Fotos der menschlichen Gesichter ignorieren Sie währenddessen, auch dann, wenn sie mitten zwischen den Symbolen platziert sind. In anderen Runden hingegen blenden Sie die Symbole aus und kümmern sich ausschließlich um die Gesichter. Sie schauen sich deren Ausdrücke an (traurig, wütend, glücklich) und bestimmen die beiden, die zusammenpassen. Wenn Sie also einen blonden wütenden Mann, eine traurige schwarzhaarige Frau und einen braunhaarigen wütenden Mann sehen, kennzeichnen Sie Foto 1 und Foto 3.

Heide Klumpp hat Sie – so wie manche Neurowissenschaftler es während einer Studie gerne tun – vorab in einen fMRT geschoben. Sie macht Scans Ihres Gehirns. Während Sie in den Runden sind, in denen Sie die emotionalen Gesichtsausdrücke miteinander verbinden, kann Klumpp eine aktivere Amygdala erkennen. Wie erwartet, reagiert Ihr Gehirn unmittelbar auf die sozialen Signale, die von den Gesichtern der anderen Menschen ausgehen – auch wenn es nur Fotografien sind! Das hat Klumpp nicht anders erwartet: Die Emotionen springen leicht über. Interessanter ist die Beobachtung aus dem zweiten Teil des Experiments. Die erhöhte Erregung in der Amygdala verschwindet, sobald Sie sich den geometrischen Symbolen zuwenden. Obwohl Sie die Fotos der menschlichen, emotionalen Gesichter weiterhin direkt vor Ihrer Nase sehen, sorgt Ihr veränderter Fokus dafür, dass Ihre Amygdala entspannt bleibt.
»Klingt logisch«, denken Sie vielleicht. »Wenn ich das Störende ausblende und mich auf das Positive fokussiere, fühle ich mich besser.« Doch auch wenn es einleuchtet und neuronal nachweisbar ist – in der Realität verhalten wir uns oftmals genau andersherum und fokussieren uns auf das Störende.

Pro Sekunde strömen durch unsere Sinne zwölf Millionen Informationsimpulse auf unser Gehirn ein. Den größten Teil dieser riesigen Datenmenge filtern wir aus, denn wir könnten dieses hohe Volumen gar nicht bewusst verarbeiten. Doch was kommt durch?

Wir sind neuronal so konstruiert, dass wir Gefahren erkennen, um sie jetzt und in der Zukunft zu vermeiden. Deswegen lassen sich viele Menschen auch eher von Hiobsbotschaften (zum Beispiel in den Medien) fesseln als von positiven Nachrichten. Im Grunde ist das ein hilfreiches Geschenk der Natur. Wenn wir über die Straße gehen und ein Auto heranrast, erkennt ein Teil unseres Gehirns diese Gefahr blitzschnell. Bevor unsere langsamer arbeitenden, höher entwickelten neuronalen Netzwerke des PFC das Auto bewusst wahrnehmen und sich entscheiden können, wie sie mit dieser Information umgehen, haben wir längst reagiert. Die Amygdala wurde wachgerufen, und sie hat dafür gesorgt, dass wir von der Straße gesprungen sind, noch bevor uns klar wird, welche Gefahr auf uns zurast.

Dieses Überlebenssystem hat nur einen Nachteil: Da dem Erkennen von Gefahr eine so große Bedeutung gegeben wird, werden von den zwölf Millionen Impulsen pro Sekunde bedauerlicherweise auch viele angenehme oder gute Informationen weggefiltert. Denn für das Überleben brauchen wir sie nicht. Um diese wieder reinzulassen, müssen wir bewusst in den Automatismus in unserem Kopf eingreifen und unseren Fokus neu ausrichten. Damit das nachhaltig gelingt, sollten wir das regelmäßig tun und uns immer wieder auf die angenehmen Aspekte der zwölf Millionen Impulse re-fokussieren.

**Unser Gehirn ist darauf ausgelegt, uns am Leben zu erhalten.
Es ist nicht seine Aufgabe, uns glücklich zu machen.
Darum müssen wir uns selbst kümmern!**

Während ich diese Zeilen schreibe, ist es Ende Dezember 2019, kurz vor Weihnachten. Ich habe die erste Erkältung des Jahres und kann daher nicht joggen gehen. Ich bin schlapp und kann nicht so viele Stunden pro Tag an dem Buch arbeiten, wie ich gerne möchte. Sie wissen ja, wie das mit Männern und den Erkältungen ist – wir erleben dabei subjektiv größere Schmerzen als eine Frau, die gerade ein Kind gebärt.

Während ich mich mit meinen Gliederschmerzen quäle, fällt mein Blick auf die 20 Zentimeter große Sanduhr, die auf dem Holztisch steht, an dem ich gerade sitze. Dieser analoge Zeitmesser gefällt mir sehr, denn er ist ein großartiges Gegenstück zu all dem elektronischen Schnickschnack, der mich sonst begleitet. Sie hilft mir, 30, 60 oder 90 Minuten lang ganz konzentriert bei einer Aufgabe zu bleiben. Ich freue mich auch über diese so leicht schreibenden japanischen Gelstifte, mit denen ich die erste Version meiner Texte immer handschriftlich verfasse. Und ich bin auch erleichtert, dass ich viele Tage am Stück zu keinem Vortrag verreisen muss, da ich mir die kommenden Monate zum Schreiben freigehalten habe. Was ich an diesem Dezembertag anwende, ist ein wissenschaftlich gut untersuchter Weg der Re-Fokussierung: Ich übe mich in Dankbarkeit! Damit habe ich bewusst meinen Fokus geändert und dafür gesorgt, dass vorwiegend die angenehmen Anteile der zwölf Millionen Impulse pro Sekunde durchkommen.

Würde ich weiter sinnieren, fielen mir noch mehr Dinge ein, über die ich dankbar bin: die Menschen in meinem Leben, Vorhaben, die ich in diesem Jahr umgesetzt habe, unerwartete, erfüllende Erfahrungen …

Wenn Sie etwas in Ihrem Leben suchen, für das Sie dankbar sind, finden Sie wahrscheinlich auch einige Antworten. Meist sind es die kleinen Dinge des Alltags, die uns glücklich machen und für die wir dankbar sein können. In manchen der Führungskräfte- oder Persönlichkeitstrainings, die ich jedes Jahr durchführe, erhalten meine Teilnehmenden daher von mir Postkarten, auf denen in großen Lettern »Worüber bin ich glücklich?« oder »Wofür bin ich dankbar?« steht. Ich empfehle ihnen, diese Karten ins Badezimmer zu hängen. Denn mit diesen Fragen verhält es sich, wie mit einer Zahnbürste: Es ist sinnvoll, sie regelmäßig zu nutzen.

Falls Ihnen auf Anhieb keine Antwort einfällt oder wenn Sie sich denken »Da gibt es nichts!«, dann wirkt dieser katalysierende Satz vorab ganz wunderbar: »Nur einmal angenommen, es gäbe etwas … wofür könnte ich dankbar sein?« Am besten funktioniert es, wenn Sie die Antwort nicht nur denken, sondern auch fühlen. Es macht einen Unterschied, ob man sich beispielsweise nur kognitiv dahersagt: »Ich bin dankbar für meine Freunde« – oder ob man es tiefer sinken lässt und realisiert, wofür man genau dankbar ist, und das auch spürt. Manchmal braucht das etwas Übung.

Die Veränderung unseres inneren Zustands kann rasend schnell stattfinden. Durch die Studien von Anthony Jack wissen Sie inzwischen, dass der Inhalt Ihrer Gedanken bestimmt, ob Ihr linker oder rechter PFC aktiv ist und ob Ihr sympathisches oder parasympathisches Nervensystem die Führung übernimmt. Doch die Auswirkungen, wenn man eine Haltung von Dankbarkeit in sich kultiviert, gehen noch weit darüber hinaus. Viele Wissenschaftler haben sich in den vergangenen Jahren intensiv damit beschäftigt. Im Jahr 2018 erschien das 70-seitige Whitepaper »The Science of Gratitude« vom Greater Good Science Center der University of California, Berkeley. Darin lassen sich über 13 Seiten einer Auflistung weltweit erschienener Studien finden, die die Auswirkung regelmäßiger Re-Fokussierung auf Dankbarkeit beschreiben. Eine kurze Auswahl:

- In der Langzeitstudie GRACE (Gratitude research in acute coronary events) erkannte man, dass Herzinfarktpatienten mit einem höheren Maß an Dankbarkeit weniger Entzündungsmarker und verbesserte Funktionen der Herzkranzgefäße aufwiesen.
- Teilnehmende einer Studie, die 16 Wochen lang ein Dankbarkeitstagebuch schrieben, berichteten später davon, mehr Sport zu treiben und weniger körperliche Probleme zu haben als die Kontrollgruppe.
- Teilnehmende einer weiteren Studie, die nur drei Wochen ein Dankbarkeitstagebuch schrieben, berichteten, dass sie inzwischen einen längeren und erholsameren Schlaf hätten als zu Beginn der Studie.

Hier können Sie die gesamte Studie einsehen:
leben-mit-hirn.de/gratitude

Pro Sekunde strömen durch unsere Sinne zwölf Millionen Impulse auf uns ein. Der Überlebensmechanismus unseres Hirns richtet seine Aufmerksamkeit auf die problematischen. Fokussieren wir uns willentlich auf die guten, verbessert sich unser innerer Zustand messbar. Es ist wie mit dem Zähneputzen: Es wäre gut, wenn wir das regelmäßig tun.

Was im Leben Einzelner zu einem positiven Einfluss führen kann, funktioniert auch für Gruppen von Menschen. Wenn ich Firmen dabei helfe, ihre eigene Unternehmenskultur zu verbessern, arbeite ich ab und an mit einer Methode, die »Appreciative Inquiry« genannt wird, also »wertschätzende Erkundung«. Dabei interviewen die Teilnehmenden sich gegenseitig. Durch vorgegebene, wertschätzende Fragen machen sie sich gemeinsam auf die Suche nach Gelungenem. In der ersten von vier Phasen, der »Discovery«-(»Entdeckungs«-)Phase, suchen sie nach den Stärken des Teams, des Bereichs oder der Organisation und nach allem, was dort gut läuft. Ich nutze diese Methode, damit die Teilnehmenden schnell in einen Zustand gelangen, in dem ihr linker PFC und das parasympathische Nervensystem aktiviert sind. Das verändert die Dynamik und den Zusammenhalt der Gruppe. Im weiteren Verlauf des gemeinsamen Workshops ziehen die Teilnehmenden deutlich spürbar an einem Strang, anstatt etwaige Grabenkriege miteinander auszufechten.

»Was ist jetzt wirklich wichtig?« – Re-Fokussierung in Stress-Situationen

Irgendetwas passte nicht zu dem Erscheinungsbild des Attentäters. Mit Sprengstoffgürtel und G36-Sturmgewehr bewaffnet drohte der Mann in der Nacht des 14. Oktober 2019 an der Autobahnraststätte Michendorf, nahe Potsdam, viele Menschen zu töten. »Als wir hinzugerufen wurden, war noch kein einziger Schuss gefallen«, erinnert sich Gunnar Voigt. »Das war ungewöhnlich.« Die Autobahn war in beide Fahrtrichtungen voll gesperrt. Die Gäste und Mitarbeitenden in den Restaurants an der Raststätte hatten sich in die Küchen geflüchtet und die Eingangstüren von innen versperrt. Das SEK war bereits vor Ort und hatte den Mann ins Visier genommen. Hätte er sich einem der Gebäude zu sehr genähert, würden sie ihn erschießen. Doch der Mann stand nur mitten auf der Raststätte und demonstrierte wiederholt, dass er bis auf die Zähne bewaffnet war. Voigt ist Leiter der Verhandlungsgruppe der Polizei Brandenburg. Er und seine Kolleginnen und Kollegen werden eingesetzt, wenn Bedrohungslagen entstehen, bei denen Menschenleben akut in Gefahr sind. Situationen wie Geiselnahmen und Entführungen machen dabei nur einen Teil der Einsätze aus. Das 20-köpfige Team kommt ebenso zum Einsatz, wenn Menschen sich das Leben nehmen wollen oder wenn häusliche Gewalt eskaliert und Waffen verwendet werden. »Auch wenn es dramatisch klingt: Wenn wir hinzugezogen werden, geht es meist um Leben und Tod«, sagt Voigt. »Unser Job ist es, durch ›taktische Kommunikation‹ – also durch bestimmte Verhandlungstechniken – Menschen dazu zu bewegen, ein Leben nicht zu beenden. Sei es das eigene oder das von anderen.«

Egal wie gut Voigt und seine Kolleginnen und Kollegen sich im Vorfeld vorbereiten – in solchen Ausnahmesituationen zu verhandeln, ist für beide Seiten mit erheblichem Stress verbunden. »Wir brauchen ungefähr fünf Jahre, bis ein Verhandler so sattelfest ist, dass er schwierige Verhandlungen führen kann«, erklärt mir Voigt. In der Zeit davor sind die Mitglieder der Verhandlungsgruppe bei Polizeieinsätzen zwar oft mit eingebunden, doch sie agieren im

Hintergrund. Sie unterstützen den erfahreneren Kollegen, der im direkten Kontakt mit der lebensbedrohenden Person ist. Meist findet dieser Kontakt auch nicht von Angesicht zu Angesicht statt, sondern über das Telefon. Heroische Szenen wie in einem Hollywood-Film, bei dem ein Verhandler mit erhobenen Händen und ohne Waffen auf sein Gegenüber zugeht, finden in der Realität so gut wie nie statt.

Viermal im Jahr zieht sich die Verhandlungsgruppe jeweils für eine Woche zurück und übt teilweise mit Schauspielern den Ernstfall. Um den Druck in diesen Übungen zu erhöhen, werden besonders schwierige frühere Fälle nachgestellt – beispielsweise der eines Vaters, der nach einem Sorgerechtsstreit seine Ex-Frau sowie sein sechsjähriges Kind getötet hatte und nun damit drohte, auch das achtjährige zu erschießen. »Wir nutzen in unseren Übungsszenarien manchmal unerwartete Geräusche, zum Beispiel einen Pistolenschuss, um die Tötung einer Geisel darzustellen«, erzählt Voigt. »Denn auch wenn sich die Situation überraschend verschlechtert, müssen wir weiterhin in der Lage sein, unsere Verhandlungen ruhig weiterzuführen. Es kommt nicht nur auf eine saubere Verhandlungstechnik an, sondern auch darauf, im Ernstfall mental stabil zu bleiben. Wenn wir in einer echten Bedrohungslage die falschen Worte oder die falsche Intonation wählen, dann kann das beim Gegenüber zu einer eskalierenden Reaktion führen.«

Für ihre mentale Stabilität müssen sich die Verhandlungsführer immer wieder re-fokussieren, so wie die Probanden in Heide Klumpps Studien. Denn zusätzlich zu den ohnehin herausfordernden Verhandlungen haben sie immer wieder mit schwierigen Rahmenbedingungen zu kämpfen: »Je öffentlicher so eine Bedrohungslage ist, desto schneller ruft das die Presse auf den Plan«, erzählt mir Voigt. »Daraus entsteht zusätzlicher Druck, dass die Situation schnell gelöst werden soll.« Spätestens, wenn ein Reporter dem Innenminister ein Mikrofon vor die Nase hält und ihn zu einer Einsatzlage befragt, beginnt das Ministerium bei der Polizei nachzufragen. »Dann geht es die ganze Kaskade über den Polizeipräsidenten bis zu unserem Dienstgruppenleiter hinunter«, erklärt Voigt.

»Von manchen der Kolleginnen oder Kollegen kommt dann – direkt oder indirekt – die Frage, warum das alles nur so lange dauert. Doch manche Dinge brauchen Zeit. Wenn jemand von einem Hochhaus springen will, sagen wir ja nicht: ›Bitte entscheiden Sie sich, nicht zu springen, und beeilen Sie sich bei Ihrem Meinungswechsel.‹ Wir müssen erst einmal eine Beziehung und Vertrauen zu dieser Person aufbauen – und das dauert nun mal.« Die Menschen, mit denen Voigt und seine Kolleginnen und Kollegen verhandeln, stehen ja selbst unter enormen Druck. Meist ist es nicht nur die Situation selbst, die sie extrem stresst. Gerade diejenigen, die nicht planvoll, sondern aus dem Affekt heraus agieren, haben meist eine schwierige Vorgeschichte. Voigt und sein Team helfen ihnen, einen Teil dieser Belastungen in dem kurzen Zeitraum der Verhandlungen zu verarbeiten. Wenn das gelingt, können diese Menschen sich für ein anderes Verhalten entscheiden und kein Leben unnötig beenden.

Voigt und seine Kolleginnen und Kollegen spüren zwar gerade in den öffentlichen Situationen ab und an den Druck und die Erwartungen von außen, »doch bitte eine schnelle Lösung zu finden«. Doch sie fokussieren sich dann nur auf einen Teil all der Impulse, die auf sie einströmen. Sie nutzen das »bewusste Ignorieren emotionaler Reize, um das Gehirn zu beruhigen« – so, wie Heide Klumpp es in ihren Experimenten erforschte. Das müssen sie tun, um für die Verhandlungen bestmöglichen Zugriff auf ihre mentalen Ressourcen zu haben. Dabei hilft es, sich Fragen zu stellen wie »Was ist gerade wirklich wichtig?«, um das Ablenkende aus- und das Wichtige einzublenden. Und das ist in den meisten Fällen nicht das schnelle Zufriedenstellen des Polizeipräsidenten, des Innenministers oder der Presse. Dann geht es nur darum, die Verhandlungen erfolgreich zu Ende zu führen – so lange diese auch dauern mögen!

Die Frage »Was ist gerade wirklich wichtig?« blendet unnötige Reize aus. Sie hilft, uns auf das Wesentliche zu fokussieren, und beruhigt das Gehirn.

Auch ohne Druck von außen müssen sich die Verhandler immer wieder re-fokussieren. Gerade wenn die Bedrohungssituation seit Stunden andauert und bei den Verhandlungsgesprächen kein Ende in Sicht ist, unterbrechen Voigt und sein Team diese immer wieder und einigen sich auf eine Fortführung zu einem späteren Zeitpunkt. »Zum einen haben unsere Verhandlungspartner dann die Möglichkeit, das Besprochene zu durchdenken«, erklärt mir Voigt. »Zum anderen müssen wir uns auch immer wieder neu auf das besinnen, was wir eigentlich erreichen wollen.« Dieser Schritt zur Seite, das kurze innere Durchatmen, ist wichtig, um wieder Kraft zu sammeln. Bei all dem, was in so einem Gespräch auf die Verhandlungsführer einströmt, können sie sonst leicht aus der Balance geraten. Ablenkungen kommen nicht nur von der Presse oder den Ministerialbeamten, auch die Verhandlungspartner selbst haben oft eine ganze Palette an Manövern parat. Die »einfacheren« Ablenkungen sind die, in denen die Verhandler von ihren Gesprächspartnern nach allen Regeln der Kunst beleidigt werden. Die Frauen trifft es nicht selten besonders hart, wenn diese sich sexistische Kommentare von den gewaltbereiten, meist männlichen Gesprächspartnern anhören müssen. Darauf kann man sich zwar vorbereiten und sich innerlich sagen, dass man nicht persönlich gemeint sei. »Doch auch dann kommt manchmal ein Satz, der einen dann trifft«, meint Voigt. »Wenn man nicht aufpasst, reagieren manche von uns dann selbst aggressiver oder ungeduldiger, als sie eigentlich wollten.«

Noch schwieriger sind unvorhergesehene Wendungen in der Bedrohungslage – wie beispielsweise in der Situation mit dem Vater, der sein erstes Kind bereits getötet hatte und nun drohte, auch das andere zu erschießen. »Irgendwann kam meinen Kollegen damals der Gedanke, ob auch das zweite Kind womöglich längst von dem Vater getötet worden war«, erinnert sich Voigt. »Das macht einen natürlich sehr betroffen – gerade wenn man selbst eine Familie hat.«

»Wieso wird das Gebäude in so einem Moment nicht gestürmt und der Vater überwältigt?«, frage ich Voigt. »Damals war nicht sicher, ob das zweite Kind nicht vielleicht doch noch lebte«, antwortet er. »Und unser Auftrag ist sehr klar: So viele Leben wie möglich zu retten – wir wollten kein Risiko eingehen.«

Dem vermeintlichen Attentäter mit dem Sprengstoffgürtel an der Autobahnraststätte Michendorf hatten sich Voigts Kollegen vom SEK mit einem gepanzerten Fahrzeug genähert und ein Handy in seine Nähe geworfen. »Hier spricht der Terrorist«, meldete sich der Mann, als die Verhandler ihn auf dem Handy anriefen. »Das passte alles nicht zusammen«, erinnert sich Voigt. »Niemand meldet sich so, wenn er eine große Gruppe von Menschen töten will. Vor allem: Wieso hatte er es nicht schon längst getan?« Die Verhandlung zog sich über vier quälend lange Stunden hin. Sie nahm dann aber eine überraschende Wendung. Der Mann wollte nicht andere, sondern nur sich selbst töten. Er hatte sich ein heldenhaftes »Suicide by cop«-Szenario gewünscht, bei dem er im Kugelhagel der Polizei stirbt. Daher hatte er das ganze Drohszenario aufgebaut. Seine Waffen waren nur täuschend echte Attrappen, wie sich im Nachgang herausstellte. Daher hatte er während der ganzen Zeit auch kein einziges Mal geschossen! Ausschließlich sein Messer war echt. Damit verletzte er einen Polizeihund, als der ihn zu Boden werfen sollte. Kurz darauf schoss das SEK letztlich auf ihn. Die Spezialkräfte zielten jedoch nur auf seine Beine, um ihn handlungsunfähig zu machen. Der Mann landete im Krankenhaus und später in der Psychiatrie.

Nicht alle Bedrohungslagen enden so glimpflich. Insbesondere bei einem Suizid haben die Verhandlungsführer gelernt: Wenn es nicht gelingt, einen Menschen von der Selbsttötung abzuhalten, sollte man im entscheidenden Moment wegsehen. Auch das ist eine Form der Re-Fokussierung. Wie in Klumpps Experimenten achten die Verhandlungsführer darauf, dass das emotional Aufwühlende nicht gesehen wird, indem sie sich abwenden. »Die Bilder bekommt man sonst lange nicht mehr aus dem Kopf«, sagt Voigt.

Wir können die bewusste Ausrichtung unseres Fokus auf mehrere Arten nutzen, um den »Sukha«-Zustand – die gute Achse – in uns zu fördern:

Wenn wir unseren Fokus ändern und das Belastende – vielleicht auch nur vorübergehend – ausblenden, beeinflussen wir, welche der zwölf Millionen Impulse pro Sekunde auf uns einwirken. Dadurch können wir in herausfordernden Situationen das Wesentliche erfassen, das Ablenkende ausblenden und auf diese Weise innerlich stabil bleiben. So beruhigen wir die Amygdala, die unser Gehirn in Alarmzustand versetzt, und verhindern eine Reaktion, die wir im Nachhinein vielleicht bereuen würden.

Auch bei körperlichen Schmerzerlebnissen ist eine Re-Fokussierung hilfreich. Jeder, der schonmal ein weinendes kleines Kind abgelenkt und getröstet hat, weiß, wie leicht das oft gelingt.

Zu guter Letzt ist die Re-Fokussierung darauf, wofür man in seinem Leben dankbar ist, ein mächtiger Weg, um das eigene Wohlbefinden langfristig deutlich zu verbessern.

Wenn Sie mit der Re-Fokussierung jedoch an Ihre Grenzen stoßen und Sie Ihren inneren Zustand nicht ausreichend positiv verändern können, dann habe ich noch weitere Methoden im Angebot, um »Sukha«, die »gute Achse«, in sich zu stärken. Denn mit einer »guten Achse« können Sie die holprigen Momente Ihres Lebenswegs leichter meistern.

Gefühle in Worte fassen – den Dingen einen Namen geben

Hier kommt eine Methode, die viele Menschen intuitiv als unwirksam oder sogar als verschlimmernd einschätzen würden. Wissenschaftliche Untersuchungen zum sogenannten »Affect Labelling« beweisen jedoch das Gegenteil. Die Anwendung führt zu überraschend deutlichen neuronalen Verbesserungen. Fassen Sie Ihre Gefühle in Worte!

Wir reisen für diese Erkenntnis nach Los Angeles an die University of California zu Matthew Lieberman, dem Direktor des Social Cognitive Neuroscience Lab. Während Liebermans Probanden in einem fMRT liegen, betrachten sie Fotos von Gesichtern mit Angst, Wut oder Freude auf einem kleinen Monitor. Die Teilnehmenden bekommen in verschiedenen Phasen des Experiments drei verschiedene Aufgaben gestellt. Entweder sollen sie das jeweilige Foto nur auf sich wirken lassen. Oder sie sollen das Geschlecht der Person auf dem Bild identifizieren. Zu guter Letzt – jetzt kommen wir zum Kern des Experiments – bittet Lieberman sie, die Emotion zu benennen, die sie auf den fotografierten Gesichtern erkennen. Wenn die Probanden beispielsweise eine weinende Frau sehen, wählen sie einen von zwei eingeblendeten Begriffen aus »Trauer« oder »Wut«. Falls Sie sich fragen, weshalb in manchen Runden das Geschlecht abgefragt wird: Lieberman und seine Kollegen wollten herausfinden, ob vielleicht bereits das Nachdenken über diesen Aspekt eine so große Ablenkung von dem emotionalen Gesicht darstellt, dass eine neuronale Veränderung feststellbar wäre.

Hier sind die Ergebnisse: Bei der reinen Betrachtung des Bildes steigt die Aktivität der Amygdala stark an. Sie kennen das bereits aus der zitierten Studie von Heide Klumpp, als sie die Wirksamkeit der Re-Fokussierung nachwies. Als die Probanden dann in der zweiten Runde das Geschlecht der Person auf dem Foto bestimmen sollten, ging ihre Amygdala-Aktivität zurück – jedoch nur um gerade mal 20 Prozent. Doch in der dritten Runde, in der die Teilnehmenden der Emotion in den Fotogesichtern einen Namen geben sollten, tat sich plötzlich in einem anderen Bereich des Gehirns etwas. Der rechte ventrolaterale präfrontale Cortex (vlPFC) wurde aktiv.

Dieser Teil des Hirns befindet sich hinter der Stirn, direkt über den Augen. Er ist in die symbolisch-emotionale Verarbeitung von Erfahrungen eingebunden. Wir brauchen ihn beispielsweise, um die Emotionen zu beschreiben, die wir während einer Erfahrung erleben. Und was macht dieser nun aktiv werdende vlPFC? Er schickt eine beruhigende Nachricht an die Amygdala. Und diese lässt sich, nachdem sie durch die aufwühlenden Fotos in Unruhe geraten ist, vom vlPFC sehr schnell wieder beruhigen. Nicht um die schlappen 20 Prozent, wie bei der Frage nach dem Geschlecht der Fotografierten, sondern um ganze 70 Prozent! Es ist fast so, als wenn die Amygdala erfahren hätte: »Die höher entwickelten neuronalen Netzwerke des PFC haben das Problem auch mitbekommen. Also brauche ich hier nicht mehr ganz so laut Alarm zu schlagen.«

Affect Labelling, das In-Worte-Fassen einer emotional aufwühlenden Erfahrung, können Sie auf zwei Arten praktizieren:

1. Sie beschreiben den Auslöser: Das kann ein trauriges Gesicht auf einem Foto sein, das Verhalten einer anderen Person oder etwas anders, das Sie gerade aufwühlt.
2. Sie beschreiben Ihre Reaktion auf den Auslöser: »Die Wut der anderen Person macht mir Angst«, »Ich bin traurig, weil …«, »Ich bin genervt, dass …«

Wenn wir unsere Gefühle in Worte fassen, beruhigt sich unsere Amygdala – das ist der »Gefahrenriecher« im Kopf.

Der südafrikanische Friedensnobelpreisträger, Erzbischof Desmond Tutu, machte in einem längeren Dialog mit dem Dalai Lama mehrfach eine Bemerkung, die zu Liebermans Experiment passt. Er sagte, wie wichtig es sei, dass wir uns wegen unserer negativen Gedanken und Gefühle keine Vorwürfe machen, da jeder Mensch diese in sich trage. Wenn Menschen glaubten, keine negativen Gefühle haben zu dürfen, dann würden diese wie Klebstoff an uns haften und ließen sich nicht mehr abschütteln, meint der Menschenrechtler Tutu. Affect Labelling jedoch, das In-Worte-Fassen, ist eine Möglichkeit, Unangenehmes zu akzeptieren. Man beschreibt, was ist – ohne den Versuch zu unternehmen, es verändern zu wollen. Und auf wundersame Weise führt das bereits zu einer Erleichterung. Und diese ist sogar neuronal messbar!

Gerardo Ramirez ist Professor für Entwicklungspsychologie an der Ball State University, Muncie, Indiana. Er erforschte das Affect Labelling in Schriftform als eine Methode, um Angst zu reduzieren und die geistige Leistungsfähigkeit zu erhöhen. Für seine Forschung rekrutierte er Studierende, die vor jeder Mathematikklausur nahezu panische Angst hatten. Deren Aufregung war so groß, dass sie überdurchschnittlich viele Fehler in diesen Tests machten. Ramirez ließ einen Teil der bemitleidenswerten jungen Menschen unmittelbar vor der nächsten Klausur sieben Minuten lang all ihre Sorgen und Ängste aufschreiben, die sie in Bezug auf die bevorstehende Prüfung hatten. Sie fassten also all ihre Gefühle schriftlich in Worte. Das Ergebnis: Die Fehlerquote der Teilnehmenden, die diese Form des Affect Labelling durchgeführt hatten, reduzierte sich in der dann folgenden Mathearbeit deutlich. Die Probanden machten ganze 45 Prozent weniger Fehler als die weiterhin aufgeregte Kontrollgruppe.

Es gibt akut unangenehme Situationen, in denen wir dazu tendieren, eher mit einer Re-Fokussierung zu arbeiten, als uns unseren Ängsten zu stellen, indem wir sie in Worte fassen. Stellen Sie sich folgende Situation vor: Sie besuchen einen Freund, den Sie lange nicht gesehen haben. In seinem Wohnzimmer entdecken Sie zu Ihrem Schrecken ein Terrarium mit zwei Vogelspinnen, da er kürzlich seine Liebe für diese Tiere entdeckt hat. Sie aber leiden an einer Spinnenphobie. Hätten Sie das vorher gewusst, hätten Sie mutmaßlich einen anderen Treffpunkt vereinbart.

Da Sie nun nicht einfach wieder gehen können, ohne unhöflich zu sein, entscheiden Sie sich für eine Re-Fokussierung und Sie lenken sich bestmöglich mit dem Erzählen alter gemeinsamer Geschichten ab. Das hilft Ihnen vielleicht, um den Besuch zu überstehen, doch langfristig bleibt Ihre Phobie.

Der Neurowissenschaftler Matthew Lieberman hat dazu eine passende Studie durchgeführt. Menschen mit Spinnenphobie wurde ein gläserner Kasten mit Taranteln vor die Nase gesetzt. Manche der Teilnehmenden sollten die aufkommenden Gefühle nur wahrnehmen. Andere wurden gebeten, zu re-fokussieren. Die dritte Gruppe sollte ihre Gefühle in Worte fassen und die Methode des Affect Labelling anwenden.

Als Lieberman alle Teilnehmenden eine Woche später wieder mit den Taranteln konfrontierte, offenbarte sich die Langzeitwirkung des Affect Labelling: Die Teilnehmenden, die diese Methode angewendet hatten, zeigten deutlich weniger körperliche Stress-Signale als die anderen beiden Gruppen.

Das In-Worte-Fassen einer unangenehmen Erfahrung wirkt auf eine besondere Weise: Es ist eine Art des vorübergehenden Akzeptierens des Status quo.
Dadurch – ohne dass wir etwas verändert haben – beruhigt sich unser Gehirn, und das sogar langfristig.

Neubewertung

Die nächste Reise könnte uns an die Columbia University in New York, an die Stanford University in Palo Alto oder in ein Dutzend anderer Labore rund um die Welt führen. Denn die folgende Methode, eine »gute Achse« in unserem Kopf zu erschaffen, ist vielfach neurowissenschaftlich untersucht worden: die Neubewertung von Erfahrungen. Ich selbst habe mir 48 Studien dazu genauer angeschaut. Die Studie von Philippe Goldin gefällt mir persönlich am besten. Während seiner Zeit an der Stanford University leitete der Neurowissenschaftler die Clinically Applied Affective Neuroscience Group. In einem im Jahr 2008 durchgeführten Experiment zeigte er seinen in fMRTs liegenden Probanden fünfzehn Sekunden lange unangenehme Filmsequenzen. Sie sahen Personen mit teils schweren körperlichen Verletzungen oder Menschen, die so stark erkrankt waren, dass sie sich immer wieder übergeben mussten. Wie zu erwarten, zeigten die Hirnscans der Teilnehmenden eine Amygdala, die durch die aufwühlenden Bilder stark erregt war. Goldin bat die Versuchspersonen in einer weiteren Phase des Experiments, sich vorzustellen, sie seien ein Arzt, ein Ersthelfer oder Wissenschaftler, die über die bestmögliche Behandlung für die Menschen entscheiden müssten. Die Teilnehmenden begannen, den unangenehmen Reiz aus der Filmsequenz aus einer anderen Perspektive zu betrachten und neu zu bewerten. Als Goldin später das persönliche Empfinden der Probanden auf einer Skala von eins bis zehn abfragte, gaben diese an, dass sie sich in der letzten Runde deutlich besser gefühlt hatten.

Während die Teilnehmenden sich auf die Neubewertung der Filme einließen, indem sie sie aus der Sicht eines Arztes, Ersthelfers oder Wissenschaftlers betrachteten, konnte Goldin in ihren Gehirnen zwei interessante Entdeckungen machen. Zum einen wurde der ventromediale präfrontale Cortex (vmPFC) aktiv. Diese neuronale Struktur ist häufig beteiligt, wenn es um die positive oder negative Einschätzung von Impulsen geht – insbesondere bei der Einschätzung der Frage, ob ein äußerer Reiz zu den eigenen Werten oder Zielen passt.

Zum besseren Verständnis, was damit gemeint ist: In einer anderen Studie haben Probanden Fotos verschiedenster Speisen vorgelegt bekommen. Einige dieser Gerichte sahen unappetitlich aus, waren jedoch sehr gesund. Bei den Teilnehmenden, die zuvor angegeben hatten, sich besonders gesund ernähren zu wollen, sprang der vmPFC an. Dieser hatte dafür gesorgt, dass sie das Gericht als positiv bewerteten, auch wenn es alles andere als lecker aussah – denn es passte zum Wertesystem des Betrachters. Das gesunde Essen wird vom vmPFC also als appetitlich wahrgenommen, wenn man sich gesund ernähren will … selbst dann, wenn es auf andere unappetitlich wirkt.

Zurück zu der Studie von Philippe Goldin. Die neuronalen Netzwerke des vmPFC sprangen in der Phase seines Experiments innerhalb von fünf Sekunden an, wenn die Teilnehmenden die Filme neu bewerten. Zehn Sekunden, nachdem der vmPFC hochgefahren war, konnten die Wissenschaftler die zweite Beobachtung machen: Die Amygdala beruhigte sich. Es war fast so, als wäre der Amygdala von den höher entwickelten neuronalen Netzwerken des vmPFC mitgeteilt worden: »Das sieht zwar schlimm aus. Aber es ist alles in Ordnung, denn wir wissen, wie damit umzugehen ist.«

Es gibt drei Arten der Neubewertung. Lassen Sie uns diese genauer anschauen, damit Sie besser verstehen, wie Sie diese anwenden können.

Innere Distanzierung – was würde ein Stern über uns denken?

»Das menschliche Gehirn ist eine großartige Sache. Es funktioniert von unserer Geburt an – bis zu dem Zeitpunkt, wo du aufstehst, um eine öffentliche Rede zu halten«, schrieb Mark Twain – und das gilt bis heute für die meisten Menschen. Vor einer großen Gruppe von Personen zu referieren, erzeugt bei vielen ein unangenehmes Gefühl. Menschen, die dutzende Male pro Jahr Vorträge halten, gewöhnen sich daran. Doch auch bei mir war das anfangs ganz anders. Ich erinnere mich noch sehr genau an einen meiner ersten größeren Auftritte. Ich arbeitete damals in dem schwedischen Mobilfunkunternehmen Ericsson und verantwortete die strategischen Allianzen mit der Unterhaltungsindustrie. In dieser Rolle war ich als Experte bei einer öffentlichen Gesprächsrunde geladen. Ich saß in der Mitte zwischen vier weiteren Talkgästen und die Moderatorin begann von links nach rechts jedem Teilnehmenden eine Einstiegsfrage zu stellen. Der Mann neben mir war Ende 40, also zwanzig Jahre älter als ich damals, und ein echter Medienprofi. Seine Antwort dauerte eine gefühlte Ewigkeit – als Grandseigneur der Musikindustrie hatte er entsprechend viel zu erzählen. Ich weiß noch bis heute, wie in diesen langen Minuten meine Anspannung ins Unermessliche stieg. Die Angst, von der Moderatorin angesprochen zu werden und einen Blackout zu haben, meine Furcht, dass man meinen starken Herzschlag in meiner Stimme hören könnte, waren riesig.

In den meisten Menschen schlummert die Angst, vom Publikum nicht angenommen und zurückgewiesen zu werden. Denn damit bliebe ein tiefes neurobiologisches Grundbedürfnis von uns unerfüllt: das Bedürfnis nach Verbundenheit. Diese Angst führt zu körperlichen Symptomen wie Herzklopfen und Schweißausbruch. Eine der schlimmsten Erfahrungen ist es daher, ein regungsloses Publikum vor sich sitzen zu haben, das keine Miene verzieht, keine Emotionen zeigt und vielleicht noch auf das Handy schaut. Dieses Horrorszenario hat der Sozialpsychologe Ethan Kross an der University of Michigan für die Teilnehmenden seiner Studie zur Wirklichkeit gemacht. In der Wissenschaft sind diese Experimente unter dem Namen »Trier Social Stress Test« bekannt.

»Menschen ohne Vorbereitungszeit einen Vortrag vor Publikum halten zu lassen, ist einer der effektivsten Wege, um in einem experimen-

tellen Umfeld Stress zu erzeugen«, meint Ethan Kross. Um den Druck noch weiter zu erhöhen, filmte der Wissenschaftler die Auftritte seiner Teilnehmenden und wies das Publikum an, regungslos zu bleiben. Der einen Hälfte der Probanden hatte Kross vorher eine Einführung in eine Art der Neubewertung gegeben: die innere Distanzierung. Die Vortragenden sollten sich vor ihrem Auftritt fünf Minuten lang Gedanken darüber machen, wie sie sich gerade fühlen. Und da sie ja kurz vor dem Vortrag standen, waren sie in dieser Situation bereits mitten im Stresserlebnis. Kross bat die Kontrollgruppe, den inneren Reflexionsprozess gedanklich in der ersten grammatischen Person durchzuführen. Die Gruppe beschrieb Zustände wie »Ich bin aufgeregt«, »Ich habe Herzklopfen«, »Ich habe einen trockenen Mund«.

Die Testgruppe hingegen, die eine innere Distanz zu der Situation erleben sollte, bat er, in der zweiten grammatischen Person mit sich selbst zu sprechen. »Du scheinst aufgeregt zu sein«, »Du hast Herzklopfen«, »Du hast einen trockenen Mund«. Kross ermutigte die Gruppe sogar, sich selbst mit dem eigenen Vornamen anzusprechen. Bereits diese einfache innere Distanzierung erzeugte einen sicht- und messbaren Unterschied, während die Probanden auf der Bühne ihre Rede hielten. Die Filmmitschnitte der Vorträge wurden von wissenschaftlichen Mitarbeitenden ausgewertet, die keine Kenntnis darüber hatten, zu welcher Gruppe der jeweils Redende gehörte. Die 44 Personen der Distanzierungsgruppe legten ganz offensichtlich den besseren Auftritt hin. Sie erhielten eine um durchschnittlich 20 Prozent bessere Beurteilung als die 45 Teilnehmenden der Kontrollgruppe.

Die Wirkung der inneren Distanzierung ging jedoch noch darüber hinaus: Die Probanden, die diese Art der Neubewertung genutzt hatten, bewerteten ihr eigenes Wohlbefinden besser, wenn sie an den Auftritt dachten. Alle hatten im Anschluss einen kurzen Aufsatz geschrieben, den die Wissenschaftler in einem komplexen, mehrstufigen Prozess durchleuchteten. Das Ergebnis: Während die Kontrollgruppe immer noch darüber grübelte, was auf der Bühne geschehen war, hatten die Teilnehmenden der Gruppe mit der inneren Distanzierung bereits wieder einen freien Kopf.

Durch die innere Distanzierung können wir uns in schwierigen Situationen schnell und einfach selbst beruhigen.

Eine meiner bevorzugten Übungen zur inneren Distanzierung habe ich in einem Interview mit Ed Cooke gehört. Ed war mit 23 Jahren bereits »Grandmaster of Memory«. Diesen Titel bekommen nur solche Menschen bei den jährlich stattfindenden »World Memory Championships« verliehen, die sich innerhalb einer Stunde eine 1 000-stellige Zahl merken, sich darüber hinaus innerhalb einer Stunde die Reihenfolge von zehn Kartenspielen und sich dann noch innerhalb von zwei Minuten die Reihenfolge eines Kartenspiels einprägen können. Ed beschäftigt sich mutmaßlich intensiver mit der Verbesserung seiner mentalen Fähigkeiten als die meisten von uns. Er weiß genau, wie er den idealen Zugriff auf seine höheren kognitiven Leistungen erhält. Wenn Ed in eine schwierige Situation gerät, nutzt er die folgende Technik der inneren Distanzierung: Er betrachtet die Erde aus der Perspektive von Sternen, die Lichtjahre entfernt sind. Dann zoomt er gedanklich aus der großen Entfernung an die Erde heran und beobachtet schließlich sich selbst. Ed sagt sich dann (aus der Perspektive von Sternen, die Millionen Jahre alt sind): »Interessant, dieser winzig kleine Mensch hat für einen extrem kurzen Zeitraum Probleme mit einem bestimmten Thema.«

Umdeutung – was nicht passt, wird passend gemacht

In den 1970er Jahren gehörte Vitas Gerulaitis zu den ganz Großen unter den internationalen Tennisspielern. Der in Brooklyn als Sohn litauischer Einwanderer geborene Mann mit der blonden Löwenmähne schaffte es bis auf Platz 3 der Weltrangliste. Ab 1974 versuchte er Jimmy Connors auf dem Platz zu besiegen – jedoch vergeblich. In den folgenden fünf Jahren schickte »Jimbo« ihn ganze 16 Mal als Verlierer nach Hause. Gerulaitis holte sich zwar den Sieg der Australian Open und noch weitere 23 Trophäen in seiner Karriere. Doch Connors blieb sein ewiger Angstgegner.

Am 12. Januar 1980 trafen die beiden ein weiteres Mal beim Master-Halbfinale im Madison Square Garden aufeinander. Gerulaitis braucht insgesamt fünf Sätze. Dann hat er seinen ersten Sieg gegen Connors errungen.

Fünf Jahre und 16 Niederlagen. Doch anstatt sich als der langjährige Verlierer zu sehen, dem nun endlich mal ein Sieg gelang, inszeniert der humorvolle Spieler die Odysee auf der anschließenden Pressekonferenz ganz anders. »Das war eine Lektion für alle: Niemand schlägt Vitas Gerulaitis 17 Mal hintereinander!«, erklärt er. Es folgt schallendes Gelächter im ganzen Saal.

Wäre ich an dem Samstagmorgen, als mein Sohn meine Küche verwüstete, gedanklich auch so schnell gewesen wie Gerulaitis, hätte ich auch von selbst die Situation umdeuten können. Dann wäre ich auf die Idee gekommen, dass er mir Frühstück zubereiten wollte. »Ah, er hat die Eier vom Kühlschrank geholt und sich Mehl besorgt. Wahrscheinlich versucht er, mir nun auch Pancakes zu machen, so wie er es in seiner Kinderküche immer tut.« Diese Umdeutung hätte in meinem Gehirn den vmPFC hoch- und meine Amygdala runtergefahren. So wie es bei den Teilnehmenden in Philippe Goldins Experiment mit den aufwühlenden Filmen beobachtbar war.

Ein Meister der Umdeutung ist Guido Orefice, der Protagonist des berührenden Oscar-prämierten Films *Das Leben ist schön*. Guido ist ein jüdischer Buchhändler, der mit seinem kleinen Sohn in ein Konzentrationslager verschleppt wird. Er erfindet für den Sohn die Geschichte, der Aufenthalt in diesem Lager wäre ein abenteuerliches Spiel. Die Aufgabe des Kleinen in dem Spiel: Er müsse sich die ganze Zeit erfolgreich vor den Wärtern verstecken.

Die Umdeutung als Überlebensstrategie unter diesen Umständen gab es jedoch nicht nur im Film, sondern auch in der grausamen Realität. Der Neurologe Viktor Frankl etwa, selbst ein KZ-Überlebender, hat das praktiziert. Frankls Eltern sind in den Lagern ermordet worden. Er selbst wurde 1945 von US-amerikanischen Soldaten befreit. Viktor Frankl beobachtete während seiner KZ-Zeit sich und die anderen Gefangenen. Dabei entdeckte er mentale Überlebensstrategien, mit denen viele der Verschleppten es schafften, auch unter diesen menschenverachtenden Umständen nicht zusammenzubrechen. Frankl veröffentlichte seine Erfahrungen in dem Buch *… trotzdem Ja zum Leben sagen: Ein Psychologe erlebt das Konzentrationslager*. Passender ist der englischsprachige Titel: *Man's search for meaning*, denn Frankl gilt heute als der Begründer der Sinnorientierten Psychotherapie. Eine der Essenzen seiner Arbeit brachte er mit diesem Satz auf den Punkt: »Die letzte der menschlichen Freiheiten besteht in der Wahl der Einstellung zu den Dingen.«

Die von Frankl beschriebene Freiheit ist die Freiheit, dem Erlebten selbst eine Bedeutung zu geben. Wenn ich englischsprachige Vorträge halte, nenne ich das der auffälligen Alliteration wegen »The magic of meaning«.

Mit etwas zeitlichem Abstand gelingt so eine Sinnfindung durch Umdeutung oftmals einfacher. »Ich bevorzuge die fünf Jahrzehnte, die ich als Flüchtling gelebt habe«, reüssiert der Dalai Lama. »Sie waren nützlicher, und ich bekam mehr Gelegenheit, zu lernen und das Leben zu erfahren.«

Thomas Edison wird nachgesagt, dass er knapp 10 000 Fehlversuche machte, bevor es ihm gelang, die Glühbirne zu erfinden. Er selbst aber sprach nie von Fehlversuchen. Er sprach davon, fast 10 000 Wege gefunden zu haben, wie man eine Glühbirne nicht baut – die könne er ja nun getrost ausschließen.

Die Auswirkung einer Sinnfindung nach schwierigen Erlebnissen hat Michael Mc Cullough an der University of Miami genauer unter die Lupe genommen. Er hatte dazu 300 Studierende gefunden, die kürzlich eine übergriffige oder verletzende Erfahrung gemacht hatten, die ihnen durch einen anderen Menschen zugefügt worden war. Ein Teil der Probanden wurde gebeten, 20 Minuten lang ein kurzes Essay zu verfassen, was mögliche positive Aspekte dieser Erfahrung gewesen sein könnten. Gab es etwas, das sich dadurch auf eine gute Art und Weise verändert hat? Sind sie vielleicht daran gewachsen? Haben sie etwas Wichtiges gelernt? Eine andere Gruppe der Teilnehmenden sollte die gleichen 20 Minuten nutzen, um den Vorfall einfach nur nochmal genauer zu beschreiben.

Bereits diese wenigen Minuten der Sinnfindung bei der ersten Gruppe machten einen messbaren Unterschied aus. Die Probanden, die nach positiven Aspekten gesucht hatten, zeigten sich in der anschließenden Befragung deutlich versöhnlicher gegenüber den Menschen, die sie zuvor schlecht behandelt hatten.

Die Umdeutung ist eine sehr wirksame Form der Neubewertung. Sie funktioniert bereits bei kleinen Alltagssituationen. Besonders hilfreich ist sie bei der Sinnfindung für prägende, unangenehme Erlebnisse.

Doch stellen wir uns eine Situation vor, in der wir noch mitten im Problem stecken und in der in unserem Gehirn die Amygdala hochgefahren ist. Wir befinden uns in einem Zustand neuronaler Übererregung. Wenn eine Re-Fokussierung, Affect Labelling und innere Distanzierung nicht ausreichend beruhigend wirken, ist es gut, einen Notanker zu haben, durch den uns eine Umdeutung gelingt. Ich selbst nutze dafür gerne die »Fragen der Kraft«. Diese helfen mir, die Richtung der eigenen Gedanken in Momenten neuronaler Übererregung neu auszurichten. Wie Sie zu Ihren eigenen persönlichen Fragen der Kraft gelangen, erkläre ich Ihnen im Anhang, da es ein komplexer, mehrschrittiger Prozess ist, der in kein Buch passt. Ich gebe Ihnen jedoch hier drei wirkungsvolle generische »Fragen der Kraft«, die Sie sich stellen können, wenn Sie das nächste Mal ein Schlagloch auf dem Weg vor sich sehen und dieses mit einer »guten Achse« überqueren wollen.

Fragen der Kraft

- **Wozu ist das gut?**
- **Was kann ich daraus lernen?**
- **Was ist mir dadurch möglich?**

Durch diese Fragen können sie herausfordernden Erlebnissen eine hilfreiche Bedeutung geben. Meine Erfahrung, nachdem ich Tausenden Menschen das Konzept der »Fragen der Kraft« vermittelt habe: Man findet nicht jedes Mal sofort eine Antwort. Doch im Laufe der Zeit zeigt sich immer irgendwann eine. Wenn Sie sich diese Fragen mit etwas Abstand wiederholt zu ein und derselben Situation stellen, kann es sein, dass Ihnen verschiedene Antworten in den Sinn kommen. Auch das ist normal. Sollte ihnen jedoch tatsächlich rein gar keine Antwort in den Sinn kommen, dann stellen Sie den katalysierenden Satz vorweg, den Sie bereits von der Dankbarkeitsübung kennen: »Nur einmal angenommen, es gäbe etwas … Wozu ist das gut? … Was kann ich daraus lernen? … Was ist mir dadurch möglich?«

Unser Gehirn ist ein Lösungsfindungsinstrument. Wir müssen ihm nur die richtigen Aufgaben geben. Die richtigen »Fragen der Kraft« sind solche lösungsfokussierten Aufgaben. Wenn uns dazu eine passende Antwort in den Sinn kommt, springt unser vmPFC an. Nur wenige Sekunden später beruhigt sich unsere Amygdala. Wir sind wieder mit »guter Achse« unterwegs.

Normalisieren – Ist unsere Reaktion im Grunde nicht ganz normal?

Das *Oxford Handbook of Social Neuroscience* führt für die Neubewertung sowohl die Möglichkeit der inneren Distanzierung als auch der Umdeutung auf. Es gibt jedoch eine besondere Form der Umdeutung, die meines Erachtens eine eigenständige Erwähnung verdient: das Normalisieren. Sie ist in der Anwendung einfacher als die klassische Umdeutung. Lassen Sie uns dafür kurz die wissenschaftliche Welt verlassen und in ein ganz anderes Umfeld eintauchen.

Die Abwärtsspirale vermeiden

»Die gewalttätigsten unter den Demonstranten hatten schmiedeeiserne Zimmermannsnägel durch Holzlatten gejagt. Die langen Spitzen der Nägel schauten auf der anderen Seite der Latten heraus«, erinnert sich Peter König. »Mit diesen selbstgebauten Waffen haben sie in Beinhöhe auf uns eingeschlagen. Wenn wir Pech hatten, trafen sie. Dann bohrten sich die Nägel in das Fleisch des Getroffenen. Ich gehörte auch zu denen, die Pech hatten.«

König ist seit 43 Jahren im Polizeidienst. Im Alter von 17 Jahren hatte er seine Karriere beim Bundesgrenzschutz begonnen, einige Jahre später ging er zur Landespolizei und lief Streife. Er wechselte zum kriminalen Ermittlungsdienst, bis er letztlich in seiner jetzigen Rolle landete. Er kümmert sich nun um das psychische Wohlergehen seiner Kolleginnen und Kollegen. Statt Uniform trägt er bei unserem Treffen ein weißes Leinenhemd und Dreitagebart zur Glatze. Wir sitzen bei offenem Fenster und mit Corona-Abstand in einer bequemen Sofa-Sitzgruppe in einem 1960er-Jahre-Gebäude. Der Duft der patinierten Holzvertäfelung des Raums steigt mir in die Nase. In diesem fernab vom Hauptgeschehen gelegenen Ort können sich Beamte zurückziehen, die eine belastende Einsatzsituation erlebt haben. Der Flur gehört zur Regionalen Beratungsstelle der Polizeidirektion Hannover. Tragen Polizistinnen und Polizisten private oder berufliche Erlebnisse mit sich herum, die ihre psychische Gesundheit – und damit ihre Einsatzfähigkeit – gefährden, können sie hierher kommen. König und seine Kolleginnen und Kollegen sind dann für sie da. »Damals, als die gewalttätigen Gorleben-Demonstrationen stattfanden, gab es sowas noch nicht«, erinnert sich König. »Ich hätte gerne auch so eine Möglichkeit gehabt, mit dem umzugehen, was dort geschehen ist.«

1979 ist das Jahr des Gorleben-Trecks – bis heute die größte Demonstration in Niedersachsen und insgesamt die größte Anti-Atom-Demonstration der BRD. Zehntausende gehen gegen die Pläne der Landesregierung auf die Straße, die im Wendland eine Wiederaufbereitungsanlage und ein Atommüllendlager einrichten will. Doch hohe Mauern, Schäferhunde und Stacheldraht, die um die ersten Bohrlöcher eingerichtet wurden, können die aufgebrachten Bürger nicht fernhalten.

Peter König ist damals Teil einer Hundertschaft, die eines dieser Bohrlöcher während einer Demonstration schützen soll. »Für eine lange Zeit standen uns diese teils sehr gewaltbereiten Menschen gegenüber, um uns zu bespucken und mit allen Schimpfwörtern zu beleidigen, die ein Mensch sich nur ausdenken kann«, erinnert er sich. »Sie kannten keinen von uns persönlich. Doch dass wir eine Uniform trugen, reichte ihnen schon. Sie machte uns zu Hassobjekten. Und es war der blanke Hass, der in den Gesichtern stand.«

Zusammen mit seinen Kollegen bildet König eine Polizeikette: In der linken Hand halten sie einen Schild, mit dem rechten Arm haken sie sich in den linken Arm des Nebenmannes ein. Der Kopf ist durch einen Helm geschützt – der einzig freie Bereich sind die Beine. Und diese wurden von den Demonstranten attackiert. Königs Körper war so sehr von Adrenalin durchflutet, dass er den 20 Zentimeter langen Zimmermannsnagel nicht spürt, der seinen Unterschenkel durchbohrt.

Heutzutage betreten Polizisten solche Einsatzlagen in Schutzkleidung mit allerhand Protektoren für Arme, Beine und Oberkörper. Sie sehen aus wie in einem Schildkrötenpanzer – intern werden diese Anzüge daher auch »Turtles« genannt. 1979 war das noch anders. »Wir hatten nur Helme und Schilde«, erinnert sich König. »Unter die Jacken haben wir uns teilweise Zeitungen gesteckt, um die Schläge etwas abzudämpfen, die wir abbekamen.« Die Beamten vor Ort trugen einfache Lederstiefel, die den selbstgebauten Nagelbrettern der Demonstranten nicht standhielten. Einer der beiden Treffer durchtrennte Königs Arterie kurz oberhalb des Knöchels. Unbemerkt und schnell füllte sich der Stiefel des damals 22-jährigen Polizisten mit arteriellem Blut. Erst als es oben herausfloss, sah es der Kollege neben ihm und sprach ihn an. »Als ich nach unten schaute und realisierte, was geschehen war, wurde mir kurz schwarz vor den Augen«, erzählt König. Er ließ seine Kollegen los und fiel nach vorne, direkt vor die gewaltbereiten Demonstranten. »Es dauerte eine gefühlte Ewigkeit, in der sie mit allem, was sie bei sich hatten, auf mich einprügelten«, erinnert er sich. Nach kurzer Zeit gelang es den anderen Polizisten, einen Menschenkeil um den am Boden liegenden Mann zu bilden und ihn von dem prügelnden Mob zu befreien. Dieser Einsatz hat bei dem jungen Polizisten nicht nur körperliche Narben hinterlassen.

»Die Gewaltbereitschaft hat seit damals deutlich zugenommen«, sagt König. »Der Widerstand und die Angriffe auf Polizisten werden immer mehr.« König erhält täglich eine Lagemeldung der Zentrale, aus der er erkennen kann, welche Kollegin oder welcher Kollege in den vergangenen 24 Stunden Einsätze mit belastenden Ereignissen wie zum Beispiel Widerstände gegen Beamte oder Leichenfunde hatte. »Wir schreiben pro Woche mehrere Dutzend Kolleginnen und Kollegen an, die eine belastende Einsatzsituation erlebt haben«, erzählt er. »Ganz schwierig wird es, wenn stark verletzte oder verstorbene Kinder involviert waren. Das geht vielen Kolleginnen und Kollegen noch mal ganz anders unter die Haut.«

Als Krisenintervention bieten König und seine Kolleginnen und Kollegen eine PSU an, eine Psychosoziale Unterstützung. Oftmals wird das Team auch direkt zu einem Einsatz gerufen, wenn der Leiter vor Ort oder die Zentrale die hohe Belastung für die Kolleginnen und Kollegen vorausahnt. »Kürzlich gab es einen sogenannten Badeunfall«, sagt er. »Der herbeigerufene Streifenpolizist hatte ein fünfjähriges Kind aus dem Wasser gezogen und vergeblich versucht, es wiederzubeleben. Da sind wir sofort hingefahren und haben den Einsatzkräften eine sofortige Psychosoziale Unterstützung angeboten.«

Für gewöhnlich findet nach einem belastenden Einsatz ein Mehr-Schritte-Prozess statt: Zuerst berichtet jeder beteiligte Beamte, wie er den Einsatz wahrgenommen hat. Unausgesprochenes auszusprechen, nimmt bereits etwas Druck, manche Dinge können dadurch in ein anderes Licht gerückt werden. »Ein Kollege hat vielleicht Schuldgefühle, einem anderen nicht zur Hilfe gekommen zu sein«, erzählt König. »Die Sichtweise des anderen zu hören, kann beruhigen, da man vielleicht versteht, dass aufgrund der Situation gar nichts anderes möglich war.«

Danach erfolgt eine Intervention, die für Sie und mich besonders interessant wird. Als König mir davon berichtet, erkenne ich, dass es sich um eine bestimmte Form der Neubewertung handelt: um das »Normalisieren«. Aus seiner Ausbildung und seiner Erfahrung heraus berichtet er den Kolleginnen und Kollegen, welche möglichen Reaktionen sie in der Folge von belastenden Erlebnissen entwickeln können. »Wenn die Menschen das verstehen, verringert das die Wahrscheinlichkeit einer posttraumatischen Störung«, erklärt er mir. »Während des Einsatzes ist man für gewöhnlich in seiner Rolle und dabei auf die Maßnahmen fokussiert, die man umsetzen muss. Doch wenn man am Abend zu Hause ist, kann es losgehen. Manchen gehen die Schreckensbilder nicht aus dem Kopf, andere bekommen Angstzustände, dritte leiden unter Stimmungsschwankungen und Schlafstörungen. Das kann eine ganze Zeit lang andauern.« Das Ungünstigste, was in diesen Situationen geschehen kann, ist, wenn die Betroffenen das, was sie durchmachen, selbst negativ bewerten: »Irgendetwas stimmt nicht mit mir, weil ich seit einer Woche schon nicht schlafen kann.« Oder: »Ich scheine ja ziemlich instabil zu sein – so sensibel, wie ich seit diesem Vorfall bin.« Das kann eine sich verstärkende Abwärtsspirale in Gang setzen.

Um das zu verhindern, »normalisiert« das Kriseninterventionsteam. »Ich sage dann: ›Das, was Sie gerade durchmachen, ist eine vollkommen normale Reaktion auf das unnormale Ereignis, das Sie erlebt haben«‹, sagt König. Dieses »Normalisieren« der Reaktionen, die nach einem belastenden Einsatz auftreten können, hilft den Polizisten. Die mögliche Abwärtsspirale lässt sich dadurch vorbeugend verhindern.

Die Psychosoziale Unterstützung ist zwar ein freiwilliges Angebot, manchmal muss das Kriseninterventionsteam jedoch hartnäckig sein, wenn es darum geht, Kolleginnen und Kollegen, die gerade nicht offen dafür sind, davon zu überzeugen, dass sie eventuell Hilfe brauchen: immer dann zum Beispiel, wenn Polizisten ihre Schusswaffe gebraucht oder bereits in der Absicht, diese zu gebrauchen, gezogen hatten. »Das sind Extremsituationen«, erzählt König. »Wir wissen aus Erfahrung, dass das eine hohe Belastung ist.« Auch wenn die Einsatzkräfte vor Ort, im Anschluss an einen Einsatz, vielleicht noch unter Adrenalin stehen und den Kopf nicht frei haben, gibt König ihnen präventiv für die Zeit danach Wissen mit: »Ich erkläre dir mal kurz, wie sich manche deiner Kolleginnen oder Kollegen nach ähnlichen Situationen gefühlt haben. Damit du weißt, dass deine möglichen Reaktionen vollkommen normal sind!«

Normalisieren im Alltag

Als ich im Frühsommer 2018 das erste Mal in 4 000 Metern Höhe aus einem fliegenden Flugzeug sprang, hatte ich einen Soldaten im Rücken. Er hieß Arnie. Er war genauso groß und muskulös wie der andere große, muskulöse Mann, an den man bei diesem Namen unweigerlich denkt. Arnie bildet Fallschirmjäger aus, und er springt selbst regelmäßig aus 12 000 Metern Höhe aus Militärmaschinen. Eigentlich war er auch nicht auf meinem Rücken, sondern ich vor seiner Brust, denn wir befanden uns auf einem Tandemsprung.

Wenige Minuten zuvor hatte Arnie während des Steigflugs der Maschine alle Gurte, die uns verbanden, extrem fest angezogen. Mein Rücken und seine Brust lagen nun eng aufeinander. In den letzten Sekunden, bevor wir das Zeichen zum Absprung bekamen, bemerkte ich, dass sein Herz extrem stark schlug. Ich weiß noch, dass ich dachte: »Er hat Hunderte Sprünge, teils über Kriegsgebieten, hinter sich. Und trotzdem schlägt das Herz dieses erfahrenen Mannes jetzt spürbar stärker.« Das beruhigte mich. Denn dann war es ja vollkommen in Ordnung, dass mein Herz auch gerade raste. Das, was in dem Moment in meinem Kopf geschah, war ein Normalisieren: Wenn ein extrem erfahrener Soldat in so einer Situation mit körperlichem Stress reagiert, dann ist es auch für mich okay, eine starke Stressreaktion zu haben. Auch wenn mein Herz weiterhin pochte, half mir dieses Normalisieren, mich innerlich etwas zu entspannen.

In meiner Arbeit ergeht es mir ähnlich. Obwohl ich schon Hunderte Vorträge in meinem Leben gehalten habe, schlägt mein Herz wenige Augenblicke vor einem Auftritt auch heute noch schneller. Ich erlebe das allerdings nicht mehr als Angst, so wie vor 20 Jahren. Ich deute es heute als etwas ganz Normales, dass mein Körper seine Leistung hochfährt, bevor ich vor 1 000 Menschen stehe und eine Rede halte.

Das Normalisieren ist eine Form der positiven Bewertung einer Situation, eines Gefühls oder eines Verhaltens. Wir verhindern dadurch eine mögliche Abwärtsspirale im Kopf.

Seit einigen Jahren setze ich das Normalisieren auch in Unternehmen ein. Zusammen mit meinem Wegbegleiter, dem bekannten Hirnforscher Gerald Hüther, betreibe ich seit über zehn Jahren die Non-Profit-Initiative *kulturwandel.org*. Es ist eine Plattform, auf der Firmen sich informieren können, nach welchen Mustern der Wandel der eigenen Unternehmenskultur gut gelingen kann.

Zu Beginn haben wir vor allem Unternehmen und Organisationen portraitiert, die den eigenen Kulturwandel gut meistern. Wir wollten mit diesem Sichtbarmachen andere Firmen inspirieren, den eigenen Wandel auch zu beginnen. Und tatsächlich zog eine Menge Organisationen nach. Allerdings berichteten uns viele von ihnen auch, dass sie dabei immer wieder an Grenzen und Probleme stießen. Daher haben wir auf unserer Website eine Gesprächsreihe mit Protagonisten aus Firmen begonnen, die den eigenen Wandel schon länger vorantrieben – beispielsweise Menschen, die bei dem Softwarekonzern SAP, bei dem Heiztechnik-Hersteller Viessmann, der Hamburger Hochbahn, der Hamburger Sparkasse, bei dem Handelsunternehmen Otto Group und vielen weiteren Unternehmen arbeiteten. Ich bat sie, aus dem Nähkästchen zu plaudern.

Eine meiner Lieblingspassagen stammt aus einem Gespräch mit Tobias Krüger, dem Kulturwandel-Chef der Otto Group. In seiner Unternehmensgruppe finden bei Dutzenden Tochterfirmen gleichzeitig Kulturwandelprozesse statt. Er hat daher einen wertvollen Überblick über das, was bei der Entwicklung zu einem mitarbeiterorientierten Unternehmen gut und weniger gut gelungen ist. Tobias berichtete in unserem Gespräch: »Über 80 Prozent der Ideen, die seine Kolleginnen und Kollegen hatten, um einen Kulturwandelprozess umzusetzen, funktionierten nicht.« Was für eine fantastische und heilsame Aussage für Menschen in anderen Firmen, die sich mit dem eigenen Kulturwandel beschäftigen: Sich vielfach eine blutige Nase zu holen, gehört bei der Arbeit an der eigenen Unternehmenskultur einfach dazu. Es ist ganz normal!

Normalisieren kann auch bedeuten, sich bewusst zu machen, dass bestimmte Reaktionen in bestimmten Situationen vollkommen angemessen sind. Wenn man zum Beispiel auf einer Party der Einzige ist, der niemanden kennt, dann kann es sein, dass man sich ohne Gesprächspartner zunächst unwohl fühlt. Das aber ist völlig normal, und es bedeutet nicht, dass man ein sozialer Nerd ist.

Wenn man neu in einer Firma ist und sich in einem Meeting zufällig auf den Platz des CEO setzt, ist das nicht respektlos, sondern normal. Schließlich kennt man die ungeschriebenen Regeln noch nicht.

Wann immer Sie also in eine Situation geraten, die Ihre Amygdala anspringen lässt, betrachten Sie die Umstände, in denen Sie gerade sind, noch einmal ganz genau. Fragen Sie sich, ob Ihr Verhalten oder Ihre emotionale Reaktion auf das aktuell Erlebte nicht vielleicht ganz normal ist. Denn wir laufen oftmals mit viel zu hohen Erwartungen an uns selbst durchs Leben. Das erzeugt nur unnötigen, selbst gemachten Stress. Wenn Sie normalisieren und sich dadurch vergegenwärtigen: »Dass ich mich jetzt so fühle, ist vollkommen angemessen in dieser Situation« – dann aktivieren Sie Ihren vlPFC, dieser beruhigt Ihre Amygdala, und Sie stärken Ihre »gute Achse«.

Unterdrückung schädigt den Körper

Falls Sie jedoch unbedingt Ihre »schlechte Achse« stärken wollen, hier ein »guter« Rat: Unterdrücken Sie einfach, was Sie denken oder fühlen. Setzen Sie ein Pokerface auf, und machen Sie mit zusammengebissenen Zähnen weiter. Wissenschaftler nennen das »Expressive Suppression«, und es ist ein recht sicherer Weg, sich wirklich schlecht zu fühlen.

Okay, wenn Sie zwischen Tür und Angel kalt erwischt werden, weil Ihr Chef Ihnen gerade sagt, dass nicht Sie, sondern Ihr Kollege befördert werden soll, dann ist ein falsches Lächeln vielleicht besser, als sich weinend auf den Boden zu werfen oder dem Chef Ihren Kaffee ins Gesicht zu schütten. Doch wenn Sie bemerken, dass Ihnen in einem Meeting gleich der Kiefer bricht, weil Sie die Zähne so fest zusammenbeißen, dann sollten Sie prüfen, ob Re-Fokussierung, Affect Labelling oder eine Methode der Neubewertung nicht doch eine gute Alternative wären. Denn das Unterdrücken verändert nichts. Es gibt keine wissenschaftlichen Beweise, dass sich dadurch Ihr emotionaler Zustand verbessert. Im Gegenteil: Expressive Suppression richtet langfristig Schaden an!

Erinnern Sie sich noch an Philippe Goldin, den Stanford-Professor, der seinen Teilnehmenden die üblen Filme zeigte und sie diese danach mit den Augen eines Arztes neubewerten ließ? In seiner Studie gab es noch eine weitere Phase. Darin wurden die Probanden gebeten, ihre Emotionen und ihren Gesichtsausdruck zu unterdrücken. Goldin beobachtete die Testpersonen die ganze Zeit mit einer Kamera. Alle machten ein ordentliches Pokerface. Dafür ging es bei ihnen im Hirn hoch her. Nicht nur die Amygdala war in einem starken Erregungszustand, zusätzlich schaltete sich noch ein Teil des PFC ein, der damit beschäftigt war, die Muskelreaktionen des Gesichts zu unterdrücken.

Goldins Stanford-Kollege James Gross führte zusätzliche Studien zur Unterdrückung der eigenen Gefühle durch. Darin konnte er nachweisen, dass der Großalarm im Kopf sich auch auf den Körper auswirkt. Gross überprüfte bei seinen Probanden Blutdruck, Herzschlag, Fingertemperatur und Atemfrequenz. Insgesamt untersuchte er zwölf verschiedene Werte. Seine Teilnehmenden müssen ausgesehen haben, als wären sie an eine erweiterte Form eines Lügendetektors angeschlossen. Wann immer Gross' Studienteilnehmende ihre Impulse unterdrückten, während sie Filme einer Amputation oder eines Patienten mit schwersten Verbrennungen sahen, schoss ihr Blutdruck doppelt so stark nach oben wie bei den Teilnehmenden aus der Testgruppe, die ihr Erschrecken zeigen durften. Und auch alle anderen Werte wiesen darauf hin: Das sympathische Nervensystem, das den Körper in den Flucht- oder Angriffmodus versetzt, wurde ordentlich hochgefahren. Innerlich kochen Sie. Äußerlich sind Sie in der Starre. Das ist so, als wenn Sie in Ihrem Auto gleichzeitig auf die Bremse und das Gaspedal treten.

Wie sich alles zusammenfügt

Lassen Sie uns die Erkenntnisse dieses Kapitels auf eine mögliche Alltagssituation übertragen. Das hilft Ihnen zu verstehen, wie Sie die »gute Achse« kultivieren können, die Sie die herausfordernden Momente auf Ihrem Lebensweg leichter erleben lässt. Stellen Sie sich einen Menschen in Ihrem Leben vor, auf dessen Gegenwart sie gut verzichten könnten – vielleicht ein Ex-Partner, ein ganz bestimmter Arbeitskollege, jemand aus der Familie, ein Nachbar …

Mit einem Dutzend anderer Menschen, auf die Sie sich freuen, sind Sie zu einem gemeinsamen Abendessen bei einem Freund eingeladen.

Diese eine Person wird jedoch auch dort sein. Sie können sich auf diese Situation einstellen, noch bevor Sie dieser Person überhaupt begegnen.

1. Auswahl der Situation

Sie können jetzt bereits entscheiden, ob Sie sich das wirklich antun wollen, viele Stunden Zeit mit ihm oder ihr in einem Raum zu verbringen. Vielleicht entscheiden Sie jedoch, dass die Freude über die anderen Anwesenden das Ärgernis deutlich überwiegt. »Ach, was soll's«, denken Sie sich dann, und Sie sagen zu.

2. Beeinflussung der Situation

Der Tag ist gekommen, Sie treffen bei dem gemeinsamen Freund ein, der eingeladen hat. Sie freuen sich, viele altbekannte Gesichter wiederzusehen – naja, bis auf das eine. Nun wird zu Tisch gebeten. Mit Argusaugen beobachten Sie, wohin sich die Reizperson setzt, damit Sie sich einen Platz suchen können, der möglichst weit entfernt ist. Sie beeinflussen die Situation also so, dass es Ihnen möglichst gut geht.

Irgendwann geschieht jedoch das Unvermeidliche: Der Hauptgang ist vorbei und die Gesellschaft entschließt sich, zum Dessert die Plätze zu wechseln. Sie stehen auf und bewegen sich durch den Raum. Doch wie bei der Reise nach Jerusalem sind Sie etwas zu langsam. Es verbleibt nur noch ein freier Platz, und das ist genau derjenige, den Sie vermeiden wollten. Sie landen nun genau neben dem Menschen, auf den Sie den ganzen Abend gerne verzichtet hätten. Sie können nun die Erkenntnisse dieses Kapitels anwenden. Die Reihenfolge können Sie frei wählen.

3. Re-Fokussierung

Vielleicht ist es die Stimme dieser Person, vielleicht ihre Mimik und Gestik, oder es sind langweilige Gesprächsinhalte. Es gibt da diesen Trigger, der rasend schnell Ihre Amygdala anspringen lässt: Sie wollen jetzt nur noch fliehen. Stattdessen können Sie beginnen zu re-fokussieren. Während Ihr Gegenüber spricht, wandern Ihre Ohren zu einem anderen Gespräch am Tisch. Sie könnten der Person auch auf den Haaransatz schauen und sich denken: »Die sind schon etwas grauer und schütterer als letztes Mal, oder?« Möglicherweise re-fokussieren Sie sich auch, indem Sie sich in Ihren eigenen Körper flüchten und beginnen, den Rhythmus Ihres Atems zu beobachten.

4. Affect Labelling

Vielleicht hat die Re-Fokussierung geholfen, doch das Gespräch zieht sich. Sie können nicht die ganze Zeit mit Ihren Gedanken woanders sein, denn irgendwann würde er oder sie das bemerken. Sie lassen sich ansatzweise auf den Dialog ein. Doch Sie spüren sofort: »Hui, meine Amygdala rauscht wieder hoch.« Also fassen Sie Ihre Gefühle in Worte. Bitte nur in Gedanken, damit der Abend nicht eskaliert! Sie erinnern sich an die zwei Arten? Erstens: Sie fassen in Worte, was Sie bei der »Reizquelle« wahrnehmen, und zweitens: Sie fassen in Worte, was das mit Ihnen macht. Also, Sie denken so etwas wie »Puh, dieser Mensch hat eine wirklich schrille Stimme«, oder »Ich merke, dass ich meine Schultern hochziehe, wenn ich ihm/ihr zuhöre.« Ihre Amygdala beruhigt sich dann etwas, denn sie weiß: »Der höher entwickelte PFC hat das Problem erkannt – ich kann mich wieder entspannen.«

5. Neubewertung

Der Gastgeber hat gerade die Gläser nachgefüllt. So schnell kommen Sie aus der Nummer nicht heraus. Also können Sie nun die Neubewertung testen.

Probieren Sie die **innere Distanzierung**: Sie können daran denken, wie Sie einem guten Freund später von diesem Horrorabend berichten werden. Sie können sich auch fragen, wer am Tisch wohl gerade Mitgefühl für Sie empfindet. Oder Sie nehmen die Sternenperspektive ein: »Schau mal, dieser kleine, Millionen von Lichtjahren entfernte Mensch unterhält sich für einen Mini-Bruchteil seines Lebens mit einem anderen Menschen, der ihm auf die Nerven geht.«

Sie können auch die **Umdeutung** nutzen: Sie stellen sich eine »Frage der Kraft« wie: »Nur einmal angenommen, es gäbe irgendetwas Gutes, was ich aus dieser Situation lernen könnte … Was wäre das?«

Vielleicht wollen Sie aber auch **normalisieren**: »Es ist ganz normal, dass man nicht mit jedem Menschen gut kann. Dieser hier hat mich auch mehrfach durch sein Verhalten enttäuscht. Manchmal gehören weniger angenehme soziale Kontakte einfach zum Leben dazu.«

Sollten Sie nach all dem jedoch an einem Punkt sein, an dem Sie sich jede weitere Sekunde des Gesprächs weit weg wünschen, bleibt Ihnen noch eine weitere Möglichkeit:

6. Änderung Ihres Verhaltens

Sie springen zu Punkt 2 zurück und verändern die Situation. Sie könnten vorgeben, dass Ihr Handy in der Tasche vibriert und Sie schnell raus müssten, um ein dringendes Gespräch anzunehmen. Sie könnten aber auch einem anderen Gast heimlich Hilfesignale senden, damit er hinzukommt und das Gespräch übernimmt. Oder aber Sie sagen Ihrem Gegenüber einfach, was Sie gerade konkret denken. Das klärt Ihre Beziehung mutmaßlich grundlegend, und es ändert die Situation ziemlich schnell – in die eine oder die andere Richtung.

Kultivieren wir einen »Sukha«-Zustand – die gute Achse – in uns, dann stecken wir die holprigen Momente unseres Lebenswegs besser weg.

ESSENZ FÜR EILIGE

Die eigenen Erzählungen: Wie wir unser Hirn verzaubern

- Unsere mentale Ausrichtung beeinflusst, wie wir mit Widerständen umgehen. Kultivieren wir einen »Sukha«-Zustand – die gute Achse – in uns, dann stecken wir die Schlaglöcher unseres Lebenswegs besser weg. Studien in fMRT zeigen, wie schnell das gehen kann: Wir können durch unsere Gedanken innerhalb eines Augenblicks die neuronale Aktivität unseres Gehirns verändern.
- Unser Gehirn will, dass wir überleben – daher achtet es automatisch auf Gefahren und filtert viel Gutes aus. Es ist nicht darauf programmiert, uns glücklich zu machen. Dafür sind wir selbst verantwortlich. Doch wir können den Gefahrenautomatismus überschreiben. Dazu müssen wir unseren Geist regelmäßig und bewusst auf das Gelungene und Positive fokussieren. Eine Möglichkeit der positiven Fokussierung ist das Bewusstmachen, wofür wir dankbar sind. Dankbarkeitsrituale reduzieren nachweislich die Entzündungsmarker in unserem Körper, und sie steigern das emotionale Wohlempfinden. Zudem schlafen wir besser und haben mehr Lust auf Sport.
- **Affect Labelling**, das In-Worte-Fassen von Gefühlen, ist eine Art des vorübergehenden »Akzeptierens des Status quo«, ohne diesen unmittelbar zu verändern. Bereits das reduziert in herausfordernden Situationen die neuronale Übererregung in unserem Gehirn und verhilft uns, messbar mehr Zugriff auf unsere höheren kognitiven Leistungen zu erhalten. Zudem reduziert sich dadurch langfristig der subjektiv empfundene Stress.
- **Die Neubewertung** einer unangenehmen Erfahrung beruhigt die Amygdala, den Gefahrenriecher in unserem Kopf. Zudem wird unser PFC aktiv – der Ort unserer Potenziale. Es gibt drei Formen der Neubewertung:
  1. **Die innere Distanzierung:** Sie geschieht beispielsweise, indem wir mit uns selbst in der zweiten grammatischen Person

sprechen (»Du scheinst verärgert zu sein«). Eine weitere Möglichkeit: Wir beobachten uns selbst aus der Perspektive eines Sterns.

2. **Die Umdeutung**: Wir geben einer Erfahrung einen anderen Sinn – so wie Guido Orefice, der Protagonist aus *Das Leben ist schön*. Fragen der Kraft sind eine Methode, der schnellen Umdeutung. Sie helfen uns, Bedeutungen zu finden, die uns innerlich stabilisieren.
3. **Das Normalisieren**: Wir beginnen zu realisieren, dass unsere Gefühle und unsere Reaktionen oftmals vollkommen normal und der Situation angemessen sind. Das hilft gerade dann, wenn wir besonders hohe Ansprüche an uns selbst in uns tragen.

- Das bewusste Unterdrücken ist der ungünstigste Umgang mit unangenehmen Erfahrungen – es birgt das Risiko, unseren Körper zu schädigen.

Kapitel 2

Verbundenheit: Was uns ein neurobiologisches Grundbedürfnis ermöglicht

Lassen Sie uns ein Spiel spielen. Jeder von uns hat zwei Karten in der Hand. Auf der einen steht »kooperieren« und auf der anderen »nicht kooperieren«. Wir sitzen beide an einem Tisch und legen Runde für Runde jeweils eine unserer Karten verdeckt in die Mitte. Wenn wir sie umdrehen, gibt es mehrere Möglichkeiten:

- Auf beiden Karten steht »kooperieren«. Jeder von uns erhält vom Spielleiter 5 Euro.
- Eine Karte zeigt »nicht kooperieren«, die andere »kooperieren«. Derjenige von uns, der sich für »nicht kooperieren« entschieden hat, erhält 10 Euro. Der andere geht leer aus.
- Auf beiden Karten steht »nicht kooperieren«. Jeder von uns erhält 1 Euro.

Während des Spiels dürfen wir nicht miteinander kommunizieren. Die Abwägung, welche Karte wir in der nächsten Runde in die Mitte legen, hängt ganz allein davon ab, wie wir das Verhalten des anderen einschätzen.

Das Spiel basiert auf der Theorie des sogenannten Gefangenendilemmas: Zwei Diebe werden von der Polizei geschnappt und in separaten Räumen verhört. Kooperieren sie insgeheim miteinander und schweigen beide, erhalten sie jeweils nur eine kurze Haftstrafe. Schweigt nur einer und der andere entscheidet sich für einen Kronzeugen-Deal, so kommt Letzterer frei und der Schweigende landet lebenslang im Gefängnis. Verraten beide den jeweils anderen, erhalten beide eine langjährige

Haftstrafe. In unserem Spiel ist es etwas weniger dramatisch. Doch das Schema ist vergleichbar: Wenn wir beide uns entscheiden, miteinander zu kooperieren, kommen wir beide gut weg und erhalten in jeder Runde 5 Euro. Will nur einer kooperieren und der andere »verrät« ihn, erhält der Verräter alles und der andere kein Geld. »Verraten« wir uns beide und wählen »nicht kooperieren«, erhält jeder von uns jeweils nur 1 Euro.

Nur einmal angenommen, ich würde eine Brille tragen und Sie könnten meine Karten in dem Brillenglas gespiegelt sehen. Sie würden wissen, dass ich die Kooperationskarte in die Mitte lege. Wie würden Sie sich verhalten?

Legen Sie die »Nicht kooperieren«-Karte dazu? Dann würden Sie 10, und ich keinen einzigen, Euro erhalten. Oder würden Sie sich ebenfalls für die Kooperationskarte entscheiden? Dann halbiert sich ihr Gewinn. Jeder von uns würde 5 Euro bekommen.

Tatsächlich verdoppelt sich in solchen Experimenten die Wahrscheinlichkeit, dass die Teilnehmenden die »Kooperieren«-Karte in die Mitte des Tisches legen, wenn Wissenschaftler ihnen vorab mitteilten, dass sich der Spielpartner auch für »Kooperieren« entschieden hat. Sie könnten jetzt denken: »Ja, ja, wenn ich in dieser Runde kooperiere, dann hilft mir das in der nächsten Runde, und mein Gegenüber wählt dann abermals diese Option.« Doch in diesen speziellen Experimenten spielten die Probanden jeweils nur eine einzige Runde gegeneinander. Es gibt also keine strategischen Gründe, die »Kooperieren«-Karte zu wählen. Die Wissenschaftler haben das bewusst so gestaltet, um den Effekt der Reziprozität (ich gebe Ihnen jetzt etwas, und dafür geben Sie mir nachher etwas zurück) auszuschließen. Trotzdem entscheiden sich viele Teilnehmende nicht für die höhere Summe, sondern sie wählen die Option, in der beide Spieler einen gleich hohen Betrag erhalten. Weshalb?

Zu kooperieren und gemeinsam an einem Strang zu ziehen, ist Ausdruck eines tief in uns verwurzelten neurobiologischen Grundbedürfnisses: dem Wunsch nach Verbundenheit und Zugehörigkeit. Mindestens die ersten zehn Monate unseres Lebens haben wir schließlich bereits eine intensive Form von Verbundenheit erfahren – im Bauch unserer Mutter. Wir haben ihren Herzschlag gespürt, wir waren durch die Nabelschnur verbunden und hörten ihre Stimme, sobald unsere Ohren entwickelt waren. Wenn alles so lief, wie es vorgesehen ist, wuchsen wir in einem Umfeld auf, das sich auf uns freute, für uns da war und uns als Teil seiner Gemeinschaft aufnahm. Wir waren weiterhin verbunden und zugehörig. In dieser Zeit machten wir Referenzerfahrungen, wie genau sich das anfühlt. Dadurch bemerkten wir aber auch sehr genau, wann immer uns diese Verbundenheit abhandenkam. Unser Gehirn entwickelte sich im Laufe der frühen Lebensjahre zu einem wahren Experten dieses Grundbedürfnisses.

»Wir sind so konstruiert, dass immer dann, wenn unser Gehirn gerade im Leerlauf ist, das ›Default Network‹ anspringt«, erzählt Matthew Lieberman, den sie bereits aus der »Gefühle in Worte fassen«-Studie aus dem ersten Kapitel kennen. Der Professor für soziale kognitive Neurowissenschaften hat gemeinsam mit seiner Ehefrau Naomi Eisenberger, Professorin für Sozialpsychologie, einige viel zitierte Studien über dieses Grundbedürfnis durchgeführt. Eine davon lernen sie gleich noch kennen.

Lassen Sie uns jedoch noch einen Moment bei diesem »Default Network« bleiben. Um zu verstehen, was es damit auf sich hat, schließen Sie für einen Moment Ihre Augen. Entspannen Sie sich einige Atemzüge lang, bevor Sie weiterlesen. Tun Sie es wirklich!

Die meisten Menschen beginnen in solchen Augenblicken, über sich, über andere Menschen oder über die Beziehung zwischen sich und den anderen nachzudenken. Das »Default Network«, das »Leerlauf«-System unseres Gehirns, ist ein Teil, der sich mit sozialen Beziehungen beschäftigt. Wann immer wir gerade nichts Konkretes tun, kreisen unsere Gedanken ganz automatisch um uns und andere.

Der amerikanische Autor Malcom Gladwell hat mit seinem Buch *Überflieger* die These populär gemacht, dass ein Mensch 10 000 Stunden Übung benötigt, um Experte auf einem Gebiet zu werden. Da wir nicht rund um die Uhr fokussiert an etwas arbeiten, bleibt täglich eine Menge Zeit, in dem unser »Default Network« aktiv wird. Selbst wenn wir es nur zwei Stunden pro Tag nutzen, erreichen wir rein rechnerisch bereits im Teenageralter den Expertenstatus von 10 000 Stunden. Wir wissen intuitiv, wie das soziale Spiel funktioniert. Unser Gehirn reagiert daher wie von selbst, wenn wir das Grundbedürfnis von Verbundenheit erleben. Es fühlt sich wortwörtlich und neuronal

Verbundenheit ist ein neurobiologisches Grundbedürfnis. Unser Gehirn ist bereits im Kindesalter ein Experte darin, sich um uns selbst oder um die Menschen in unserem Leben Gedanken zu machen.

messbar gut an. Ich möchte Ihnen das an einem kurzen Experiment verdeutlichen:

Nur einmal angenommen, Sie und ich hätten jeweils in einem fMRT gelegen, während wir das Spiel mit den vier Karten gespielt hätten. Der Versuchsleiter hätte Ihnen verraten, dass ich mich für »kooperieren« entschieden habe. Wenn Sie mich jetzt sprichwörtlich über den Tisch ziehen wollen und sich für »nicht kooperieren« entscheiden, erhalten Sie mehr Geld. Die Wissenschaftler sähen dann in Ihrem Gehirn … kaum Veränderungen. Der zusätzliche finanzielle Gewinn lässt Ihre neuronalen Netzwerke kalt. Wählen Sie jedoch die Option »kooperieren« und verzichten auf die größere Summe, damit wir beide jeweils den gleichen Betrag erhalten, wird in Ihrem Gehirn der Nucleus accumbens aktiv. Diese Struktur wird auch gerne – nicht ganz wissenschaftlich – als »G-Punkt des Gehirns« bezeichnet. Ihr Hirn belohnt Sie also, wenn Sie dem Grundbedürfnis von Verbundenheit und Zugehörigkeit folgen. Es fühlt sich gut an.

In unserem Gehirn werden die Belohnungszentren aktiv, wenn wir uns das neurobiologische Grundbedürfnis nach Verbundenheit erfüllen.

Wie unser Gehirn auf den Verlust von Verbundenheit reagiert

Ich werde mit Ihnen in diesem Kapitel viele der positiven Auswirkungen von menschlichen Bindungen beleuchten. Denn wir können selbst einiges tun, um diese zu verbessern. Lassen Sie mich aber vorab für einige Momente die Risiken und Nebenwirkungen beschreiben, die drohen, wenn wir dieses neurobiologische Grundbedürfnis vernachlässigen. Auf den folgenden Seiten will ich Ihnen aufzeigen, welch hohen Preis wir zahlen, wenn uns Verbundenheit oder das Gefühl von Verbundenheit verloren geht. Denn das geschieht allzu leicht und in der heutigen Welt auch allzu schnell.

Wenn wir Verbundenheit verlieren, geht es hoch her im Hirn. Denken Sie an jemanden, der von seinem Partner verlassen wurde. Vielleicht haben Sie das ja auch bereits erlebt. Untersucht man Menschen, denen das kürzlich passiert ist, in einem Hirnscanner und zeigt ihnen dabei ein Foto ihrer Verflossenen, kann man feststellen, dass ein Teil ihres Schmerzzentrums aktiv wird: der dorsale anteriore cinguläre Cortex (dACC). Genau dieser Teil wird auch aktiv, wenn man Frauen, die ein Kind in der Schwangerschaft verloren haben, Fotos von lächelnden Babys zeigt.

Die neuronalen Netzwerke des dACC sind dafür bekannt, dass sie wach werden, wenn uns körperlich etwas zustößt. Fügt man Probanden beispielsweise in einem experimentellen Umfeld durch Hitzepanele am Arm Schmerzen zu, kann man ebenfalls eine Aktivierung des dACC erkennen. Wir verwenden also für die Verarbeitung des Verlustes von Verbundenheit und für die Verarbeitung von körperlichem Schmerz die gleichen Bereiche unseres Gehirns. Daher kann sich der Verlust eines Menschen – beispielsweise durch Trennung, Tod oder große Distanz – manchmal auch anfühlen wie körperlicher Schmerz. Andersherum wirkt es ebenso: Körperlicher Schmerz führt dazu, dass uns die Trennung von einem Menschen bewusster wird. Das lässt sich wunderbar bei kleinen Kindern beobachten, die sich verletzt haben oder krank sind. Sie brauchen die Nähe anderer – meistens der Mutter – mehr als zuvor. Denn diese Nähe beruhigt den dACC und lässt den Schmerz geringer erscheinen. Sie merken: Durch dieselben neuronalen Netzwerke sind die Erfahrungen von Trennung und körperlichem Schmerz eng miteinander verwoben.

Selbst wenn oberflächliche Bindungen verloren gehen, reagieren die Schmerzzentren in unserem Gehirn. Schon wenige Augenblicke, nachdem wir das Gefühl haben, Teil einer Gruppe zu sein und von ihr »ausgestoßen« werden, springt der dACC an. Eine der meistzitierten Studien dazu stammt von einem Ehepaar. Naomi Eisenberger und ihr Ehemann Matthew Lieberman – den Sie vom Anfang des Kapitels schon kennen – führten dazu die sogenannte Cyberball-Paradigma-Studien durch.

Ein Proband spielt an einem Bildschirm ein Spiel, in dem sich drei Figuren einen Ball hin- und herwerfen. Der Proband glaubt, mit anderen Menschen zu interagieren. Doch die anderen beiden Männchen werden von einem Computer gesteuert – und dieser ändert nach einigen Augenblicken plötzlich das Spiel: Die beiden anderen Figuren auf dem Bildschirm werfen sich nun den Ball nur noch gegenseitig zu. Das Männchen des Probanden steht unbeteiligt herum. Der Teilnehmende realisiert: »Oh, ich gehöre nicht mehr dazu. Die beiden anderen Mitspieler ignorieren mich.« Die Hirnscans der Teilnehmenden zeigten, dass in diesen Momenten der dACC aktiv wurde.

Das Bedürfnis nach Verbundenheit ist so tief in uns verwurzelt, dass es auch nicht half, die Probanden darüber aufzuklären, dass nur ein Computeralgorithmus und nicht Menschen sie ausgeschlossen hatten. Die Wissenschaftler erzählten den Teilnehmenden vor der nächsten

Unser Gehirn nutzt für die Verarbeitung von körperlichem Schmerz und dem Verlust von Verbundenheit die gleichen neuronalen Netzwerke. Jemanden zu verlieren, kann sich daher manchmal anfühlen, wie körperlicher Schmerz.

Runde: »Sie spielen nicht mit anderen Menschen, sondern mit einem Computer.« Das Grundbedürfnis war jedoch stärker als das kognitive Verständnis: Wenn das Spiel sich änderte und der Eindruck entstand, ausgeschlossen zu sein, sprangen die Schmerzzentren im Kopf abermals an.

Neuronale Schutzmechanismen – wir fühlen weniger Freude

Wenn Menschen im realen Leben weniger Zugehörigkeit wahrnehmen, schalten sich Schutzmechanismen ein: Die Wirkungsweise des dACC wird beeinflusst. Bereits die Vorstellung von fehlender zukünftiger Verbundenheit führt zu einem inneren Abstumpfen. Im Rahmen seiner Master-Thesis an der Florida State University hat der

Psychologe Nathan DeWall dazu mehrere bemerkenswerte Studien durchgeführt.

Stellen Sie sich vor, Sie wären Proband bei diesen Untersuchungen. DeWall würde Sie einen Persönlichkeitstest machen lassen und Ihnen nach der Auswertung mitteilen: »Sie mögen vielleicht aktuell Freundschaften und Beziehungen in Ihrem Leben haben. Doch wir können erkennen, dass viele davon aufgrund Ihrer Persönlichkeitsstruktur in die Brüche gehen werden. Sie werden im Laufe der Zeit immer weniger Ihnen nahestehende Menschen haben und immer mehr Zeit unfreiwillig alleine verbringen.«

Diese Aussage ist völlig an den Haaren herbeigezogen. DeWall hat in seiner Studie dem Zufallsprinzip nach Probanden in zwei Gruppen aufgeteilt und der einen Hälfte das eingeredet, was Sie gerade lasen – eine Zukunft sozialer Ausgeschlossenheit. Der anderen Hälfte vermittelte er den Eindruck, dass sie eine Zukunft voller erfüllender Beziehungen zu anderen Menschen erleben würden. In einer Reihe von Experimenten untersuchte der Wissenschaftler die Auswirkungen des antizipierten Verlusts von Verbundenheit. Man könnte mutmaßen, dass nach der ersten Rückmeldung (»Sie werden immer mehr Zeit unfreiwillig allein verbringen«) bei den Teilnehmenden dieser Gruppe der dACC bereits aktiv war. Das ist der Bereich unseres Hirns, der bei der Verarbeitung des Verlustes von Verbundenheit, aber auch bei der Verarbeitung von Schmerz eingebunden ist. Vielleicht, so dachte DeWall, ist der dACC bei diesem Teil der Probanden bereits so aktiv, dass er besonders sensibel auf körperlichen Schmerz reagiert?

Stellen Sie sich vor, DeWall würde den Zeigefinger Ihrer dominanten Hand in ein Druckalgometer stecken. Das kleine Gerät baut zunehmend Druck auf Ihren Finger auf. Dieser wird irgendwann sehr unangenehm. Sie werden gebeten, sich zweimal zu Wort zu melden. Erstens: Sie sagen Bescheid, sobald Sie den Druck das erste Mal als schmerzhaft empfinden – damit markieren Sie Ihre persönliche Schmerzgrenze. Zweitens: Sie melden sich, sobald der Druck unerträglich wird – damit wird Ihre Schmerztoleranz bestimmt. Ihre Werte und die der anderen, denen DeWall eine einsame Zukunft voraussagte, wurden mit den Probanden verglichen, die davon ausgingen, für den Rest ihres Lebens sozial sehr gut eingebunden zu sein.

Die Hypothese von DeWall war ja, dass der dACC sensibler auf den Schmerz reagieren müsste. Denn wenn der dACC beim Verlust von Verbundenheit, wie in den Studien von Naomi Eisenberger mit den ballspielenden Männchen, aktiv wird, wäre er vielleicht auch jetzt beim antizipierten Verbundenheitsverlust so aktiv, dass die Probanden deutlich früher auf den Schmerz reagierten. Doch das genaue Gegenteil war der Fall! Scheinbar gibt es automatische Prozesse in uns, die den dACC abdämpfen. Die Aussicht auf eine einsame Zukunft hatte neuronale Schutzmechanismen ausgelöst: Die Teilnehmenden der »Einsamkeitsgruppe« zeigten sich signifikant unempfindlicher gegen Schmerz. Im Vergleich zu der anderen Gruppe musste bei ihnen der Druck auf den Zeigefinger vier Mal stärker sein, bevor sie ihn als schmerzhaft empfanden. Ihre Schmerzgrenze lag deutlich höher.

Ähnlich verhielt es sich mit der Schmerztoleranz. Als der Druck weiter erhöht wurde, stieg die Gruppe derer, die angeblich eine sozial angenehme Zukunft vor sich hatte, aufgrund der unerträglichen Schmerzen früher aus dem Experiment aus. Die Einsamkeitsgruppe hingegen war weiterhin innerlich in einem abdämpfenden Schutzzustand. Das erkannte man daran, dass der Druck bei ihnen im Vergleich doppelt so hoch sein musste, bevor sie ihn als unerträglich beschrieben.

Vielleicht denken Sie jetzt: »Ach, eine geringere Schmerzempfindlichkeit ist doch hilfreich.« Doch das innere Gedämpftsein ging deutlich über die körperliche Ebene hinaus. Eine Untergruppe der Teilnehmenden in DeWalls Studie, von denen der Wissenschaftler wusste, dass sie große Fußballfans sind, nahm an einem weiteren Experiment teil. Sie sollten sich vorstellen, dass ihr Team das nächste wichtige Spiel gewinnen würde. Auf einer Skala von eins bis sieben sollten sie angeben, wie sehr sie sich über diese Vorstellung freuten. Die Probanden, die sich in der Zukunft eingebunden glaubten, gaben starke emotionale Reaktionen an. Hingegen blieb die Gruppe, die sich sozial ausgeschlossen fühlte, innerlich fast unberührt. Dieses Muster wirkte auch in die andere Richtung: Wurden alle gebeten, sich vorzustellen, dass das Fußballspiel verloren würde, blieben die Einsamen unbeteiligt. Die sozial Eingebundenen hingegen schlugen die Hände über dem Kopf zusammen. Bei ihnen war das Maß an emotionaler Reaktion sowohl in die eine als auch in die andere Richtung deutlich ausgeprägter.

Über das Phänomen der geringeren Freude berichtet auch der Neurowissenschaftler Richard Davidson. Aufgrund seiner Zusammenarbeit mit dem Dalai Lama ist Davidson eine Koryphäe unter den Hirnforschern. Sie werden ihn im folgenden Kapitel noch etwas besser kennen lernen.

Im Jahr 2015 veröffentlichte Davidson einen Artikel im *World Happiness Report* der Vereinten Nationen. Darin berichtet er von seinen MIDUS-Studien: »Midlife in the United States«. In diesen Langzeituntersuchungen befragte Davidsons Team Teilnehmende über viele Jahre hinweg immer wieder. »Wir haben Methoden entwickelt, um zu testen, wie lange sich positive und negative Impulse auf Menschen auswirken«, erklärt der Neurowissenschaftler. »Wir gehen davon aus: Je kürzer die Auswirkung eines positiven Impulses ist, desto geringer ist auch das Wohlbefinden dieses Menschen.« Eine Gruppe von Studienteilnehmenden stach dabei besonders hervor. Es waren die Menschen, die seit Längerem bereits Probleme in ihrer Ehe oder Partnerschaft hatten. Der von DeWall im Labor entdeckte Effekt des Gedämpftseins durch ein fehlendes Gefühl von Verbundenheit wirkte auch in Davidsons Feldstudie: Bei den Menschen mit langanhaltenden Eheproblemen verschwand die positive Auswirkung angenehmer positiver Reize viel schneller. Zeigte man ihnen beispielsweise schöne Bilder, erfreuten sie sich daran deutlich kürzer als all die anderen Teilnehmenden.

Das innere Abstumpfen der vermeintlich Ausgeschlossenen ging jedoch noch weiter. In einem dritten Experiment von DeWall erzählte er Probanden, dass im selben Gebäude gerade eine Studie durchgeführt würde, in der eine Gruppe von Menschen ein Essay über ein aktuelles Lebensereignis schreibt. Eine zweite Gruppe würde dieses dann lesen und Fragen dazu beantworten. »Die Kollegen haben einen Fehler bei der Einladung der zweiten Gruppe gemacht, und diese ist daher nicht erschienen«, flunkerte DeWall seinen Teilnehmenden vor. »Könnten Sie vielleicht einspringen, einen der Texte lesen und kurz dazu eine Rückmeldung geben? Das würde meinen wissenschaftlichen Kollegen wirklich sehr helfen!«

Die ganze Geschichte war frei erfunden. Es gab keine zweite Gruppe. DeWalls Teilnehmende sollten nur nicht ahnen, worum es ihm eigentlich ging: Er wollte wissen, wie emphatisch diejenigen sind, die glauben, eine einsame Zukunft vor sich zu haben. Alle Probanden erhielten jeweils einen identischen, handgeschriebenen Text, in dem der Absender detailliert beschrieb, gerade vom Partner verlassen worden zu sein und nun an nichts anderes mehr denken zu können als an diesen Verlust. Die Briefe beschrieben sehr detailliert den Schmerz darüber.

Im Anschluss bat DeWall seine Teilnehmenden, auf einer Zwölfpunkte-Skala mehrere Fragen zu beantworten. Was ihn interessierte: Würden die vermeintlich sozial Ausgeschlossenen aufgrund des eigenen Gefühls fehlender Verbundenheit vielleicht mehr Empathie für die gerade Verlassenen entwickeln? Leider nein – auch hier war das Gegenteil der Fall. Ihr innerer Schutzmechanismus, der sie sowohl den körperlichen Schmerz als auch die Freude über den Sieg des eigenen Fußballteams hatte weniger spüren lassen, wirkte auch in diesem Bereich. Ihre Empathiewerte lagen 25 Prozent unter denen der Probanden, die davon ausgingen, auch in Zukunft das Grundbedürfnis von Verbundenheit gut erfüllt zu bekommen.

Bereits die Vorstellung, Verbundenheit und Zugehörigkeit zu verlieren, löst innere Schutzmechanismen aus. Wir spüren weniger Schmerz, weniger Freude und empfinden weniger Empathie.

Während der Verlust von Verbundenheit manche Systeme in unserem Kopf dämpft, so werden andere im Körper erst richtig wach. Der Psychoneuroimmunologe George Slavich von der University of California, Los Angeles, fand das heraus, als er Teilnehmende den Trier Social Stress Test (TSST) durchführen ließ. Sie kennen dieses Experiment aus dem vorherigen Kapitel, als es um »innere Distanzierung« ging: Die Probanden beim TSST werden von dem Versuchsleiter überraschend gebeten, einen Vortrag vor Publikum zu halten. Die Zuhörenden zeigen auf Anweisung des Studienleiters keinerlei Reaktion oder nur abschätzige Gesichtsausdrücke, die die Qualität des Vortrags abwerten. Das ist eine der wirksamsten Möglichkeiten, um bei Probanden in einem Labor sozialen Stress hervorzurufen.

Um den Druck noch weiter zu erhöhen, mussten die Teilnehmenden in Slavichs Version des TSST nach Ende des Vortrags vor dem Publikum stehen bleiben und rückwärts zählen. Beginnend bei der Zahl 2 935 sollten sie abwechselnd in Siebener- oder Dreizehner-Sprüngen nach unten rechnen. Dabei wurden sie freundlich aber bestimmt darum gebeten, sich doch bitte etwas zu beeilen.

Sowohl beim Eintreffen im Labor als auch dreißig Minuten nach dem TSST nahm Slavich seinen Probanden Speichel ab. Er untersuchte die Dichte von Entzündungsmarkern wie Interleukin-6 und den Tumornekrosefaktor. Die Erfahrung des Nicht-akzeptiert-Werdens durch die abweisenden Zuhörer zeigte eine deutliche Wirkung. Die Entzündungsmarker waren nach dem Experiment teils um 25 Prozent nach oben geschnellt. Um auszuschließen, dass es sich »nur« um eine reine Stressreaktion handelte, holte sich Slavich jemanden dazu, den Sie bereits kennen: Naomi Eisenberger, die Wissenschaftlerin mit den beeindruckenden Cyberball-Studien, in denen die drei Männchen miteinander Ball spielten und eines ausgeschlossen wurde. Slavich und Eisenberger legten nun einige der Probanden in einen Hirnscanner und schauten sich deren dACC an, während diese Cyberball spielten. Sie verglichen die Stärke der neuronalen Aktivität im dACC mit der Menge der Entzündungsmarker. Je stärker der dACC bei dem Cyberball-Experiment auf das Gefühl, ausgeschlossen zu sein, reagierte, desto höher war auch die Ausschüttung der Entzündungsmarker bei den Probanden. Übersetzt heißt das: Nicht der Stress, einen Vortrag zu halten und die passenden Worte zu finden, ließ das Interleukin-6 und andere Entzündungsmarker besonders stark nach oben schnellen, sondern das Gefühl der sozialen Ausgrenzung dabei.

Der dACC, die Struktur in unserem Kopf, die den Verlust von Verbundenheit und die Verarbeitung von körperlichem Schmerz verantwortet, beeinflusst also auch die Ausschüttung von Entzündungsmarkern in unserem Körper. Das ist bei einer körperlichen Verletzung sinnvoll, denn Wunden können durch Entzündungsprozesse schneller geheilt werden. Da der dACC jedoch nicht unterscheidet, ob es sich um eine körperliche oder seelische Verletzung handelt, sorgt er dafür, dass diese Marker auch dann ausgeschüttet werden, wenn wir uns ausgeschlossen fühlen und unser Grundbedürfnis von Verbundenheit und Zugehörigkeit nicht erfüllt wird.

Der Eindruck fehlender Zugehörigkeit führt, ähnlich wie eine körperliche Verletzung, zu einer Ausschüttung von Entzündungsmarkern in unserem Körper. Diese können langfristig unser Herz-Kreislauf-System schädigen.

Wie das Verständnis gegenseitiger Bedürfnisse unsere Beziehungen verbessern kann

Der »Black Canyon of the Gunnison National Park« liegt im Westen Colorados. Im Jahr 1933 wurde ihm der Status eines »National Monument« – eine Auszeichnung für bedeutende Orte – zuerkannt. Wer je den Canyon besucht hat, der weiß, warum. Der Gunnison River, der durch die 80 Kilometer lange Schlucht fließt, wirkt teilweise tiefschwarz, denn der Canyon ist an diesen Stellen 800 Meter tief, aber nur 500 Meter breit, so dass die Sonnenstrahlen nur selten das Wasser erreichen. Einige Abschnitte des Flusses erhalten nur 30 Minuten Sonne pro Tag. So kam die Schlucht zu ihrem Namen »Black Canyon«. Geologen gehen davon aus, dass die Natur zwei Millionen Jahre brauchte, um so etwas zu erschaffen. Zudem ist der Gunnison River einer der fünf steilsten Flüsse Nordamerikas. Bevor er in den Colorado River mündet, verliert er pro Kilometer spektakuläre 50 Höhenmeter – ein atemberaubendes Naturschauspiel, das zu allen Zeiten Schaulustige in Scharen anlockte.

Doch Ende der 1960er Jahre war es mit der wilden Schönheit der Flusslandschaft vorbei. Denn damals wurde mit Erlaubnis der US-Regierung flussaufwärts eine Talsperre errichtet. Später folgten zwei weitere. Neben dem Hochwasserschutz dienten sie der Energieerzeugung durch Wasserkraft. Zugleich freuten sich die Ranch-Besitzer, da sie nun auf ein kontrolliertes Wasserreservoir für ihre Felder zugreifen konnten. Doch hinter der Talsperre veränderte sich die Natur. Die einst 6 000 Kubikmeter Wasser, die der Gunnison River früher pro Sekunde durch den Black Canyon trug, wurden auf magere 1 700 Kubikmeter pro Sekunde reduziert. Der tosende Strom war zu einem Bergbach heruntergestutzt. Sedimente und Verstopfungen boten an verschiedensten Stellen des Flusses einen hässlichen Anblick. Das Ökosystem litt.

Einer der kontroversesten Wasserstreits in der Geschichte Colorados brach aus. 45 verschiedene Parteien hatten mehr als 300 Einspruchsschreiben eingebracht. Die Betreiber der Wasserkraftwerke brauchten den Strom für die Bevölkerung und wollten nicht auf ihre prall gefüllten Talsperren verzichten. Die Lobby der Landwirtschaft war glücklich, keine Überschwemmungen mehr zu haben. Auch die Counties – vergleichbar mit Landkreisen in Deutschland – und noch viele weitere Parteien mit Einzelinteressen brachten sich ein. Die Kontroverse eskalierte zum noch schlagzeilenträchtigeren Rechtsstreit, als die US-Regierung den Black Canyon im Jahr 1999 von einem »National Monument« zu einem »Nationalpark« hochstufte. In den USA bedeutet das: Dieser Ort hier ist noch bedeutender! Der Nationalparkservice, die Bundesbehörde, die für die Parks auf dem Staatsgebiet der USA verantwortlich ist, ist sehr klageerfahren. Er hatte bereits 25 Gerichtsverfahren um Wasserrechte gewonnen. Und so erhöhte der Nationalparkservice den juristischen Druck. Seine Forderung: Die Talsperren sollten ihre Schleusen weiter öffnen, damit endlich wieder genügend Wasser durch den Fluss unterhalb der Talsperren fließt. Insgesamt 36 Jahre lang währte dieser ergebnislose Kampf zwischen Talsperren-Gegnern und -Befürwortern. Dann rief jemand Chris Moore an.

»Sind das Kolibris?«, frage ich. »Oh ja, wir haben hier jede Menge davon«, antwortet Chris und dreht seinen Laptop so, dass er den Kolibri-Futterspender ins Bild rückt, der an seinem Haus hängt. Der in der Szene weltweit bekannte Friedensmediator und Autor des Standardwerks *The Mediation Process* sitzt vor seiner Berghütte in der Nähe von Boulder, Colorado. Im Laufe des Herbstes 2020 führen wir mehrere Skype-Gespräche, in denen er mir viele Fragen zu seiner Arbeit beantwortet. Immer wieder schwirren die grazilen Kolibris durch das Bild.

In den USA ist der 74-jährige Mann aus Colorado ein Urgestein der Friedensmediation und Friedensverhandlungen. Chris hat in über 45 Ländern mit zerstrittenen Gruppen und Einzelpersonen gearbeitet, er hat vermittelt und Rechtsstreits geschlichtet. Als die Vereinten Nationen während des Oslo-Friedensprozesses zwischen der Palästinensischen Befreiungsorganisation PLO und Israel vermitteln wollten, holten sie Chris Moore hinzu. Wenn sich 70 Stämme amerikanischer Ureinwohner untereinander und mit der US-Regierung um Wasserrechte in die Haare bekommen, wird Chris um Hilfe gebeten. Teilweise waren Hunderte Menschen gleichzeitig in Streitigkeiten verwickelt, zu denen er als Mediator gerufen wurde. Manchmal gelang ihm das sogar, ohne dass die verschiedenen Parteien direkt miteinander sprechen mussten. So war es etwa in dem erbitterten Streit eines ranghohen Mitglieds des Ku-Klux-Klans und eines provokanten amerikanisch-jüdischen Radiomoderators, die sich öffentlich gegenseitig bedrohten. Diese beiden in einen Raum zusammenzubringen, wäre zu riskant gewesen, denn die Situation hätte gewaltsam eskalieren können. Moore sprach abwechselnd mit dem einen und dem anderen – immer wieder. Solange, bis beide ihm glaubhaft versicherten, dem anderen kein Unheil anzutun.

Als Chris Moore im Juni 2007 damit beauftragt wurde, im Black-Canyon-Streit zu vermitteln, genoss er längst den Ruf eines erfahrenen Mediators. »Alle Seiten hatten Anwälte, die davon ausgingen, dass ihre juristische Sichtweise die richtige ist«, erinnert er sich. Die Betreiber der Wasserkraftwerke waren der Überzeugung: »Der Canyon ist 1933 zum Monument ernannt worden, die Talsperren aber sind in den 1960er Jahren gebaut worden. Damit hat die Regierung ganz klar gemacht, dass Energie- und Wasserversorgung wichtiger sind als der Erhalt eines Naturdenkmals.« Die Nationalparkbetreiber hingegen meinten: Die Tatsache, dass der Black Canyon im Jahr 1999 zum Nationalpark ernannt worden ist, bedeutet, dass die Regierung seinen Erhalt für wichtiger einstuft. »Tatsächlich hatte die Regierung der Nationalparkverwaltung im Jahr 1999 zugesichert, dass der Nationalpark wieder mehr Wasser bekommen solle«, berichtet Chris. »Leider hatte die Regierung die Wassermenge nie genau festgelegt.«

Es gab also zwei sehr unterschiedliche Auffassungen und wenig gemeinsame Schnittstellen. Alle Parteien beharrten auf ihren Positionen. Nach 36 Jahren Dauerstreit waren die Fronten verhärtet. »Lasst uns für einen Moment die juristischen Theorien zur Seite stellen und uns zunächst darüber unterhalten, was jeder von euch braucht«, schlug Chris Moore zu Beginn des Mediationsprozesses vor. Damit nutzte er einen Aspekt einer Methode, die in den 1980er Jahren als das »Harvard Negotiation Project« bekannt wurde.

Moore lenkte den Fokus der Streitparteien weg von ihren Positionen (»Ich habe Recht, weil …«), hin zu einer Diskussion über ihre Bedürfnisse. So konnten die Streithähne erstmals konkret und detailreich ausformulieren, worum es ihnen eigentlich ging. Die Farmer erklärten beispielsweise, dass sie insbesondere im Frühling viel Wasser für ihre Felder benötigten, während der anderen Jahreszeiten dagegen sei die Wassermenge zweitrangig. Die Vertreter des Nationalparks betonten, dass der Gunnison River im Frühsommer für die Reinigung seines Flussbettes eine mehrwöchige »Spülphase« brauche, in der besonders große Mengen Wasser fließen müssen. Diese würden das natürliche Abfließen der Schneeschmelze simulieren, wie es vor der Erbauung der Stauseen jährlich stattfand. Die Betreiber der Wasserkraftwerke erklärten, dass fünf Millionen Kunden in Gunnison County und Montrose County auf eine stabile Stromversorgung angewiesen seien. »Als die Bedürfnisse aller beteiligten Parteien zusammengetragen waren, entstand ein hochkomplexes Puzzle«, erzählt Chris. Elf Monate lang brauchten die Beteiligten, um die einzelnen Bausteine miteinander abzugleichen. Am Ende dieser langwierigen Verhandlungen stand eine komplexe Lösung. Beispielsweise konnte der Nationalpark in wasserarmen Jahren auf die Frühsommerspülung des Flussbetts verzichten, so dass das Wasser den Kraftwerken zur Stromproduktion zur Verfügung stand. »Niemand bekommt alles, aber jeder bekommt etwas«, kommentierte ein Vertreter der Wasserkraftwerke damals das Ergebnis der Gespräche.

Die durchschnittliche Wassermenge, die nun aus dem Staudamm in den Gunnison River floss, verdreifachte sich. Das erste Mal seit 1970 erhielt der Park wieder ausreichend Wasser, um das Flussbett von Sedimenten, Stauungen, Schlacken und Schilfansammlungen zu reinigen. »Das ist der erste Schritt zurück zu einem natürlichen Fluss«, kommentiert Ken Stahlnecker, Chef der Ressourcenverwaltung des Parks, in der *The Denver Post* am 8. Mai 2009, kurz nachdem die Vereinbarung zwischen allen Parteien unterschrieben war.

»Es ist immer wieder faszinierend, was zwischen Menschen möglich ist, wenn man vorübergehend Dinge loslässt, an denen man lange festgehalten hat«, erzählt Chris. Nach fast drei Stunden, die wir miteinander per Skype verbracht haben, kommt seine Frau Susan vor die Hütte. Wir müssen unser Gespräch beenden, da die beiden bei Nachbarn zum Lunch eingeladen sind. »Wir leben zu oft in einer bipolaren Welt, in der nur das eine oder nur das andere als richtig angesehen wird«, sind Chris' letzte Gedanken an diese Mediation, bevor wir uns verabschieden. Seine Einschätzung passt heute mehr denn je. Während wir unsere Gespräche führten, findet in den USA eine Schlammschlacht der Republikaner und der Demokraten statt, befeuert von dem wohl polarisierendsten Staatsoberhaupt, welches das Land bisher hatte.

Chris Moore hat einen der hochwirksamsten Ansätze genutzt, um das Trennende in Beziehungen aufzulösen: Anstatt auf Standpunkten zu verharren (Wer hat Recht? Wer hat Unrecht?) fokussierte er sich auf die Fragen »Worum geht es eigentlich?« und »Welche Bedürfnisse hat jeder?«.

Die Bedürfnisse des anderen zu verstehen und die eigenen Bedürfnisse offen zu kommunizieren, hilft Menschen, sich einander anzunähern.

Den Fokus auf die Bedürfnisse zu richten, lässt sich auch wunderbar in die alltägliche Lebensrealität übertragen. Allzu oft reagieren wir, ohne genau zu wissen, was das Bedürfnis des anderen gerade ist. Ein (zugegeben etwas stereotyper) Klassiker: Eine Frau kommt nach Hause und will Ihrem Partner von einem Konflikt mit einem Arbeitskollegen berichten, der sich gerade zugetragen hat. Der Partner hört die Geschichte und hat gleich mehrere Lösungsansätze parat, die er mitteilt. Er antizipiert fälschlicherweise, dass sie von ihm Lösungen erhalten will. Doch ihr Bedürfnis ist, dass ihr nur jemand zuhört.

Wie lässt sich so ein Missverständnis vermeiden? Durch eine einfache Frage. Eine nahezu magische Frage, die unser Miteinander in so vielen Situationen mit einer Menge Menschen vereinfachen würde. Und da sie so universell einsetzbar ist, markiere ich sie vorab schon mal für Sie:

Was brauchst du gerade (von mir), damit es dir besser geht?

Wenn wir Verbundenheit erleben – die positiven Auswirkungen auf Geist und Körper

»Wenn Menschen soziale Beziehungen fehlen, dann ist das ein größerer Risikofaktor für einen frühen Tod als Bewegungsmangel oder Fettleibigkeit«, sagt Julianne Holt-Lunstad. Im Jahr 2010 hat die Neurowissenschaftlerin eine oft zitierte Meta-Analyse zum Thema Lebenserwartung veröffentlicht, für die sie 148 Langzeitstudien ausgewertet hat. Dadurch bekam sie Einblick in die Lebensumstände von Hunderttausenden Menschen aus Nordamerika, Europa und Asien, die in den Einzelstudien untersucht worden waren. »Bisher wurden Alkohol und Zigarettenkonsum meistens als besondere Risikofaktoren benannt, die die Lebenserwartung beeinflussen«, sagt die Wissenschaftlerin. »Doch wir können durch all diese Studien erkennen, dass die Qualität der sozialen Beziehungen einen mindestens genauso großen Einfluss hat.« Das Durchschnittsalter der untersuchten Menschen in den 148 ausgewerteten Studien lag bei 64 Jahren. Jeder Teilnehmende wurde durchschnittlich siebeneinhalb Jahre lang beobachtet. Die Wahrscheinlichkeit, dass diese Menschen am Ende des Beobachtungszeitraums noch lebten, war um 50 Prozent höher, wenn sie zu Beginn angegeben hatten, sozial gut eingebunden zu sein.

Wenn unser Grundbedürfnis nach Verbundenheit und Zugehörigkeit erfüllt ist, leben wir also messbar länger. Und sehr wahrscheinlich leben wir auch glücklicher. In seinem Artikel »Neuroscience and Happiness« im *World Happiness Report 2015* der Vereinten Nationen, den ich vor einigen Seiten bereits erwähnte, weist der Neurowissenschaftler Richard Davidson darauf hin: »Die Qualität der sozialen Beziehungen, die wir pflegen, ist einer der stärksten Einflussfaktoren für unser Wohlbefinden.«

Lassen Sie uns die Begriffe Glück und Wohlbefinden einen Moment lang etwas genauer betrachten. Es geht dabei nicht um den Zustand des Dauergrinsens, das wir von Frischverliebten kennen. Es bedeutet auch nicht, dass wir keine negativen Emotionen erleben. Glückliche und zufriedene Menschen haben ebenso viele unangenehme Erfahrungen wie unglückliche Menschen. Doch trotz der negativen Erlebnisse, die auch sie immer mal wieder verkraften müssen, sind sie in der Lage, immer wieder auch glückliche Momente zu erleben!

Glückliche Menschen machen ebenso viele unangenehme Erfahrungen wie unglückliche Menschen. Sie gehen nur anders damit um.

Ich erinnere mich an eine obskure Begegnung mit einem finnischen Teilnehmer eines Persönlichkeitstrainings, an dem ich vor einigen Jahren teilnahm. Wir mochten einander, blieben nach den gemeinsamen Tagen weiterhin in Kontakt, hatten jedoch in manchen Fragen recht unterschiedliche Sichtweisen. Daher dauerte es nicht lange, bis wir bereits während des Trainings irgendwann in einer leidenschaftlichen Diskussion über das Thema »Glück« landeten. »If you don't let go this stuff, you might always feel miserable«, schleuderte ich ihm herüber, nachdem er mich in die Mangel genommen hatte. Seine Antwort hat mich damals auf wundersame Weise aus dem Konzept gebracht. »Okay, Sebastian – maybe I stay miserable. But why should I be happy – is there any advantage?«

»Gibt es einen Vorteil, glücklich zu sein?« Was für eine Frage! Ich war ernsthaft irritiert. »Sind wir denn nicht alle daran interessiert, glücklich und zufrieden zu sein?«, dachte ich mir. Aber die Frage war berechtigt: »Is there any advantage?« Hat es irgendeinen Vorteil, glücklich zu sein?

Die Antwort darauf fand ich bei Sonja Lyubomirsky. Die in Russland geborene Harvard-Absolventin hat gemeinsam mit Kollegen 300 wissenschaftliche Arbeiten durchforstet, die sich mit den Auswirkungen von persönlich empfundenem Glück und Wohlbefinden beschäftigen. Ihre Erkenntnisse hat sie in einer Meta-Studie veröffentlicht. Hier folgen nun einige Antworten aus Lyubomirskys Forschungsarbeit, die ich damals gerne als Argument für meinen finnischen Freund parat gehabt hätte:

- Menschen, die bei Befragungen angeben, glücklich zu sein, leiden in den Folgejahren seltener an einer Herzkrankheit und bekommen seltener einen Schlaganfall.
- Glückliche Menschen werden nach einem Vorstellungsgespräch eher zurückgerufen.

- Menschen, die sich selbst als glücklich einstufen, werden von ihrem Umfeld mehr wertgeschätzt und als attraktiver, intelligenter und kompetenter eingeordnet.
- Glücklichen Menschen fällt es leichter, andere anzusprechen und sich ihnen zu öffnen – und das ist hilfreich dabei, gute zwischenmenschliche Beziehungen aufzubauen.
- Glückliche Menschen sind besser dazu in der Lage, Konflikte anzusprechen und zu lösen.

Die kritischen Leser unter Ihnen könnten nun denken: Kann es nicht auch genau anders herum sein? Diese Menschen sind doch bestimmt glücklicher, weil sie intelligent und attraktiv sind, weil sie Konflikte besser lösen können oder nach einem Vorstellungsgespräch eher angerufen werden.

Viele von Lyubomirsky untersuchten Studien betrachteten den Glückszustand jedoch zu Beginn der Forschung und stellten erst im Laufe der Zeit die messbaren Veränderungen fest!

Eine der bekanntesten Studien, die dieses Muster von anfänglichem Glücksempfinden und den Auswirkungen auf das eigene Leben gut zum Ausdruck bringt, ist mutmaßlich auch eine der ältesten: die sogenannte Nonnen-Studie.

Der Epidemiologe David A. Snowdon von der Universität Minnesota, begann Anfang der 1990er Jahre diese Studie mit 678 katholischen Nonnen, der »School Sisters of Notre Dame«. Damals forschte Snowdon an der Entstehung der neurodegenerativen Erkrankung Alzheimer. Die Nonnen erklärten sich bereit, über ihre ganze verbleibende Lebenszeit regelmäßig an psychologischen Tests teilzunehmen. Nach ihrem Tod, so verfügten sie, dürfe Snowdon ihr Gehirn untersuchen. Eine erste Erkenntnis dieser Studie war: Die pathologische Untersuchung zeigte bei manchen Nonnen die körperlichen Symptome eines degenerierten Gehirns, doch die dazugehörigen Patientinnen erschienen in ihrem Verhalten bis zum Zeitpunkt ihres Todes kerngesund. Diese Entdeckung war bahnbrechend, da sie die Hintergründe von Alzheimer-Erkrankungen grundsätzlich infrage stellte.

Eine weitere wichtige Erkenntnis – die insbesondere im Kontext der Glücksforschung bedeutsam ist – teilte Snowdon in seinem wissenschaftlichen Papier »Positive Emotions in Early Life and Longevity: Findings from the Nun Study«. Viele der von ihm untersuchten Nonnen waren im September 1930 von ihrer Mutter Oberin gebeten worden, einen einseitigen biografischen Bericht ihres damals jungen Lebens zu verfassen. Die Anweisung lautete: »Schreiben Sie maximal 200 bis 300 Wörter. Berichten Sie über besondere Ereignisse Ihrer Kindheit und Schulzeit. Beschreiben Sie, wie Sie zu der Entscheidung kamen, die Sie in den Konvent führte, um ein religiöses Leben zu führen.« Snowdon machte 180 dieser Jahrzehnte alten Biografien ausfindig und wertete sie aus. »Diese alten Texte haben einen unschätzbaren Wert für uns«, sagt er. Bei der Analyse der alten Dokumente bemerkte der Wissenschaftler neben vielen inhaltlichen Ähnlichkeiten deutliche Unterschiede im Stil. Dieser ließ Rückschlüsse auf den inneren Zustand der Verfasserinnen zu, aus dem heraus diese Biografien entstanden waren. Manche waren eine reine Ansammlung von Fakten, andere wiederum sprühten vor Freude: »Gott hat mein Leben gut beginnen lassen«, »das letzte Jahr in Notre Dame war ein sehr glückliches«, »ich freue mich auf das, was nun kommt«. Für eine wissenschaftliche Untersuchung waren die Rahmenbedingungen, unter denen die Nonnen lebten, optimal. Sie nahmen ähnliche Nahrung zu ähnlichen Tageszeiten zu sich. Sie hatten ähnliche Tag- und Nachtrhythmen, und sehr wahrscheinlich waren sie frei von Drogen- oder Alkoholexzessen. Da also viele der äußeren Faktoren einander ähnelten, konnte Snowdon sich auf die Unterschiede im geistigen Zustand der Nonnen fokussieren, den er in ihren Briefen erkannt hatte. Er wertete die verwendeten Worte nach »positiv«, »negativ« und »neutral« aus. Die Erkenntnisse über das damalige Wohlbefinden der Nonnen glich er mit ihren gut dokumentierten medizinischen Akten ab. Snowdon kam mit seiner Studie zu einem bemerkenswerten Ergebnis: Die Nonnen, die bereits in ihren frühen Texten viele positive, dankbare Emotionen zum Ausdruck gebracht hatten, lebten zehn Jahre länger als der Durchschnitt der Untersuchten! Dadurch entstand eine der ältesten Langzeitstudien zum Thema Glück.

Offiziell nimmt eine Harvard-Studie, die im Jahr 1938 begann, den Titel der längsten Langzeitstudien dieser Thematik für sich in Anspruch. Die Harvard-Wissenschaftler begleiteten acht Jahrzehnte lang Hunderte

Menschen mit ihren Befragungen. Anfangs waren es 268, später wurden deren Nachkommen hinzugenommen, so dass es letztendlich 1 300 Personen waren. Das Ergebnis dieser Langzeitstudie klang ähnlich wie die von Richard Davidson im *World Happiness Report*: »Mehr als Geld oder Ruhm halten gute Beziehungen zu anderen Menschen ein ganzes Leben lang glücklich«, fassen die Harvard-Wissenschaftler die Essenz ihrer Jahrzehnte lang erforschten Ergebnisse zusammen.

Ist unser Grundbedürfnis von Verbundenheit erfüllt, leben wir glücklicher und länger.

Wenn wir unsere Beurteilungen über andere beurlauben, kommen wir einander näher

»Warum glaubt die ganze Welt, dass wir Mörder sind?«, wollen die drei jungen Kosovo-Serben* von Juan wissen.

Wie auf Knopfdruck werden die anderen Gespräche im Raum nur noch gedämpft geführt, oder sie verstummen völlig. Es ist das Jahr 2008. Juan Diaz-Prinz sitzt im Konferenzraum eines Hotels in Nordmazedonien. Der Kubaner-Amerikaner ist Friedensmediator und war damals Mitbegründer und Direktor der CSSP – Berlin Center for Integrative Mediation. Er ist wieder einmal in den Balkan gereist, um zwischen verschiedenen ethnischen Gruppen zu vermitteln. Dieses Mal ist er mit zwei Dutzend Kosovo-Albanern und Kosovo-Serben nach Nordmazedonien gefahren, um erste Beziehungen zwischen allen Anwesenden aufzubauen. Eine Hürde für ihn als Mediator dabei ist jeweils: Werden die unterschiedlichen Parteien ihn gemeinsam akzeptieren? Dazu muss er den Teilnehmenden ein Gefühl von Allparteilichkeit vermitteln – und das ist aufgrund seiner persönlichen Situation dieses Mal eine besondere Herausforderung. Juan hat vor einigen Jahren eine Patenschaft für zwei muslimisch-bosnische Kinder aus einem Kinderdorf übernommen. Und nun stehen drei Kosovo-Serben im Alter von Anfang dreißig vor seinem Tisch und stellen diese Frage: »Warum glaubt die ganze Welt, dass wir Mörder sind?«

»Alle anderen im Raum taten so, als würden sie normal weiteressen«, erinnert sich Juan. »Doch jedes Augenpaar war auf mich gerichtet.« Sowohl die weiteren Kosovo-Serben als auch die Kosovo-Albaner wollten wissen, wie Juan mit dieser Frage umging. »Meine Antwort würde darüber entscheiden, ob sie sich mit mir auf diesen Friedensprozess einlassen«, erklärt er mir.

---

* Die Bezeichnung »Kosovo-Serben« und »Kosovo-Albaner« wird bewusst verwendet, da diese ethnischen Gruppen eine andere Historie mit einem besonderen Konfliktpotenzial haben als die Bewohner der beiden Länder Albanien und Serbien.

Hätte Samantha Power an diesem Tag auf diesem Stuhl gesessen, wäre die Antwort auf die Frage der jungen Kosovo-Serben womöglich sehr klar gewesen: »Die Welt glaubt, dass ihr Mörder seid, weil es Genozid war, der durch die serbischen Milizen begangen wurde.« Power hatte als Kriegsberichterstatterin viele Jahre im ehemaligen Jugoslawien verbracht, später wurde sie für ihr Buch *A Problem from Hell – America and the Age of Genocide* mit dem Pulitzer-Preis ausgezeichnet. Als Teil der Obama-Administration und spätere US-Botschafterin bei den Vereinten Nationen hat sie immer wieder auf die Grausamkeiten auf dem Balkan hingewiesen und diese als »Genozid« bezeichnet. Sie tat das, um die US-Regierung und die Welt gemeinsam dazu zu bewegen, militärisch zu intervenieren. Power musste laut sein, das war ihr Job.

Doch so zu agieren, passte nicht zu Juans Selbstverständnis als Friedensmediator. Er hatte eine differenziertere Sicht auf die Geschehnisse – das ist in seiner Rolle notwendig. Denn die Dinge auf dem Balkan sind komplexer und verworrener, als sie auf den ersten Blick erscheinen und oftmals durch die Medien vermittelt werden.

»Ich habe immer wieder die Erfahrung gemacht, dass die verschiedenen ethnischen Gruppen sich nicht einmal darauf einigen können, was überhaupt bisher geschehen ist«, erzählt mir Juan. »Jeder lebt in seiner eigenen Realität, seinem eigenen Narrativ, das durch das soziale Umfeld und die Erzählungen der eigenen Vorfahren geprägt ist.« Diese Brille, durch die die verschiedenen Völker die Erlebnisse wahrnehmen und für sich bewerten, wirkt seit Generationen. Wenn man den geschichtlichen Vorhang etwas hebt, dann erinnert sich das serbische Volk an die »Knabenlese«: Zur Zeit des Osmanischen Reichs halfen die Osmanen ab dem 15. Jahrhundert auf dem Balkan, christliche serbische Kinder zu verschleppen, sie zu islamisieren und dann im Militär- und Verwaltungsdienst des türkischen Reiches einzusetzen. Gleiches taten jedoch auch Christen. Sie verschleppten während der Türkenkriege im 17. und 18. Jahrhundert Kinder meist nach Deutschland, um diese zu assimilieren.

Das kroatische Volk hatte zur Zeit des dritten Reichs einen Negativrekord mit dem Konzentrationslager Jasenovac aufgestellt: Es war eines der größten in Europa. Um die 100 000 Menschen starben dort, die meisten waren Serben. Doch auch das Serbische Freiwilligen-Korps, eine von der Regierung finanzierte faschistische Freischar, half den Nazis im dritten Reich, Tausende Juden und Roma zu ermorden. Diese Liste von Gräueltaten und damit auch die verschiedenen Sichtweisen auf das historische und jüngste Geschehen im ehemaligen Jugoslawien ließe sich deutlich erweitern.

Juan wusste, dass auch diese drei Männer ihre eigene Sichtweise, ihre eigene Version der Vergangenheit in sich trugen. Und diese verhinderte, dass sie verstehen konnten, weshalb sie in vielen Medien zu diesem Zeitpunkt der Geschichte als Mörder tituliert wurden. Deshalb stellten Sie Juan in dem Hotel in Nordmazedonien genau diese Frage. Er wollte ihnen helfen, eine Antwort zu finden. »Setzt euch«, bat Juan die drei Männer.

»Ich weiß nicht, ob mein Gehirn jemals zuvor so schnell gearbeitet hat, Sebastian«, erzählt er mir. »Ich begann, sehr, sehr langsam zu reden, um genügend Zeit zum Denken zu haben.« Langsames Sprechen ist für gewöhnlich keine Eigenschaft, die man mit Juan assoziiert. Bereits im Englischen redet er sehr schnell, sobald er ins Spanische wechselt, nimmt seine Sprache nochmal deutlich mehr Geschwindigkeit auf. Er wusste, dass er mit seinen Worten die Kosovo-Serben genauso wie die Kosovo-Albaner im Raum erreichen musste. Und zugleich wollte er innerlich auch seinen muslimisch-bosnischen Patenkindern gerecht werden, die durch Serben vertrieben wurden und nun in einem Kinderheim lebten. »Was mir in diesem Moment besonders bewusst wurde: Jemanden zu verstehen, heißt nicht, ihm zuzustimmen«, sagt Juan.

Juan Diaz-Prinz war in den vergangenen fünf Jahren immer wieder als Friedensmediator im ehemaligen Jugoslawien aktiv gewesen. Daher kennt er die Geschichte des Krieges sehr gut. Und so begann er, mit den drei Kosovo-Serben über jüngste historische Ereignisse zu sprechen, die diese aufgrund ihres Alters nicht bewusst erlebt hatten. Er fing bei der Schlacht um Vukovar im Herbst 1991 an, bei der nach dem Fall der Stadt Hunderte Kroaten und Nicht-Serben getötet wurden. »Ich verwendete während all meiner Ausführungen niemals die Begriffe ›Genozid‹ oder ›ethnische Säuberung«, sagt Juan. »Denn das wäre eine Form von Bewertung gewesen, die ich unbedingt vermeiden wollte.« Nahezu eine Stunde lang diskutierte Juan mit ihnen über die verschiedenen Perspektiven aller beteiligten Parteien zu unterschiedlichen Zeitpunkten des Krieges. Er versuchte ihnen die Sichtweisen und Einschätzungen der anderen ethnischen Gruppen näherzubringen. Auch die Tatsache, dass vermehrt die jüngsten Ereignisse in Jugoslawien in den Leitmedien gezeigt werden, hatte Einfluss darauf, wie das serbische Volk von vielen Menschen bewertet wird. Nach 60 Minuten endete er mit den Worten: »Ich kann euch nicht sagen, warum viele Menschen euch Serben als Mörder bezeichnen. Aber ich hoffe, ich konnte euch ausreichend Anhaltspunkte geben, um zu verstehen, wie manche zu dieser Auffassung kommen.«

Es gab zwar keinen Konsens zwischen Juan und ihnen darüber, wie genau die Historie nun gewesen ist. Das wäre auch überraschend, denn es ist ein bekanntes Phänomen, dass die verschiedenen ethnisches Gruppen im Kosovo oftmals unterschiedliche Auffassungen über die Vergangenheit haben. Doch die Kosovo-Serben dankten ihm dafür, die beiden Sichtweisen miteinander respektvoll ausgetauscht zu haben. Juan ging zu einem Tisch, an dem viele Kosovo-Albaner saßen. »Ich habe nun eine Stunde mit den serbischen Männern verbracht«, erklärte er den Kosovo-Albanern. »Ich kann mich gerne auch eine Stunde zu euch setzen.« Gleichwertige Beziehungen zu allen Parteien aufzubauen, ist in seiner Rolle sehr wichtig. Doch die Situation war besonders: Er hatte die eine Stunde nicht privat mit den Kosovo-Serben verbracht, sondern in einem öffentlichen Umfeld, so dass die Kosovo-Albaner zuhören und sich einen Eindruck von ihm als Mediator machen konnten. Daher nahmen sie sein Angebot nicht an. »Du hast für heute genug geredet«, erwiderten sie freundlich. »Wir haben mitgehört. Geh schlafen! Wir sehen uns morgen früh.« Juan hatte in seinem Dialog mit den Kosovo-Serben auch die Kosovo-Albaner erreicht. Damit konnte die Friedensmediation weitergehen – die erste große Hürde war überwunden, denn beide Parteien akzeptierten ihn als gemeinsamen Mediator.

Was war Juan an diesem Tag gelungen?

Er beschreibt es mir als ein »Suspending Judgement« – also als ein »Außerkraftsetzen der Bewertung« der Menschen, mit denen er sprach. Durch seine muslimisch-bosnischen Patenkinder, durch die internationale Berichterstattung, durch laute Menschen wie die UN-Botschafterin Samantha Power wäre es verständlich gewesen, dass er eine Serben-kritische Beurteilung in sich hätte tragen können. Doch er wusste um die komplexe Historie im ehemaligen Jugoslawien und erlaubt sich eine so einfache Sichtweise nicht. Er sorgte dafür, dass er mit den Kosovo-Serben vorurteilsfrei sprach. »Es war eine tiefe, menschliche Begegnung zwischen uns«, erinnert er sich. »Sie waren um die Dreißig. Diese Männer haben nur einen Teil des Krieges als Jugendliche erlebt und bekamen durch die ältere Generation eine einseitig geprägte Geschichte vermittelt. Ich glaube, dass sie mich nicht nur prüfen wollten. Sie hatten ein wahrhaftiges Interesse daran zu verstehen, weshalb sie von der Staatengemeinschaft angeprangert werden.«

Das, was Juan gelungen ist, ist das bewusste Umgehen eines Automatismus, der oft in uns wirkt: Wir bewerten andere Menschen. Das geschieht meist aus einer eingeschränkten Perspektive, denn wir wissen nur einen Teil davon, was der andere denkt und fühlt; welche Vergangenheit er in sich trägt und was ihn vielleicht gerade belastet. Manchmal braucht es nur ein inneres »Es gibt sicherlich einen Grund, der dazu führt, dass dieser Mensch sich so verhält«, um den eigenen Automatismus zu unterbrechen.

Ein echtes, einprägsames Beispiel, wie wenig wir oftmals das Innenleben eines anderen kennen und wie schnell sich unsere Bewertung verändert, wenn wir mehr darüber erfahren, habe ich vor vielen Jahren von dem amerikanischen Autor Malcom Gladwell gehört:

Ein Mann betritt mit seinen beiden Kindern eine U-Bahn. Unmittelbar nach Fahrtbeginn fangen die beiden an, sich zu zanken. Sie hüpfen über die Sitze und machen dabei sehr viel Krach. Der Mann aber schaut nur unbeteiligt aus dem Fenster. Die anderen Passagiere in dem Abteil fühlen sich zunehmend von den lauten Kindern und dem Vater, der ihr Verhalten nicht unterbindet, belästigt. Irgendwann ringt sich ein Fahrgast dazu durch, den Vater anzusprechen: »Entschuldigung, Ihre Kinder machen hier ziemlich viel Lärm. Das stört uns alle sehr.«

Der Vater schreckt aus seinen Gedanken hoch. »Oh, das tut mir leid«, antwortet er. Was nun folgte, ließ die innere Abwehr der Fahrgäste verschwinden: »Mir ist das nicht aufgefallen. Wir kommen gerade aus dem Krankenhaus. Meine Frau ist heute verstorben. Das ist wahrscheinlich die Art, wie meine Kinder mit dem Verlust ihrer Mutter umgehen. Ich kümmere mich darum, dass sie ruhiger sind.«

Was uns oft voneinander trennt, sind unsere bewussten oder unbewussten Meinungen über andere. Sobald wir diese – vielleicht auch nur für einen Moment – zur Seite schieben, ergibt sich die Möglichkeit einer tiefen, menschlichen Begegnung.

Bereits das Gefühl von Zugehörigkeit beflügelt uns

Sehen wir unser Grundbedürfnis von Zugehörigkeit und Verbundenheit erfüllt, steigert sich unser persönliches Wohlempfinden. Bereits die Aussicht auf Zugehörigkeit setzt innerlich eine Menge Energie frei, wie uns die Stanford-Wissenschaftler Gregory Walton und Geoffrey Cohen in ihrer Studie »Mere Belonging: The Power of Social Connections« zeigen. Für ihr Experiment wählten die Wissenschaftler Studierende aus, die in einer Vorbefragung angegeben hatten, keine Abneigung gegen Mathematik zu haben – denn in diesem Experiment drehte sich vieles darum. Sie teilten ihre Probanden in zwei Gruppen auf. Gruppe 1 bekam zur Einführung einen kurzen Text eines angeblichen »ehemaligen Absolventen« des Mathematikbereichs aus Stanford zu lesen. Dieser Text war von den Wissenschaftlern geschrieben worden und bewusst faktenbasiert verfasst. Er klang in Teilen so: »Ich habe viele Nächte damit verbracht, schwierige Aufgaben zu lösen und einige aufregende Erkenntnisse dabei gewonnen … es gab einige Preise zu gewinnen und es herrschte ein gesunder Wettbewerb untereinander, durch den sich jeder persönlich weiterentwickeln konnte.«

Die zweite Gruppe erhielt einen ähnlichen Text, der jedoch bewusst so formuliert war, dass er den Eindruck von Zusammengehörigkeit während der Studienzeit zum Ausdruck brachte: »Ich habe einige Nächte gemeinsam mit Freunden aus meinem Studienjahr damit verbracht, schwierige Aufgaben zu lösen … wir hatten viele erkenntnisreiche Gespräche in dieser Zeit … mehrfach, wenn unsere Studiengruppe zusammentraf, kam auch einer der Professoren vorbei und diskutierte ein aktuelles Problem gemeinsam mit uns.«

Während Gruppe 1 reine Fakten erhielt, sorgten die Wissenschaftler dafür, dass bei Gruppe 2 das Grundbedürfnis von Verbundenheit und Zugehörigkeit angesprochen wurde. Nach dieser sehr unterschiedlichen Einstimmung erhielten die Teilnehmenden der beiden Gruppen eine Mathematikaufgabe. Was die Wissenschaftler ihren Probanden nicht verrieten: Die Aufgabe war nicht lösbar. »Nehmen Sie sich so viel Zeit, wie Sie möchten«, gaben sie ihnen noch mit, bevor sie sie jeweils allein in einem Raum arbeiten ließen. Allerdings beobachteten sie die Teilnehmenden heimlich und stoppten die Zeit, bis diese von der Aufgabe abließen. Nach durchschnittlich 7 Minuten und 53 Sekunden legte Gruppe 1 das Papier zur Seite. Gruppe 2 war hingegen deutlich motivierter. Sie hörte erst nach 11 Minuten und 8 Sekunden auf. Selbst, wenn sie in dem Moment allein in einem Raum saßen, so hatten sie Mathematik und die dazugehörige Aufgabe innerlich mit dem Grundbedürfnis von Verbundenheit assoziiert. Und das sorgte dafür, dass sie ein Drittel mehr Zeit investierten.

Im Anschluss baten Walton und Cohen alle Teilnehmenden, an einer kurzen Befragung teilzunehmen. Diese zielte darauf ab, ihre Motivation für das Studienfach Mathematik zu erforschen. »In der Zukunft könnte ich mir eine Karriere in diesem Bereich vorstellen« oder »Es ist wichtig für mich, gut in Mathe zu sein« waren einige der Aussagen, denen sie mithilfe einer Punkteskala zustimmen konnten. Auch hier zeigte sich die magische Wirkung des Zugehörigkeitswunsches: Gruppe 2, die zu Beginn des Experiments auf ein hohes Gemeinschaftsgefühl während der Studienzeit eingestimmt worden war, gab durchgehend höhere Punktzahlen in der Befragung an. Ihre Motivation, sich weiterhin mit diesem Studienfach zu beschäftigen, war doppelt so hoch.

Das Gefühl von Zugehörigkeit steigert deutlich das Maß an Energie, das wir bereit sind, einzubringen. Wir gehen dann gerne die Extrameile.

In einem ähnlichen Experiment mit neuen Teilnehmenden stimulierten Walton und Cohen das Bedürfnis nach Zugehörigkeit auf eine subtilere Art und Weise: Zwei Gruppen von Teilnehmenden erhielten jeweils den neutralen Text, den Gruppe 1 aus dem ersten Experiment gelesen hatte. Neu war, dass in der Mitte des Textes eine kleine »Infobox« eingebaut war. Diese enthielt einige Details über den vermeintlichen Verfasser des Textes, ein ehemaliger Absolvent. Sehr prominent in dieser Infobox war das Geburtsdatum des Absolventen hervorgehoben. Die Wissenschaftler hatten sich im Vorfeld der Studie die Geburtsdaten der Teilnehmenden besorgt. Jeder von ihnen erhielt nun einen persönlich für ihn angefertigten Ausdruck des Textes mit jeweils einem anderen »Absolventen«-Geburtsdatum. Bei Gruppe 1 achteten die Wissenschaftler darauf, dass das angegebene Datum mindestens vier Monate vor dem Geburtsdatum des Lesenden lag. Bei Gruppe 2 waren die Geburtstage hingegen identisch. Wäre ich einer der Teilnehmenden aus Gruppe 2, würde in der Mitte meines Textes in der Infobox stehen, dass der ehemalige Absolvent am 11. Mai geboren wäre – genauso wie ich. Diese kleine Intervention hatte eine große Wirkung: Der Eindruck, am selben Tag Geburtstag zu haben, löst bei den Probanden eine besondere Form des Verbundenheitsgefühls aus. Die Motivation, an der unlösbaren Aufgabe weiterzuarbeiten, erhöhte sich nicht um 40 Prozent wie in der ersten Studie – sondern um satte 65 Prozent!

Verbundenheit kann uns schlauer machen

»Soziale Interaktionen sind ein zuverlässiger Auslöser für erhöhte kognitive Leistungen«, schreibt der Psychologe Oscar Ybarra von der Universität of Michigan in seiner wissenschaftlichen Arbeit »Mental Exercising Through Simple Socializing: Social Interaction Promotes General Cognitive Functioning«. Ybarra hat eine Feldstudie und ein Laborexperiment durchgeführt, die beide die gleiche wissenschaftliche These überprüfen sollten: Sozialer Kontakt steigert unseren Intelligenzquotienten (IQ). In seiner Feldstudie griff der Psychologe auf 3 617 durchgeführte Interviews des »Survey of Americans' Changing Lives« mit Menschen im Alter zwischen 24 und 96 Jahren zurück. Im ersten Teil dieser Gespräche berichteten die Teilnehmenden über ihr soziales Leben, ihren Beruf und ihren Gesundheitszustand. Insbesondere bei den sozialen Kontakten fragten die Interviewenden genauer nach: Wie oft sind diese Menschen mit Freunden, Nachbarn und Verwandten in Kontakt?

Nachdem die klassischen Interviews beendet waren, begann ein zweiter Teil. Die Teilnehmenden absolvierten kurze psychologische Tests, die ihre kognitiven Fähigkeiten erfassten. Ybarra teilte alle Befragten anschließend in drei Gruppen ein: eins: die 24- bis 41-Jährigen, zwei: die 42- bis 64-Jährigen und drei: die 65- bis 96-Jährigen.

Er konnte zwei Dinge erkennen: Die kognitiven Fähigkeiten waren bei Gruppe 1 durchschnittlich am höchsten und bei Gruppe 3 am niedrigsten. Unabhängig vom Alter der Teilnehmenden fielen die Ergebnisse der kognitiven Tests umso höher aus, je besser die soziale Anbindung dieser Menschen mit ihren Freunden, Nachbarn oder der Familie war.

Lässt sich der Effekt dieser Langzeitstudie auch in einem kürzeren Zeitraum erreichen? Vielleicht sogar in wenigen Minuten?

Dazu lud Ybarra Menschen in sein Labor ein. Einen Teil von ihnen ließ er zehn Minuten lang die TV-Show *Seinfeld* sehen. Die zweite Gruppe diskutierte zehn Minuten lang über das Thema »Schutz der Privatsphäre im Kontext der aktuellen technologischen und politischen Entwicklungen«. Im Anschluss nahmen alle Probanden an einer Auswahl von Tests teil, die auch verwendet werden, um den IQ von Menschen zu bestimmen. Beispielsweise las Ybarra ihnen Sätze laut vor, zu denen sie danach Fragen beantworten mussten. Oder sie mussten Ähnlichkeiten und Unterschiede in Mustern erkennen. »Die Leistung der Teilnehmenden aus der Gruppe, die zuvor zehn Minuten miteinander diskutiert hatte, übertraf die der anderen Gruppe deutlich«, schreibt Ybarra. »Unsere kognitiven Fähigkeiten können durch soziale Interaktion messbar gesteigert werden.«

Ist unser Grundbedürfnis nach Verbundenheit erfüllt, steigen unsere kognitiven Fähigkeiten.

Verbindungen aufbauen

Ein weiteres Mal sitze ich im Gespräch mit Juan Diaz-Prinz, dem Friedensmediator, den Sie aus der Kosovo-Mediation kennen. Ich will von ihm wissen, wie es ihm während eines Mediationsprozesses gelingt – gerade in ehemaligen Kriegsgebieten – die Beziehungen zwischen den verfeindeten Gruppen zu verbessern. Wie schafft er es, dass zwischen diesen Menschen im Laufe der Zeit eine Annäherung stattfindet?

»Vier Menschen aus teils unterschiedlichen Lagern werden in eine Gruppe eingeteilt«, so beschreibt mir Juan eine Übung, die er oft anwendet. »Eine der Personen erzählt ein persönliches Ereignis, eine Geschichte aus ihrem Leben, die für sie bedeutsam ist. Jede der drei anderen Personen gibt ihr danach unterschiedliche Rückmeldungen. Die erste fasst ausschließlich die Fakten des Gehörten zusammen. Die zweite spricht über die Emotionen, die sie wahrgenommen hat. Die dritte beschreibt die Bedürfnisse, die sie in dieser Geschichte herausgehört hat.« Durch diese Übung erhalten alle Teilnehmenden einen differenzierten Einblick in das Leben des anderen.

Juan berichtet mir von einem Mediationsprozess, den er vor einigen Jahren in einer Stadt im Kosovo durchführte. In dieser Stadt leben Kosovo-Albaner und Kosovo-Serben. Die meisten Kosovo-Serben befinden sich in Enklaven, die von den Vereinten Nationen gebildet worden waren. Diese verlassen sie so gut wie nie: Zum einen fürchten sie das Risiko, von Kosovo-Albanern getötet zu werden. Schließlich waren diese zu Kriegszeiten von den Kosovo-Serben komplett aus dem Land vertrieben worden – auch wenn die Kosovo-Albaner in deutlicher Überzahl waren. Die Sorge war also nicht ganz unberechtigt. Zum anderen sind die Kosovo-Serben mit ungefähr 5 Prozent der Gesamtbevölkerung im Kosovo deutlich in der Minderheit, und so lebt jeder Einzelne in Abhängigkeit vom großen Nachbarland Serbien. Von dort bezieht er Sozialleistungen, die er befürchtet zu verlieren, wenn er zu viel Nähe zu den Kosovo-Albanern zeigt.

Juan hatte vier Teilnehmende gebeten, die Übung mit der Besprechung eines persönlichen Lebensereignisses durchzuführen, während der Rest der Gruppe zuschaute. »Der Mann, der seine eigene Geschichte erzählte, öffnete sich erstaunlicherweise sehr schnell«, erinnert sich Juan. Er war ein Kosovo-Albaner, der früher Vorsitzender eines lokalen Mediations-Komitees gewesen war. Die Mediations-Komitees waren nach und nach in den Gegenden des Kosovo entstanden, in denen Kosovo-Serben und Kosovo-Albaner nah beieinander lebten. Die Kosovo-Albaner – als die ethnische Gruppe, die Opfer von Vertreibung geworden war – erhielten meist die Position des Vorsitzenden, ihr Stellvertreter war häufig ein Kosovo-Serbe. Der Mann berichtete, dass es schon lange sein Lebenstraum gewesen sei, in seiner Gemeinde diese Rolle des Vorsitzenden des Komitees einzunehmen, und dass ihm die Anerkennung, die er dadurch erhielt, sehr wichtig sei.

In manchen Gegenden waren die Kosovo-Serben jedoch so sehr in der Minderheit, dass die Vereinten Nationen entschieden, die Besetzung der Komitees zu verändern: Der Kosovo-Serbe rutschte von der Stellvertreterposition in den Vorsitz. Der Kosovo-Albaner verlor den Vorsitz und wurde zum Stellvertreter. Genau das war dem Erzählenden geschehen: Er war zum Stellvertreter degradiert worden, und der ehemalige Stellvertreter war nun sein neuer Chef. Seine Familie und seine Freunde verloren den Respekt vor ihm, berichtete der Mann. Offensichtlich litt er sehr unter der neuen Situation. »Stolz und Ehre sind für Kosovo-Albaner ein hoher Wert«, erklärt mir Juan. »Daher war das für diesen Mann wirklich, wirklich schwierig.« Unter den drei anderen Männern, die ebenfalls an der Übung teilnahmen, war genau der Kosovo-Serbe, der durch den Positionswechsel zum Chef geworden war. »Es entstand ein tiefes Verständnis zwischen den beiden Männern, die letztlich mit Tränen in den Augen miteinander sprachen.« Dass Männer tränenreich Emotionen zeigten, war für einen Großteil der umstehenden Gruppe unerträglich. Die anderen Männer im Raum begannen daher laut zu rufen und sich über die beiden lustig machten, so dass Juan die Übung vorzeitig abbrechen musste. »Doch dieser eine Moment reichte, um die Dynamik in der Stadt nachhaltig zu verändern«, sagt Juan. »Wenige Wochen später verstarb der Kosovo-Albaner, der über das Leid der eigenen

Degradierung gesprochen hatte. Der Kosovo-Serbe, der nun in der anerkannten Rolle in der Stadt lebte, tat etwas, was in der Nachkriegszeit nicht mehr geschehen war: Er verließ die eigene Enklave und betrat das Gebiet der Kosovo-Albaner – trotz der Sorge um seine eigene Unversehrtheit und des Risikos, vom großen Nachbarn Serbien als Verräter verurteilt zu werden. «Er ist damals ein hohes persönliches Risiko eingegangen», sagt Juan. «Mit gebührendem Abstand wohnte er der Trauerzeremonie des Verstorbenen bei und zollte ihm damit seinen Respekt. Die ganze Stadt schaute zu. Das war ein wichtiger Durchbruch in diesem lokalen Friedensprozess.«

Juans Übung erinnert mich an zwei Dinge, durch die wir in unserem Alltag die Beziehungen zu anderen Menschen stärken und die Verbundenheit zu ihnen verbessern können:

Erstens: Klare Strukturen helfen dabei, problematische Themen anzusprechen. Sie geben einen sicheren Rahmen. So können Menschen einander näher kommen, als es im normalen Alltag möglich wäre. Wenn mich beispielsweise Unternehmen darum bitten, sie als Berater und Prozessbegleiter während eines Kulturwandelprozesses zu unterstützen, ziehe ich mich erst einmal für zwei bis drei Tage mit den oberen beiden Führungsebenen zurück. Ich gebe ihnen den Rahmen, dass diese Menschen bislang unausgesprochene Probleme miteinander besprechen können. Wenn die Beziehungen dort geklärt sind, kann ein Kulturwandel im Unternehmen gelingen. Ähnlich wie Juan, so habe auch ich mehrere klar strukturierte Methoden parat, die diese Menschen in die Lage versetzen, ihre Beziehungen untereinander zu verbessern. Oft erinnern sie sich dann an fast schon vergessene Ereignisse, die unterschwellig noch köcheln. Wenn diese nun endlich geklärt werden, verlieren sie ihre toxische Wirkung.

Eine der einfachsten Übungen, die ich vielen Unternehmen in Kulturwandelprozessen vermittle, ist die »achtsame Reflexion«: Zwei Menschen unterhalten sich. Person A spricht in einem zuvor festgelegten Zeitraum über ein zuvor festgelegtes Thema. Person B muss während dieser Zeit ausschließlich zuhören – auch dann, wenn Person A irgendwann nichts mehr sagt. Ich nenne das die »heilige Stille«, denn manchmal kommen nach einigen Augenblicken des Schweigens neue Gedanken. Im Anschluss gibt Person B eine wertschätzende Rückmeldung: »Was ich von dir gehört habe und was mir daran gefiel.« Das Wunderbare an der Übung: Jeder erhält die gleiche Redezeit, und man muss einander ernsthaft zuhören, damit man danach die Rückmeldung geben kann.

Falls Sie sich inspiriert fühlen sollten: Das funktioniert nicht nur in Unternehmen, sondern auch in Schulen, in Beziehungen, unter Freunden, Nachbarn und in Familien – gerade dann, wenn es darum geht, einigen viel redenden Personen das Zuhören näher zu bringen und die Ruhigeren auch einmal zu Wort kommen zu lassen.

Zweitens: Schon das »spiegeln« einer anderen Person führt zu einer Stärkung des Verbundenheitsgefühls. In Juans Übung waren die Teilnehmenden dazu aufgefordert, drei verschiedene Aspekte der Erzählung als Rückmeldung zu geben. Wenn der Erzählende die eigene Geschichte aus dem Mund eines anderen hört, dann löst das ein beruhigendes Gefühl aus: »Hier hört, sieht, versteht mich jemand.« Ähnlich wirkt die Methode der »achtsamen Reflexion«, die ich anwende. Auch hier wird das Gehörte durch die Nacherzählung eines anderen gespiegelt.

Das Wiederholen einer Geschichte ist eine mögliche Form, auf verbaler Ebene Verbundenheit zu erzeugen. Eine weitere Möglichkeit ist, einige der von dem anderen verwendeten Worte in die eigenen Sätze einzubauen. Die ausgeprägteste Form einer solchen Wortwiederholung habe ich bei Chris Voss erlebt. Chris ist ehemaliger FBI-Geiselverhandler, und dieser Ansatz von ihm gefällt mir besonders: Er nimmt die letzten zwei bis drei Wörter eines Satzes seines Gesprächspartners auf und wiederholt sie als Frage – und das mehrfach hintereinander. Das kann dann so klingen:

Sebastian: Ich musste auf dem Weg zu dir in Washington umsteigen.
Chris: In Washington umsteigen?
Sebastian: Ja, die Direktflüge von Frankfurt waren alle ausgebucht.
Chris: Alle ausgebucht?

Sebastian: Yep, ich war einfach spät dran mit der Buchung, weil nicht klar war, ob ich aus Frankfurt abfliege oder aus Singapur. Ich sollte dort einen Workshop durchführen, doch der Kunde war sich nicht sicher, ob er diesen im Herbst oder im Frühjahr mit mir durchführen will.

Chris: Herbst oder Frühjahr?

Sebastian: Genau, es gibt derzeit einige Umstrukturierungen bei dem Unternehmen, und das Management-Team ist noch unentschlossen, wann sie diese beginnen wollen.

Das mag von außen betrachtet komisch wirken. Doch wenn man selbst der Gesprächspartner ist, dann bemerkt man die Strategie kaum – so schnell ist man mitten drin in seiner Geschichte. Mit dieser einfachen Spiegelung kann es gelingen, anstelle von oberflächlichen Floskeln schnell viel Substanz, Offenheit und damit auch eine Verbundenheit in einem Gespräch entstehen zu lassen.

Noch etwas subtiler wirkt eine Nachahmung der Sprachmelodie des Gegenübers. Ich habe das in den zehn Jahren, in denen ich in der Schweiz lebte, oft getan. Schweizerdeutsch sprechen zu wollen, sollte man als Deutscher lieber unterlassen. »Wir mögen das nicht so gerne, wenn ihr Deutschen das versucht«, sagten mir meine Schweizer Freunde. »Es klingt zudem auch komisch.« Also sprach ich weiterhin hochdeutsch, aber ich passte meine Sprachmelodie etwas an, so dass meine Stimme am Ende des Satzes nach oben ging – so, als würde ich eine Frage stellen.

Eine weitere Möglichkeit ist die Körperhaltung. Dieses lässt sich in einem Café oder Restaurant gut beobachten. Frisch verliebte Pärchen bewegen sich oft synchron: Wenn sich eine Person nach vorn lehnt, macht die andere es nach. Lehnt sich der oder die andere nach hinten, folgt ihr Gegenüber. Steht es nicht mehr so gut um das Paar, fallen auch ihre Körperbewegungen asynchron aus. Anders herum klappt das übrigens auch: Man kann durch das bewusste Nachahmen der Körperhaltung des anderen subtil eine Verbundenheit herstellen. Bei all dem gilt jedoch: Weniger ist mehr! Es reicht oftmals bereits, nur eine Nuance dieser verbalen und nonverbalen Methoden in den Ring zu werfen – alles andere würde so wirken, als hätten Sie eine ausgeprägte Verhaltensstörung …

Sie sehen: Unser neurobiologisches Grundbedürfnis von Verbundenheit können wir durch viele verschiedene Verhaltensweisen beeinflussen, die wir den Menschen entgegenbringen, denen wir begegnen. Mindestens genauso wichtig ist jedoch unsere innere Haltung. Wenn wir unsere »Innenwelt« verändern, können wir bereits ein höheres Maß an Verbundenheit erleben, selbst wenn die »Außenwelt« so bleibt, wie sie ist. Und wie uns das gelingen kann, darum geht es im nächsten Kapitel.

ESSENZ FÜR EILIGE

Verbundenheit: Was uns ein neurobiologisches Grundbedürfnis ermöglicht

- Verbundenheit ist ein neurobiologisches Grundbedürfnis, das wir von Geburt an in uns tragen. Die meisten Menschen tendieren daher in Studien auch dazu, miteinander zu kooperieren, anstatt den anderen zu übervorteilen: Kooperation erfüllt das Grundbedürfnis nach Verbundenheit.
- Wenn wir uns das Grundbedürfnis nach Verbundenheit erfüllen, belohnt uns unser Gehirn: Der Nucleus accumbens, der »G-Punkt des Gehirns«, wird aktiv.
- Unser Hirn reagiert bei einem gebrochenen Herzen ähnlich wie bei einem gebrochenen Bein!
  1. Den Verlust von Verbundenheit verarbeitet unser Gehirn wie körperlichen Schmerz: Der dorsale anteriore cinguläre Cortex (dACC) wird aktiv. Diese neuronale Struktur springt auch an, wenn wir uns in den Finger schneiden.
  2. Wir schütten bei Verbundenheitsverlust Entzündungsmarker wie beispielsweise Interleukin-6 aus – obwohl wir körperlich unversehrt sind.
- Die Vorstellung von Einsamkeit löst innere Schutzmechanismen aus und lässt uns abstumpfen. Forschungsergebnisse haben ergeben, dass sich in solchen Momenten unsere körperliche Schmerz-

toleranz erhöht. Zugleich empfinden wir jedoch auch weniger Freude, und unsere Fähigkeit, uns in andere Menschen einzufühlen, sinkt.

- In Konfliktsituationen hilft es, wenn die unterschiedlichen Parteien über die eigenen Bedürfnisse sprechen anstatt über ihre verschiedenen Sichtweisen. Das erhöht das Verständnis füreinander und verbessert die Chance echter Annäherung.
- Langzeitstudien über mehrere Jahrzehnte zeigen: Je besser die Qualität der sozialen Beziehungen eines Menschen ist, desto länger und glücklicher lebt er. Glückliche Menschen sind zudem gesünder, sie werden von ihrem Umfeld mehr wertgeschätzt, und sie sind in der Lage, Konflikte leichter zu lösen.
- Erleben wir das Gefühl von Zugehörigkeit, erhöht sich unsere Leistungsbereitschaft deutlich. Je mehr Zugehörigkeit wir wahrnehmen, desto mehr steigert sich unser Engagement.
- Erlebte Verbundenheit mit anderen Menschen steigert unsere kognitiven Fähigkeiten.
- Eine subtile und zugleich hochwirksame Möglichkeit, die Verbundenheit mit einem anderen Menschen zu erhöhen, ist, ihn verbal oder nonverbal zu spiegeln. Das können die Worte, die Sprachmelodie, die Körperhaltung oder sogar die Atmung sein.

Kapitel 3

Die Überholspur im Hirn: Wohlwollen

Der glücklichste Mensch der Welt?

»Es war das Jahr 1992. Damals habe ich den Dalai Lama zum ersten Mal getroffen«, berichtet Professor Richard Davidson. »Diese Begegnung hat die Ausrichtung meines wissenschaftlichen Lebens vollkommen verändert.« Der Wissenschaftler mit den kleinen braunen Locken steht auf der Bühne der jährlich stattfindenden Aspen Ideas Conference der Nichtregierungsorganisation »The Aspen Institute«. Man merkt, dass Davidson eine Menge Zeit mit dem Dalai Lama und vielen tibetanischen Mönchen verbracht hat: Während er spricht, bewegt er seinen Oberkörper leicht vor und zurück – ganz so, als würde er sich ständig etwas verbeugen. »Richie« Davidson, wie er von vielen seiner Kollegen genannt wird, ist durch seine Zusammenarbeit mit dem Dalai Lama zu einer Koryphäe in der neurowissenschaftlichen Welt geworden. »Warum nutzt die Wissenschaft all ihre Methoden nur, um Sorge, Angst und Depression zu untersuchen?«, fragte ihn das tibetische Oberhaupt im Jahr 1992. »Wie wäre es, wenn ihr Wissenschaftler künftig auch Freundlichkeit oder Mitgefühl erforschen würdet?«, ermutigte er Davidson, die neurowissenschaftlichen Auswirkungen der inneren Haltung von Wohlwollen zu untersuchen.

Inspiriert durch diesen Impuls versprach Davidson seiner Heiligkeit damals, seine wissenschaftliche Karriere in den Dienst dieser Überlegung zu stellen. Einige Zeit später entsandte der Dalai

Lama einen engen Vertrauten in die Laboratorien von Davidson: Matthieu Ricard, ein 75-jähriger tibetischer Buddhist mit europäischen Wurzeln. Ricard ist in einer Akademikerfamilie in Frankreich aufgewachsen und hat am Institut Pasteur studiert. Er hat Europa schon in jungen Jahren verlassen. Nachdem er mit 26 seinen Doktortitel in Molekulargenetik erhalten hatte, siedelte er nach Indien über, um am Himalaya tibetischen Buddhismus zu praktizieren. Seit 1989 ist er der Französisch-Übersetzer des Dalai Lama.

Ricards westliche Wurzeln waren damals ein Glücksfall für den Wissenschaftler Richard Davidson. Denn all die tibetischen Mönche aus dem Umfeld seiner Heiligkeit scheuten sich davor, sich von dem amerikanischen Wissenschaftler untersuchen zu lassen. Ihre Demut – ein hoher Wert im tibetischen Buddhismus – wurde zu einem Hindernis. »Ich sitze erst seit zehn Jahren meditierend in einer Höhle« – solche ernstgemeinten Bedenken erwiderten sie auf Davidsons Einladung. »Mein Entwicklungsstand ist noch nicht ausreichend. Wir können es aber in zehn Jahren gerne versuchen.«

Als Europäer und Wissenschaftler war Matthieu Ricard leichter für eine Zusammenarbeit zu begeistern. Er machte sich auf die lange Reise von Dharamsala, dem indischen Exil des Dalai Lama, nach Madison, Wisconsin, in das Labor von Richie. Die Resultate der Untersuchungen, die Davidson mit Matthieu Ricard durchführte, übertrafen alles, was Wissenschaftler bisher in den menschlichen Gehirnen von Erwachsenen entdeckt hatten. Die Ausschläge einiger Hirnfrequenzen, der sogenannten Gammawellen, waren bei Matthieu Ricard 30 Mal höher, als es bei Menschen wie Ihnen und mir mutmaßlich der Fall ist. Zudem waren einige Bereiche seines präfrontalen Cortex deutlich vernetzter als bei allen anderen Personen, die Neurowissenschaftler bisher untersucht hatten.

Wie war es zu diesen außergewöhnlichen Ergebnissen gekommen?

Davidson hatte in diesen ersten Studien genau das getan, worum der Dalai Lama ihn gebeten hatte: Er untersuchte die neuronalen Auswirkungen von Freundlichkeit und Mitgefühl bei Matthieu Ricard. Nachdem der Wissenschaftler dem Mönch Dutzende von Elektroden auf dessen Glatze geklebt hatte, bat er ihn, einen wohlwollenden Zustand von Mitgefühl in sich entstehen zu lassen. Matthieu Ricard wusste genau, was zu tun war. Er hatte ja zuvor schon Tausende Stunden damit verbracht, durch mentale Übungen genau diesen Zustand in sich zu kultivieren. Er hatte sich sogar fünf Jahre in die Einsamkeit zurückgezogen und währenddessen intensiv Mitgefühlsmeditation praktiziert. Das, was in Richard Davidsons Labor nun geschah, war so, als würde man einen Lichtschalter anknipsen. »Sie müssen kein Wissenschaftler sein, um die klar ersichtlichen Ausschläge interpretieren zu können«, erzählt Davidson bei der Aspen-Konferenz. Auf einem Beamer zeigt er die Originalauswertungen von Matthieu Ricards Untersuchung. Diese ähneln den Aufzeichnungen von Lügendetektoren, die man aus Fernsehkrimis kennt: Zu Beginn bewegt sich die Nadel noch ganz ruhig, doch plötzlich schlägt sie stark aus und zeichnet große Linien auf das Papier. So ähnlich sah das Ergebnis des Mönchs aus. In der Anfangsphase der Messung, als er noch ganz entspannt auf seinem Stuhl saß, konnten die Elektroden auf seiner Kopfhaut mehr oder minder normale Hirnströme messen. Doch als er Davidsons Anweisung folgte und in den wohlwollenden Zustand von Mitgefühl eintauchte, schossen die Gammawellen in seinem Kopf nach oben. Jahrelang geübtes Wohlwollen führt – so zeigt Davidsons Studie – zu ganz außergewöhnlichen neuronalen Veränderungen.

Die Ergebnisse dieser Untersuchung verbreiteten sich rasend schnell innerhalb und außerhalb der wissenschaftlichen Welt. Matthieu Ricard war ohnehin schon so etwas wie der Rockstar der tibetisch-buddhistischen Mönche: Einige Jahre zuvor war das Buch *Der Mönch und der Philosoph* erschienen. Dieses beschreibt einen Dialog zwischen ihm und seinem Vater Jean-Francois Revel, der damals in Frankreich den Status eines Prominenten genoss. Das Buch verkaufte sich allein in Ricards Herkunftsland über 350 000 Mal und wurde in 21 Sprachen übersetzt. Abgesehen vom Dalai Lama ist Matthieu wohl der bekannteste tibetische Buddhist. Es war daher nicht ungewöhnlich, dass eine Menge Journalisten auf die Studien aus Wisconsin aufmerksam geworden sind.

Der linke präfrontale Cortex, so hat Richard Davidson in einer weiteren Untersuchung herausgefunden, ist bei Matthieu Ricard besonders ausgeprägt vernetzt. Dieser Teil des Gehirns werde mit dem persönlichen Glück und Wohlempfinden assoziiert, erklärte man den Journalisten seinerzeit. Diese übersetzten das in eine plakative Sprache: »Der glücklichste Mensch der Welt wurde entdeckt«, schrieben sie. Über Ricard erschienen mehrseitige Portraits in Magazinen, wie der amerikanischen Männerzeitschrift *GQ*, in Reportagen der englischen BBC oder dem australischen TV-Sender ABC.

»Das ist alles Quatsch mit diesem ›glücklichster Mensch der Welt‹! Vergiss das am besten, Sebastian«, rät mir Matthieu Ricard. »Das ist eine Erfindung von Journalisten. Manche meiner Lehrer, wie beispielsweise der Dalai Lama, haben einen ganz anderen Entwicklungsstand als ich. Nur wurden sie nie in einem Labor untersucht.« Tatsächlich hat sich einer von Matthieus Lehrern im Laufe seines Lebens zusammengerechnet 30 Jahre zurückgezogen und meditierend in einer Höhle verbracht – nur leider hat niemals ein Wissenschaftler sein Gehirn erforscht.

Ich habe Glück, denn Matthieu Ricard ist gerade aus seinem Kloster in Nepal für einige Monate nach Frankreich zurückgekommen. Seine Mutter, die Künstlerin Yahne Le Toumelin, ist 97 Jahre alt. Er will etwas Zeit in ihrer Nähe verbringen. Als wir einander über eine gemeinsame Bekannte vorgestellt werden, hat er sich gerade in eine kleine Waldhütte zurückgezogen, um tibetische Texte zu übersetzen. Während eines Waldspaziergangs an einem frühen Sonntagmorgen im Sommer 2020 haben Matthieu und ich ausreichend Zeit, um miteinander zu sprechen. Ich möchte mehr über die Übungen zu Freundlichkeit und Mitgefühl erfahren, die in Richard Davidsons Labor zu diesen außergewöhnlichen Ergebnissen führten. Nachdem ich die »Außenperspektive« der wissenschaftlichen Forschungsarbeiten bereits kenne, interessiert mich nun brennend Matthieus »Innenperspektive«. Denn dieser tibetisch-buddhistische Mönch praktiziert den Zustand des Wohlwollens auf einem Niveau, das Richie Davidson »olympisch« nennt.

»Ein guter Anfang, um wahres Mitgefühl in sich entstehen zu lassen, ist, sich zu vergegenwärtigen, dass andere – so wie man selbst – auch nicht leiden wollen«, erklärt mir Ricard. »Ebenso wie wir wollen sie auch glücklich sein.«

Es gibt im Buddhismus vier sogenannte »unermessliche Geisteshaltungen«: die der liebenden Güte, des Mitgefühls, der Mitfreude und der Gleichmut. Ich bitte Matthieu, mir mehr über seine Erfahrungen mit der liebenden Güte und dem Mitgefühl zu erzählen. Diese beiden Aspekte sind zum einen eng miteinander verwoben und zum anderen der Forschungsgegenstand vieler neurowissenschaftlicher Studien.

»Liebende Güte erkennt man an einer bedingungslosen Gutmütigkeit«, sagt Matthieu. »Es braucht den aufrichtigen Wunsch, dass andere – egal ob Mensch oder Tier – Glück finden mögen. Und zwar ohne Ausnahme! Das gilt auch, wenn man an einen Diktator denkt«, ergänzt er. »Genau das bedeutet ›bedingungslos‹.«

In Vorbereitung auf das Gespräch mit Matthieu hatte ich einige der Themen, die ich vertiefen wollte, mit Menschen diskutiert, die ebenfalls jedes Jahr viele Wochen zurückgezogen in Meditation verbringen und buddhistisch fundierte Methoden auch lehren. Ich stellte ihnen die Frage, worin sich »liebende Güte« und »Mitgefühl« aus ihrer Sicht voneinander unterscheiden und wo sie sich überschneiden. Viele Antworten, die ich erhielt, waren komplex, intellektuell, abstrakt – und manchmal zehn Minuten lang. Daher freute ich mich über Matthieus kurze und erfrischende Erklärung: »Wenn man den Zustand von ›liebender Güte‹ in sich erschaffen hat, fügt man von ganzem Herzen« – diesen Aspekt betonte er besonders – »den Wunsch hinzu, dass der andere frei von Leid sein möge. Das ist ›Mitgefühl‹.«

Das ist für den Moment sehr kompakt und klingt ambitioniert. Versuchen Sie selbst mal, an einen wirklich unangenehmen Menschen in Ihrem Leben zu denken, und achten Sie darauf, ob es Ihnen gelingt, das Gefühl von liebender Güte für diesen Menschen zu entwickeln! Doch es gibt einfache Übungen, mit denen ganz normale Menschen auch ohne jahrelangen Rückzug in eine Höhle genau diese Geisteshaltung in sich kultivieren können. Matthieu hat diese Methode beispielsweise auf dem Weltwirtschaftsforum in Davos auf Wunsch seiner Zuhörenden vermittelt.

Im Anhang dieses Buchs erkläre ich Ihnen die Methoden, die Matthieu regelmäßig übt, im Detail.

Lassen Sie uns zunächst noch einmal der Wissenschaft zuwenden, damit Sie eine Ahnung davon bekommen, was sich durch Wohlwollen und Menschen-Zugewandtheit alles Gutes in Ihnen verändern kann.

So spektakulär dieses anders tickende Gehirn von Matthieu auch sein mag – ein ableitbarer Nutzen für Menschen wie Sie und mich erschließt sich durch die Ergebnisse in Richard Davidsons Labor nicht unmittelbar. Die wenigsten von uns werden im Laufe unseres Lebens Zehntausende Stunden in Meditation verbringen, so wie Matthieu es tat. Doch die messbaren Veränderungen im Gehirn dieses Mönchs und Wissenschaftlers ebneten den Weg für Dutzende weitere Studien, die inzwischen weltweit durchgeführt wurden. Der Aspekt von Freundlichkeit und Mitgefühl ist seitdem deutlich stärker in den Fokus der Wissenschaft gerückt, so wie der Dalai Lama es damals vorschlug.

Alle Ergebnisse zeigen in die gleiche Richtung: Das Kultivieren von Gedanken und Gefühlen, die den Lebewesen um uns herum zugewandt und wohlwollend sind, führen rasend schnell zu neuronalen, körperlichen und emotionalen Veränderungen.

Im Jahr 2008 gründete Richard Davidson an seiner Universität in Wisconsin das Center for Healthy Minds. Seitdem erforscht er intensiv mit einer Heerschar von Wissenschaftlern die neuronalen Auswirkungen von verschiedenen Jahrtausende alten mentalen Techniken. Eine der bemerkenswertesten Erkenntnisse: Von all den untersuchten Kontemplations- und Meditationsformen führen diejenigen am schnellsten zu sichtbaren Veränderungen, die sich mit Freundlichkeit und Mitgefühl beschäftigen. »Es ist so, als wenn unser Gehirn darauf vorbereitet ist, Liebe zu lernen«, fasst Davidson eine der wichtigsten Erkenntnisse seiner jahrelangen Forschung zusammen. Wohlwollen ist die Überholspur neuronaler Entwicklung!

Unser Gehirn ist darauf vorbereitet, Liebe zu lernen:
Das Kultivieren einer wohlwollenden inneren Haltung führt zu bemerkenswerten neuronalen Entwicklungen in unserem Kopf.

»Es ist im Grunde so wie Gewichtheben«, erklärt Helen Weng. Sie ist eine der Professorinnen in Davidsons Team am Center for Healthy Minds und hat sich bereits früh mit der Frage beschäftigt, ob Mitgefühl von Erwachsenen gelernt und trainiert werden kann. »Unsere Forschungsergebnisse sagen ganz klar Ja«. In ihrer Studie »Compassion Training Alters Altruism and Neural Responses to Suffering« konnte Weng bereits nach einem Zeitraum von zwei Wochen feststellen, dass sich das Verhalten ihrer Probanden messbar änderte. Die Teilnehmenden hatten eine ähnliche Mitgefühlsmethode erlernt, wie auch Matthieu Ricard sie anwendete. Vierzehn Tage lang praktizierten sie diese täglich für dreißig Minuten. Danach holte Weng die Probanden wieder zu sich ins Labor zurück und ließ sie das sogenannte »Redistribution Game« spielen. Dabei handelt es sich um eine Methode, altruistisches Verhalten von Menschen zu messen.

Stellen Sie sich vor, Sie sind Teil dieser Studie. Sie sitzen vor einem Computer und spielen über das Internet mit zwei anderen Menschen ein Spiel. Sie sehen, dass der erste Spieler von dem Spielleiter 10 Euro erhält. Von dieser Summe soll er dem zweiten Spieler etwas abgeben. Das tut er auch – jedoch nur 1 knauserigen Euro. Nun kommen Sie ins Spiel. Sie erhalten 5 Euro und der Spielleiter erklärt Ihnen: »Wenn Sie einen Teil Ihres Geldes an den zweiten Spieler abgeben, wird der erste Spieler durch die Spielregeln dazu gezwungen, das Doppelte Ihres Betrags auch an den zweiten Spieler zu übertragen.«

Machen wir es mal konkret: Wenn Sie nun von Ihren 5 Euro an den zweiten Spieler 2 Euro übertragen, dann muss der erste Spieler dem zweiten Spieler 4 Euro geben. Sie können den Geizhals nun dazu zwingen, dem benachteiligten zweiten Spieler mehr Geld abzugeben. Jedoch sollten Sie wissen, dass das Geld, das Sie für sich behalten, Ihnen am Ende des Spiels ausbezahlt wird. Welche Summe würden Sie dem zweiten Spieler, der im Moment am wenigsten hat, übertragen?

»Wir konnten sehen, dass die Menschen, die zwei Wochen lang Mitgefühlsmeditation trainiert hatten, deutlich mehr ihres Geldes abgaben«, berichtet Weng. Dieses Verhalten war intuitiv. Die Wissenschaftler hatten ihren Probanden ganz bewusst keinen Hinweis gegeben, während des Spiels Mitgefühl zu entwickeln.

Mit einer Kontrollgruppe hatte die Wissenschaftlerin während des Zwei-Wochen-Zeitraums die Methode der Neubewertung trainiert, die Sie aus Kapitel 1 bereits kennen. Diesen Menschen gelang es während des Spiels, mentale Neukonstruktionen in sich entstehen zu lassen. Beispielsweise könnten das Gedanken gewesen sein wie: »Ach, es ist doch nur ein Spiel!« Oder »Im echten Leben hat dieser benachteiligte Mitspieler bestimmt ausreichend Geld.« Das führte dazu, dass die Kontrollgruppe ihr Geld lieber hortete, anstatt es mit dem vermeintlich Benachteiligten zu teilen. Während die Neubewertungs-Gruppe nur 0,62 Euro in den Ring warf, gaben die Mitgefühls-Probanden im Durchschnitt fast das Doppelte: 1,14 Euro!

Nur zwei Wochen innerer Arbeit, die der Kultivierung von Mitgefühl gewidmet waren, führten zu automatischen, messbaren, wohlwollenden Verhaltensänderungen. Doch es geschah noch mehr.

Die Forscher am Center for Healthy Minds schauen ihren Probanden gerne ins Hirn. Und genau das tat Weng in ihrer Studie auch. Sie konnte sehen, dass bei den Mitgefühls-Probanden bereits nach zwei Wochen die neuronalen Strukturen anders arbeiteten als vorher. Die Aktivität des dorsolateralen präfrontalen Cortex und seine Kommunikation mit dem Nucleus accumbens hatten sich bei ihnen intensiviert. Den Nucleus accumbens kennen Sie bereits aus dem Gefangenendilemma zu Beginn des zweiten Buchkapitels. Er war immer dann aktiv, wenn die Teilnehmenden sich für »kooperieren« entschieden. Er wird auch als der »G-Punkt des Gehirns« bezeichnet. Und diese Struktur sprang nun vermehrt an. Mit anderen Worten: Bereits nach zwei Wochen führte die Kultivierung von Mitgefühl zu einer erhöhten Aktivität unseres neuronalen Belohnungssystems.

Wenn wir Mitgefühl in uns kultivieren, entwickeln wir wie von selbst ein wohlwollendes Verhalten und helfen anderen Menschen eher. Zudem wird unser neuronales Belohnungssystems aktiver.

Unser Gehirn kann bei Mitleid schmerzen – aber es belohnt uns für Mitgefühl

»Wenn es einen Schlüssel zum Erfolg gibt, dann liegt dieser in der Fähigkeit, die Perspektive einer anderen Person einzunehmen«, das wusste Henry Ford bereits vor einem Jahrhundert. Tatsächlich gibt es wohl kaum einen Begriff, der bei so vielen Menschen so uneingeschränkt positiv assoziiert ist, wie »Empathie«. »Empathie« ist aus dem deutschen Wort »Einfühlung« entstanden. Der Begriff beschreibt die Fähigkeit, nicht nur die Perspektive einer anderen Person einzunehmen, sondern geradezu nachzuempfinden, was dieser Mensch wohl im Moment fühlt. Im beruflichen Umfeld wird diese Fähigkeit zunehmend strategisch eingesetzt. Beispielsweise fühlen sich Menschen in sogenannten »Design Thinking«-Workshops in die Perspektive ihrer (potenziellen) Kunden ein und beschreiben deren Bedürfnisse. Das ist der Beginn eines Prozesses, aus dem heraus neue Produkte und Dienstleistungen entwickelt werden.

Doch Empathie zu empfinden, birgt in manchen Situationen auch Risiken – vor allem dann, wenn wir zu lange in dem empathischen Zustand verharren. Matthieu Ricard, der buddhistische Mönch, hat das am eigenen Leib erfahren, als er im Jahr 2007 an einem Experiment teilnahm. »Damals habe ich einen Eindruck davon bekommen, wie sich ein Burnout anfühlen muss«, erzählt er mir während unseres Spaziergangs. Bei dem Experiment durfte er ganz bewusst seinen bekannten Zustand von Mitgefühl nicht einnehmen. Er musste sich 90 Minuten lang nur empathisch auf Menschen fokussieren, die Leid erlebten. »Empathie bedeutet, in Resonanz zu dem emotionalen Zustand eines anderen Menschen zu gehen«, sagt Matthieu. »Ist der andere glücklich, freut man sich. Leidet der andere, leidet man mit.« Empathie und Mitgefühl sind zwei unterschiedliche Dinge: Während man bei der Empathie ausschließlich das wahrnimmt, was in einem anderen stattfindet, so ist Mitgefühl ein Zustand, den man aktiv in sich kreiert. »Man spürt den aufrichtigen Wunsch, dass der andere frei von Leid sein solle«, beschreibt Matthieu es.

Am Vorabend der Studie hatte er eine erschütternde TV-Dokumentation über ein rumänisches Kinderheim mit vielen Bildern und Geschichten, die unter die Haut gehen, gesehen. Mit seinem geschulten Geist fühlte er sich am Folgetag während des Experiments in das Leid dieser Kinder ein. Er empfand Mitleid. Der Zustand, in dem er sich nach eineinhalb Stunden befand, beschreibt er als unerträglich. Es sei wie eine Art Ohnmachtsgefühl gewesen. Im Anschluss durfte er auf Anweisung der Studienleiter seinen bekannten Zustand von Mitgefühl wieder in sich wachrufen. Anstatt nur mit dem Leid der Kinder in Resonanz zu gehen, begann Matthieu nun ein Gefühl von Liebe verbunden mit dem aufrichtigen Wunsch, dass sie frei von Leid sein mögen, in sich zu entwickeln. Die vorherige Ohnmacht wich, und es entstand der tiefe Wunsch, helfen zu wollen.

Diese intensive Erfahrung wollte Matthieu Ricard genauer untersuchen. Wenn ein in Meditation sehr erfahrener Mönch so intensiv auf die beiden Geisteszustände von Empathie und Mitgefühl reagiert, würde man dann auch bei Laien einen Unterschied feststellen können? Für Menschen in sozialen oder pflegenden Berufen, die täglich professionell mit Leid umgehen müssen, kann dieser Unterschied von großer Bedeutung sein. Ebenso für jeden, der sich fragt, wie er mit den vielen Katastrophenmeldungen, die regelmäßig durch die Medien auf uns einströmen, besser umgehen kann.

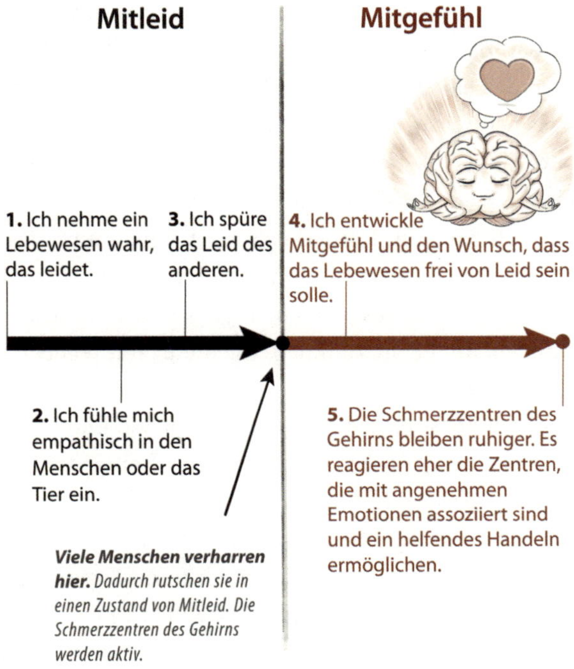

Nur Empathie zu entwickeln, birgt das Risiko, dass wir im Mitleid verharren. Erschaffen wir einen Zustand von Mitgefühl, fühlen wir uns besser und sind eher in der Lage zu helfen. Wie Sie Mitgefühl wie Matthieu Ricard entwickeln können, erfahren Sie im Anhang des Buchs.

Die Antwort finden wir bei einer Frau in der Westschweiz. Dort forscht seit acht Jahren die deutsche Wissenschaftlerin Olga Klimecki am Swiss Center for Affective Sciences der Universität Genf. Federführend hat sie gemeinsam mit Matthieu Ricard und einigen weiteren Wissenschaftlern in ihrer Studie »Differential pattern of functional brain plasticity after compassion and empathy training« die Auswirkung von Empathie im Gegensatz zu Mitgefühl auf das menschliche Gehirn untersucht. »Empathie ist wichtig, um andere Menschen und deren Gefühle besser zu verstehen«, erklärt mir Klimecki. »Aber es gibt eine Kehrseite. Wenn wir das Leid anderer zu sehr teilen, dann beeinflusst das unseren eigenen emotionalen Zustand negativ.«

Für ihre Studie hat Klimecki ihren Probanden zwölf verschiedene Filme von Menschen gezeigt, die aufgrund von Unfällen oder Naturkatastrophen gerade Leid erleben. »Ich habe damals lange in den physischen Archiven des Schweizer Fernsehens gestöbert«, erinnert sie sich an die Vorarbeit der Studie. Sie brauchte ungefähr 15 Sekunden lange Clips, da nach diesem Zeitraum des Betrachtens die Auswirkungen im Gehirn besonders gut sichtbar sind. Klimeckis Studienaufbau umfasste drei Phasen. In der ersten Sitzung zeigte die Wissenschaftlerin ihren Probanden die leidvollen Filme. Im Anschluss befragte sie sie nach ihrem persönlichen Empfinden, um herauszufinden, wie diese ohne jegliche »Intervention« auf die Impulse reagierten.

In der zweiten Phase erhielten die Probanden ein Empathie-Training, in dem sie lernten, sich intensiv und emotional mit dem Leid anderer zu verbinden. »Im Grunde war es eine Art Mitleidstraining«, erzählt Klimecki. Innerlich gesagte Sätze wie »Ich sehe deinen Schmerz« oder »Ich fühle mit dir« halfen, sich empathisch in das Leid anderer einzufühlen. Danach zeigte Klimecki ihren Probanden weitere Filme von leidenden Menschen. Währenddessen untersuchte sie ihre neuronale Aktivität in einem fMRT. Mit den neu erlernten Mitleidsmethoden gingen die Teilnehmenden nun ganz bewusst in Resonanz mit den Gefühlen der Menschen aus den Filmen – so, wie es Matthieu Ricard in seiner 90-Minuten-Sitzung auch getan hatte. Und auch sie beschrieben den Gemütszustand, in dem sie sich danach befanden, als »unerträglich«.

Die Hirnscans der Probanden zeigten eine hohe Aktivität des anterioren Midcingulären Cortex (aMCC). Diese neuronale Struktur ist sowohl bei der Wahrnehmung als auch bei der Bedeutungsgebung von Schmerz involviert – wenn Menschen diesen beispielsweise als »quälend«, »folternd« oder »schrecklich« beschreiben. Als Klimecki ihre Probanden im Anschluss an die zweite Runde der Filme interviewte, zeigte sich: Diese beschrieben ihren inneren Zustand als deutlich bedrückender als in der ersten Runde, bevor sie das Empathie-Training erhalten hatten. Das empathische Sich-Einfühlen in das Leid anderer hatte also dafür gesorgt, dass die Schmerzzentren im Gehirn aktiv wurden und sich die Probanden schlechter fühlten also zuvor! »Wir sehen dieses Phänomen in Pflegeberufen regelmäßig«, erklärt Olga Klimecki. »Diese Menschen haben oft eine hohe Burnout-Rate«.

Für die dritte Studienphase ließ Klimecki ihre Teilnehmenden in einem Tages-Workshop trainieren, den Zustand von Mitgefühl zu entwickeln. »Zu Beginn empathisch über das Leid eines anderen Menschen nachzudenken, ist hilfreich«, erklärt mir Matthieu. »Doch wenn man nur dabei bleibt, dann wird man selbst vom Leid überwältigt.« Die Probanden lernten nun, Zuneigung zu leidenden Menschen zu entwickeln. Dabei gibt es einen hilfreichen Trick: Man denkt zuerst an ein geliebtes Wesen. Das kann zum Beispiel ein Wohltäter sein, also jemand, der einem im Leben viel Gutes getan hat. Manche denken hier an die Eltern, Großeltern oder gute Freunde. Das kann aber auch jemand anderes sein, für den man ein hohes Maß an Wohlwollen empfindet. Man lässt das Gefühl zu diesem Menschen größer werden, bleibt bei diesem Gefühl und stellt sich dann andere Personen vor. Es gibt Übende, die mit ihrem eigenen Hund beginnen, da es ihnen bei dem Tier am leichtesten fällt, viel Wohlwollen zu spüren. Wenn die Teilnehmenden dieses Gefühl von Zuneigung und Wohlwollen mit dem tiefen Wunsch verbanden, dass der andere frei von Leid sein solle, dann erlebten sie genau den Zustand von Mitgefühl, den Matthieu Ricard bereits zu Beginn dieses Kapitels beschrieben hat.

Dieses Training führte zu deutlichen Veränderungen. Als die Probanden Filme von leidenden Menschen sahen – beispielsweise von Personen, die all ihr Hab und Gut durch eine Überschwemmung verloren hatten – begannen sie, den Zustand von Mitgefühl in sich wachzurufen. Die Hirnscans zeigten daraufhin ein völlig anderes Bild: Die Schmerzbereiche, die während der empathischen Mitleids-Runde hochaktiv gewesen waren, blieben ruhig. Dafür sprangen komplett andere neuronale Strukturen an: der Nucleus accumbens, ein Teil unseres Belohnungssystems. Auch die Befragungen der Probanden fielen anders aus. Die negativen Auswirkungen dieser emotionalen Filme wurden als deutlich geringer empfunden im Vergleich zu der Empathie-Runde.

»Wenn man beim Anblick von Leid ausschließlich Empathie entwickelt, ist das wie bei einer Wasserpumpe ohne Wasser«, sagt Matthieu Ricard. »Sie läuft heiß und geht kaputt.« Und Olga Klimecki ergänzt: »Mitgefühl hingegen ermöglicht uns, das Leid anderer wahrzunehmen, dabei aber selbst innerlich stabil zu bleiben.«

Zudem lässt sich ein weiterer wichtiger Unterschied beobachten: Da Empathie sich bei der Beobachtung des Leids anderer unangenehm anfühlen kann, erleben viele Menschen sie als Ohnmacht. Manche wenden sich sogar völlig von dem Leidenden ab – so, wie manche Menschen sich von Bettelnden oder Obdachlosen abwenden. »Das ist das Ungünstigste, was geschehen kann«, sagt Klimecki. »Denn damit verbessert man das Leben des anderen nicht.« Erweitern wir dagegen die Empathie zum Mitgefühl, kommen wir aus der Ohnmacht heraus und entwickeln den Wunsch, die Situation zu verbessern.

Nehmen wir das Leid anderer wahr, führt reine Empathie in unserem Gehirn zur Aktivierung von Schmerzzentren. Entwickeln wir die Empathie jedoch zu Mitgefühl, bleiben unsere Schmerzzentren ruhig und unser Belohnungssystem wird aktiv. Mitgefühl in sich zu kultivieren, fühlt sich nicht nur gut an – es versetzt uns in einen Zustand, in dem wir besser helfen können!

Metta-Meditation – allein Verbundenheit erleben

Am Ende des vergangenen Kapitels versprach ich Ihnen, in diesem Kapitel über einen weiteren Weg zu berichten, wie Sie sich Ihr neurobiologisches Grundbedürfnis nach Verbundenheit erfüllen können. Dazu ist es wichtig, sich vorab etwas einmal sehr bewusst zu machen: Das Gefühl von Verbundenheit entsteht einzig und allein in uns!

Wir tragen den Schlüssel dafür in uns, ob wir uns inmitten von Menschen einsam fühlen oder ob wir Verbundenheit spüren – selbst wenn wir allein sind. Dazu brauchen wir nur eine der Jahrtausende alten Techniken nutzen, die bei Matthieu Ricard zu den spektakulären neuronalen Veränderungen führte. Das Paradoxe ist: Man übt diese Technik meistens für sich allein. Und wie von Zauberhand verändert sich dadurch unsere Wahrnehmung der Beziehungen zu anderen Menschen. Selbst wenn wir in der »Außenwelt« nichts verändern, so ändert sich in uns das Grundgefühl – und damit wird unser neurobiologisches Grundbedürfnis nach Verbundenheit erfüllt.

Die Technik heißt Metta-Meditation. Im Englischen nennt man sie »Loving Kindness«, in deutscher Sprache wird der Begriff »Liebende

Güte« verwendet. Sie kennen den Begriff – es ist eine der »unermesslichen Geisteshaltungen«, die uns Matthieu Ricard bereits näher erklärt hat. Ich nutze die deutsche Übersetzung eher selten, um in Workshops mit Top Executives ein Stirnrunzeln der Teilnehmenden zu vermeiden. Wenn ich hingegen von Metta oder Metta-Meditation spreche und dazu noch einige wissenschaftliche Hintergründe erläutere, gelingt es mir oft, dass selbst testosterongeladene Alphatiere ihre Augen für einige Minuten schließen und danach begeistert von der Wirkung berichten.

Im Anhang des Buchs erkläre ich Ihnen sowohl die Metta- als auch die Mitgefühlsmeditation von Matthieu Ricard im Detail. Im Kern geht es darum, für einige Augenblicke an einen geliebten Menschen zu denken. Durch wiederholt gedachte Sätze wie zum Beispiel »Mögest du glücklich sein, mögest du gesund sein …« intensiviert man das Gefühl zu ihm oder ihr. Dann verharrt man in diesem Gefühl des Wohlwollens, stellt sich dabei jedoch in einer vorgegebenen Reihenfolge andere Menschen vor: Man beginnt mit sich selbst, denkt dann an einen guten Freund, danach an eine »neutrale« Person und zum Schluss an jemanden, mit dem der Umgang aktuell eher schwierig ist. Wenn man das einige Male getan hat, zeigt sich ein interessantes Phänomen: Der zu Beginn entstandene Zustand von Wohlwollen und Zugewandtheit bei der ersten Person bleibt erhalten, auch wenn man an die weiteren Menschen denkt. »Das ist faszinierend«, sagte ein Rabbi während einer Konferenz zu Matthieu Ricard, nachdem dieser die Metta-Meditation mit allen Teilnehmenden praktiziert hatte. »Bei uns geht es ja ebenfalls oft um Nächstenliebe. Doch so einen klar strukturierten Prozess, Liebe für andere in sich selbst zu entwickeln, kannte ich noch nicht.«

»Das regelmäßige Praktizieren der Metta-Meditation setzt eine Aufwärtsspirale in Gang«, erzählt Bethany Kok vom Max-Planck-Institut für Kognitions- und Neurowissenschaften in Leipzig. Sie hat nicht nur den Einfluss von Metta auf das Gefühl von Verbundenheit untersucht, sondern auch dessen Auswirkung auf den Vagus. Das ist der zehnte und längste der Hirnnerven und ein wichtiger Teil des parasympathischen Nervensystems. Der Vagus kontrolliert den Blutzucker, die Atmung, die Herzfrequenz und die Ausschüttung von Verdauungssäften. Daher wird er gerne als »Entspannungsnerv« bezeichnet. Ist er schwach, hat man einen niedrigen sogenannten »Vagotonus«, dieser wird oft mit Entzündungen im Körper in Verbindung gebracht. Ein hoher Vagotonus dagegen wird mit der Fähigkeit assoziiert, nach Stress schnell entspannen zu können. Dieser zehnte Hirnnerv führt auch zum Herzen – und dort kann man messen, wie gut er arbeitet.

Genau das tat Bethany Kok, als sie 65 Probanden zu sich ins Labor einlud. Mit hochauflösenden Instrumenten, die Dutzende von Datensätzen pro Sekunde verarbeiten, protokollierte die Wissenschaftlerin mehrere Minuten lang den Herzschlag jedes Teilnehmenden. Aus dieser Datenmenge konnte sie minimalste Veränderungen im Herzschlag erkennen. Damit errechnete Kok die sogenannte Herzfrequenzvariabilität jedes Probanden, eine Maßeinheit, die nach der englischen »Heart Rate Variability« mit HRV abgekürzt wird. Denn das menschliche Herz schlägt für gewöhnlich nicht gleichmäßig wie eine Maschine, sondern es verändert die Frequenz ständig etwas nach oben oder unten. Unser Atem, unsere Gedanken, unsere Gefühle und natürlich unsere körperlichen Anstrengungen haben einen Einfluss auf den Herzschlag. Die Fähigkeit des Herzens, auf diese verschiedenen Reize schnell zu reagieren, bezeichnet man als Herzfrequenzvariabilität. Ein Beispiel: Wenn wir Sport treiben und unsere Muskeln vermehrt Sauerstoff benötigen, erhöht sich unser Puls, um sauerstoffreiches Blut schneller zu ihnen zu transportieren. Nach dem Sport reduziert sich der Sauerstoffverbrauch. Damit kann sich auch der Puls wieder beruhigen. Je schneller das geschieht, desto besser ist unsere HRV. Und wer steuert das Ganze? Der Vagus-Nerv. Daher lässt sich über den Umweg der HRV-Messung wunderbar der Vagotonus, also seine Stärke messen. Ist der Vagus schwach, reagiert unser Herz langsamer, und wir haben eine niedrige HRV. Bei einem starken Vagus mit einem hohen Vagotonus ist unsere HRV besser: Das Herz kann sich schneller an Anstrengung und Entspannung anpassen.

Im Anschluss an diese erste Untersuchung der HRV schickte Kok ihre Teilnehmenden in ein Training, in dem sie Metta lernten. Diese Meditation sollten sie täglich praktizieren. In den folgenden Wochen loggten die Probanden sich einmal pro Tag in eine Webseite der Wissenschaftlerin ein, um einige Fragen zu beantworten. Kok wollte drei Dinge wissen:

1. Wie viel Zeit hatten die Teilnehmenden seit dem letzten Login mit Metta verbracht?

2. Wie haben sich die Probanden seit dem letzten Login gefühlt? Dazu stellte die Studienleiterin ihnen zwanzig Fragen, die sie auf einer Skala von eins bis fünf beantworten sollten. Sie fragte nach Begriffen wie Freude, Dankbarkeit und Stolz, aber auch nach Wut, Angst und Langeweile.
3. Wie haben die Probanden seit dem letzten Login ihre sozialen Interaktionen erlebt? Die Teilnehmenden sollten an drei Begegnungen des Tages denken. Dann sollten sie die Qualität dieser Treffen auf einer Skala bewerten. Sie gaben Zustimmungswerte ab zu Aussagen wie: »Ich fühlte mich der Person nahe.« Oder: »Ich konnte mich auf den anderen einstimmen.«.

Nach einigen Wochen ließen die Probanden in Bethany Koks Labor nochmals ihre HRV messen, um die Aktivität ihres Vagus zu bestimmen. Es gab deutliche Unterschiede zur ersten Untersuchung. »Bisher ging man davon aus, dass der Ruhezustand des Vagotonus recht stabil ist«, sagt Kok. Doch die regelmäßige Anwendung der Metta-Meditation hatte ihn verändert. Der Vagus war bei den Probanden deutlich stärker geworden. »Nach unserer Einschätzung haben wir mit dieser Studie erstmals gezeigt, dass der Vagotonus sich erhöhen lässt«, freut sich die Wissenschaftlerin.

Auch die Auswertung der täglichen Umfragen bei den Probanden ergab, dass das Maß an positiven Emotionen sich deutlich erhöht und das Gefühl von Verbundenheit sich stark gesteigert hatte. Diese drei Faktoren – Vagus, positive Emotionen und das Gefühl von Verbundenheit – sind eng miteinander verbunden, fanden die Wissenschaftler bei einer genaueren Analyse der Daten heraus: Der bessere emotionale Zustand beeinflusste die Wahrnehmung der Verbundenheit, und die wiederum erhöhte den Vagotonus. Nun wurde das Ganze zu einem Kreis, denn der erhöhte Vagotonus wiederum begünstigte einen positiven emotionalen Zustand. Die regelmäßige Metta-Meditation war wie ein Motor, der diesen Kreislauf in Bewegung brachte. »Das Wesentliche war die Wahrnehmung von Verbundenheit«, sagt Kok. »Wenn sie vorhanden war, konnten wir sehen, dass der positive emotionale Zustand sich unmittelbar auf den Vagus auswirkte.«

Der Vagus reguliert unser Hungergefühl, die Verdauungssäfte und die Darmbewegung – man spricht auch von der »Rest-and-Digest«-(Ruhe und Verdauung)-Reaktion. Ein starker Vagus wird zudem mit einem geringeren Herzinfarkt- und Schlaganfallrisiko assoziiert. Da dieser Kreislauf durch Metta in Gang gehalten wird, liegt die Verknüpfung nahe, dass Metta sich positiv auf die körperliche Gesundheit auswirkt.

Der durch Metta gestärkte Vagus sorgt sogar für eine körperliche Reaktion, die die Verbundenheit zu anderen stärkt: Über ein Nervengeflecht nimmt der Vagus indirekt Einfluss auf die kleinen Knochen im Mittelohr. Ist der Vagotonus hoch, so kann das Ohr sich an die Frequenz der Stimme des Gesprächspartners besser anpassen. Man kann andere Menschen wortwörtlich besser verstehen!

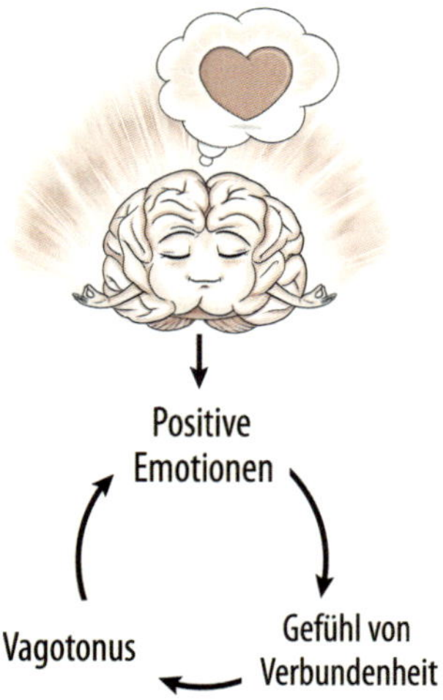

Metta-Meditation hat einen messbar positiven Einfluss auf unseren emotionalen Zustand. Dieser wiederum erhöht unser Gefühl von Verbundenheit zu anderen. Das stärkt unseren Vagotonus – einen wichtigen Einflussfaktor für körperliche Gesundheit.

Metta im Alltag

Ich selbst habe Metta in einem Brain Lab in Seattle kennen gelernt. Ich hatte für meine Führungs- und Persönlichkeitstrainings eine ganze Reihe neuer Methoden entwickelt. Jetzt war ich an die Westküste der USA geflogen, um zu überprüfen, ob sich deren Wirksamkeit auch im Hirn nachweisen lässt. Das Lab befand sich in einem alten Landhaus, das einige Neurowissenschaftler mit jeder Menge modernster Technik ausgerüstet hatten. Es erinnerte mich etwas an die Zentrale der X-Men. In manchen Räumen warteten große EEG-Hauben, die aussahen wie überdimensionierte Spinnen mit 20 Beinen. Auf meinen Kopf aufgesetzt übertrugen sie drahtlos die elektrische Aktivität, die sie in meinem Hirn messen konnten, zu einem zentralen Rechner, der die Aktivität meines Gehirns analysierte. Am vierten Tag in dem Lab zeigte mir Sarah, mein persönlicher Coach vor Ort, spontan, wie Metta funktioniert. Im Anschluss wurde mein Kopf mit Elektroden verkabelt. 90 Minuten lang habe ich die Metta-Meditation praktiziert. Es war eine meiner intensivsten Erfahrungen in dieser Woche. »You are a gamma-guy«, lachte einer der Neurowissenschaftler in dem Labor, als er am Abend zusammen mit mir die Ergebnisse meiner Untersuchung auswertete. Ich war zwar noch Lichtjahre von Matthieu Ricards außergewöhnlichen Gamma-Hirnfrequenzen entfernt, die 30 Mal so ausgeprägt sind wie bei einem durchschnittlichen Menschen. Doch die Auswirkung von Metta auf mein Gehirn und vor allem die Steigerung meines emotionalen Wohlempfinden waren in dem Lab deutlich zu erkennen.

Ein Sprung von Seattle nach Hannover. Friedo de Vries ist Präsident des Landeskriminalamts Niedersachsen. Ich sitze mit ihm beim Mittagessen in seinem bevorzugten Restaurant. Gerade habe ich ihm von Metta berichtet. »Stimmt, ich erinnere mich an eine Situation in der vergangenen Woche«, sagt de Vries. »Da habe ich etwas Ähnliches erlebt wie das, was du gerade beschreibst.«

Kurz zuvor habe ich ihm erklärt, wie man das Gefühl von Liebe in sich kultivieren kann. »Dabei geht es nicht um die romantische Liebe, wie wir sie aus Filmen oder manchmal aus dem eigenen Leben kennen«, sagte ich. »Es geht eher um das wohlwollende Gefühl, das wir einem Kind, dem eigenen Großvater oder auch einem Haustier gegenüber empfinden. Mit einfachen Übungen können wir dieses Gefühl auch für andere Menschen entwickeln. Dadurch lösen sich – gerade bei schwierigen Personen – unsere inneren Widerstände immer mehr auf.« Meine Ausführungen erinnern de Vries an eine Situation, die er wenige Tage zuvor erlebt hat: »Ich hatte gerade jemandem aus meinem persönlichen

Umfeld, der mir sehr am Herzen liegt, eine SMS gesendet«, erzählt er mir. »Ich war noch ganz in diesem angenehmen Gefühl zu ihr, da bin ich in ein Meeting mit Menschen gegangen, mit denen es auch mal schwierig sein kann. In diesem Meeting habe ich jedoch anders auf diese Personen reagiert als für gewöhnlich. An diesem Tag war der Umgang mit ihnen deutlich einfacher, als ich erwartet hatte.« De Vries hatte eine der Auswirkungen von Metta erlebt – wenn auch eher zufällig.

Ich verwende manchmal eine sehr kompakte Variante von Metta beim Autofahren. Dann nämlich, wenn ich es eilig habe, sich ein gähnend langsames Fahrzeug vor mich drängt und mich ausbremst. Die Person vor mir fährt dann womöglich noch übervorsichtig: frühes Abbremsen, verzögertes Beschleunigen, und das alles gerne auch noch unter der erlaubten Höchstgeschwindigkeit. Wenn ich dann irgendwann überholen kann, verspüre ich immer den Drang, nach rechts zu schauen: Ich will den Sonntagsfahrer unbedingt sehen.

Vor einiger Zeit geschah das wieder einmal. Ich überholte grummelnd und blickte ins andere Auto. Und da saß ein sympathischer alter Mann, der meinem verstorbenen Großvater sehr ähnelte. All die angenehmen Erinnerungen stiegen in mir auf und das Gefühl von Liebe zu meinem Opa. Im selben Augenblick war mein Groll verflogen. Denn mein Großvater spielte eine wirklich wichtige Rolle in meinem Leben. Von ihm habe ich viel über Technik und Mechanik gelernt. Er hat mir gezeigt, wie man ein Fahrrad repariert und wie man eine Steckdose anbaut. Obwohl er Ende der 1950er-Jahre aus der damaligen DDR geflohen war, hat er bis zu seinem Tod tiefstes Sächsisch gesprochen. Daher freue ich mich jedes Mal, wenn ich einen Vortrag in Leipzig halte: Viele Menschen klingen dort wie dieser wichtige Mensch meiner Kindheit, und es fühlt sich daher ein bisschen wie Heimat an.

Wenn jetzt einer dieser Momente eintritt, in denen ich mich über einen anderen Autofahrer ärgere, dann stelle ich mir vor, mein Großvater säße hinter dem Steuer. Er war fast 80 Jahre alt, als er das Autofahren aufgab. Er war in den letzten Jahren seines Autofahrerlebens sicherlich auch kein Geschenk für die anderen Verkehrsteilnehmenden.

Es ist wie eine Metta-Kurzform: Ich übertrage das Gefühl von Liebe zu meinem Großvater auf den Autofahrenden, der mich ausbremst. Und im selben Augenblick verschwindet mein Groll.

Andere Menschen ins Herz zu schließen, macht uns stressresistenter

Erinnern Sie sich noch an diesen gemeinen Trier Social Stress Test? Ein Proband wird von Wissenschaftlern vor eine Gruppe von Menschen gestellt. Dort muss er ohne Vorbereitungszeit einen Vortrag über sich selbst halten. Die Zuhörenden sind instruiert, dem Vortragenden keinerlei verbale oder nonverbale Reaktion zu zeigen: Stress pur für die meisten Teilnehmenden! Der Körper reagiert in solchen Situationen mit der Ausschüttung verschiedenster Botenstoffe. Einer davon ist Interleukin-6 (IL-6), ein Entzündungsmarker. Sie kennen ihn bereits aus Kapitel 2 aus der Studie von George Slavich und Naomi Eisenberger: Der Eindruck fehlender Zugehörigkeit führt, ähnlich wie eine körperliche Verletzung, zu einer Ausschüttung von Entzündungsmarkern in unserem Körper.

Lassen Sie mich Ihr Wissen dieser Studie kurz auffrischen, denn Sie brauchen es gleich. Entzündungsmarker auszuschütten, ist hilfreich, wenn unsere körperliche Unversehrtheit in Gefahr ist. Wenn wir uns beispielsweise verletzt haben, brauchen wir Entzündungsprozesse für eine schnelle Heilung. Als Auswirkung psychischer Belastungen dagegen haben Stoffe wie IL-6 keinen unmittelbaren Nutzen. Langfristig schädigt uns eine hohe Dichte von Entzündungsmarkern sogar, da sie verschiedenste Erkrankungen des Herz-Kreislauf-Systems begünstigt.

Schickt man Probanden in einen Trier Social Stress Test und misst vorab und danach mehrfach den IL-6-Wert im Blut, kann man erkennen, dass dieser deutlich nach oben schnellt. Selbst eineinhalb Stunden nach dem Stress auslösenden Stehgreifvortrag liegen die Werte dieses Entzündungsmarkers immer noch deutlich über dem Niveau, das sie zu Beginn des Experiments hatten. Bei Probanden, die zuvor regelmäßig Mitgefühlsübungen praktiziert haben, sieht das ganz anders aus. Der Neurowissenschaftler Thaddeus Pace von der Emory University School of Medicine aus Atlanta hat das für seine Studie »Effect of Compassion Meditation on Neuroendocrine, Innate Immune and Behavioral Responses to Psychosocial Stress« nachgewiesen. Er hatte seine Testgruppe einige Wochen die Mitgefühlstechnik üben lassen, die auch Matthieu Ricard nutzt. Vor dem Trier Social Stress Test nahm Pace seiner Testgruppe sowie einer Kontrollgruppe Blut ab. Nachdem alle Probanden den überraschenden Vortrag gehalten hatten, mussten sie abermals mehrfach Blutproben abgeben. Zudem füllten sie alle noch einen Fragebogen aus. Mit all diesen Informationen entdeckte Pace zwei Phänomene:

1. Die regelmäßige Anwendung der Mitgefühlsmethode hatte bei den Teilnehmenden eine Menge verändert: Der öffentliche Vortrag vor dem teilnahmslosen Publikum machte ihnen kaum etwas aus. Im Anschluss an die Rede gaben sie an, kaum noch Stress zu empfinden.
2. Die geringere psychische Belastung der Testgruppe in dem sonst so nervenaufreibenden Trier Social Stress Tests zeigte sich auch körperlich: Die Menge des IL-6 im Blutplasma der Probanden war bedeutend niedriger, wenn sie die Methode häufig angewendet hatten. Thaddeus Pace konnte nur noch wenige Entzündungsmarker finden.

Durch die Kultivierung von Mitgefühl in uns reagieren wir emotional gelassener und körperlich gesünder auf psychosozialen Stress.

Wenn Wissenschaftler meditieren

»Anfangs konnte ich das Gefühl von Liebe bei der Anwendung von Metta-Meditation überhaupt nicht in mir entstehen lassen«, erinnert sich Olga Klimecki. Ich habe mich ein weiteres Mal mit der Wissenschaftlerin aus Genf verabredet, die Sie bereits aus der Empathie- und Mitgefühlsstudie mit Matthieu Ricard kennen. In unserem ersten Gespräch hatte sie erwähnt, dass sie sich auch privat bereits länger mit Metta- und Mitgefühlsmeditation beschäftigt. Sie kennt also die Außenperspektive als Wissenschaftlerin und die Innenperspektive als Praktizierende. Als berufstätige Mutter fehlt ihr allerdings die Zeit, es den tibetisch-buddhistischen Mönchen nachzutun und sich jahrelang in eine Höhle zurückzuziehen. Mutmaßlich hat sie daher auch nicht das »olympische« Niveau, wie Richie Davidson es seinerzeit bei Matthieu Ricard beschrieb. Olga Klimecki hat wahrscheinlich einen Mitgefühlszustand entwickelt, der für »Normalsterbliche« wie Sie und mich durchaus erreichbar ist. Daher möchte ich sie auch mit ihren eigenen Erfahrungen zu Wort kommen lassen.

Klimecki berichtet mir von einem einwöchigen Workshop im Jahr 2008, in dem diese Form der Meditation vermittelt wurde. »Die Veranstaltung war speziell auf Wissenschaftler ausgerichtet. Richie Davidson und viele andere Wissenschaftler, wie zum Beispiel Helen Weng, die diese Form der Meditation erforschten, waren gekommen«, erzählt sie mir.

Klimecki war in keinem guten Zustand angereist. Kurz zuvor hatte sie sich von ihrem Verlobten getrennt. So schaffte sie es auch in drei Tagen der Metta-Meditation nicht, das Gefühl von Liebe in sich zu kultivieren. »Ich saß bei einem Interview betrübt vor einem der Lehrer und jammerte, dass mir die Metta-Meditation nicht gelinge und dass ich mich ohnehin ganz schlecht fühle«, erinnert sie sich.

»Kein Wunder! So wie es dir gerade geht …«, erwiderte der Lehrer. Er gab ihr einen Rat, durch den sich der Rest des Workshops für sie veränderte. Bevor sie sich auf das Gefühl von Liebe für sich und andere fokussiere, riet er ihr, solle sie zunächst einmal Mitgefühl für sich selbst und ihren desolaten Zustand entwickeln. »Möge ich Mitgefühl für das Leid haben, dass ich gerade in mir trage«, lautete der Satz, den er ihr mitgab. »Schon auf dem Weg zurück zu meinem Meditationskissen bemerkte ich, dass diese Worte in mir etwas veränderten«, erzählt mir Olga Klimecki. Dabei gestikulieren ihre Hände noch etwas mehr, als sie es beim Sprechen ohnehin gerne tun.

Matthieu Ricard hatte mir einige Wochen zuvor von einer ähnlichen inneren Blockade bei der Übung von Metta-Meditation berichtet. Er erklärte, dass es in der westlichen Welt – viel mehr als in der fernöstlichen – nicht wenige Menschen gebe, die sich selbst nicht mögen, sich manchmal sogar selbst hassen. »Als der Dalai Lama das erste Mal von diesem ›Selbsthass‹ hörte, den viele westliche Menschen in sich tragen, war er völlig überrascht«, sagt Matthieu Ricard. »Im tibetischen Buddhismus kennen wir das Konzept des Selbsthasses nicht.« Ricard ergänzt, dass es mit so einem inneren Zustand für diese Menschen nur schwer möglich sei, Wohlwollen für andere Lebewesen in sich zu spüren. »Bereits die Idee, sich anderen zuzuwenden, ist für diese Menschen unvorstellbar«, sagt Matthieu. »Sie müssen zuerst Mitgefühl für sich selbst entwickeln, um in einen besseren Zustand zu gelangen. Erst dann können sie sich den Menschen um sich herum zuwenden.«

Olga Klimecki praktiziert bereits seit dem Jahr 2008 mehr oder minder regelmäßig Metta- und Mitgefühlsmeditation. »Es gab schon eine starke Delle bei der Regelmäßigkeit«, erinnert sie sich. »Nachdem mein kleiner Sohn geboren worden war, konnte ich mich einige Jahre lang nur ein- oder zweimal pro Woche mit Meditation beschäftigen. Mehr war mir mit einem kleinen Kind einfach nicht möglich. Wenn ich dann mal Zeit hatte, war ich meist zu müde.«

Klimecki berichtet mir von einem weiteren Wissenschaftszweig, in dem sie arbeitet: Konfliktforschung. Verknüpft man diesen mit den Studienergebnissen der Metta- und Mitgefühlsmeditation, führt das zu sehr interessanten Erkenntnissen: »Killer Nummer eins für jegliche Art von Beziehung ist der Hass – ganz gleich, ob es um eine Ehe oder einen internationalen Konflikt geht«, erklärt sie. »Hass bedeutet, intrinsisch davon überzeugt zu sein, dass der andere Mensch schlecht sei. Wenn man Hass in sich spürt, kommt man auch durch Metta- oder Mitgefühlsmeditation nicht unmittelbar in einen Zustand, in dem man für den anderen Liebe oder Mitgefühl empfindet. Es braucht einen Zwischenschritt.«

Was Klimecki beschreibt, ist ein interessantes Phänomen, denn Hass findet auf der Identitätsebene statt: Es bedeutet, dass ein Mensch davon ausgeht, dass ein anderer Mensch schlecht ist. Dass Menschen auf der Identitätsebene abgewertet werden, lässt sich heutzutage – bedauerlicherweise häufiger als je zuvor – in den sozialen Medien beobachten. Wenn Person A die Aussage von Person B nicht gefällt, wird diese auf der Identitätsebene niedergemacht. Gerade seit Beginn von Covid-19 kocht dieses Phänomen besonders hoch: »Du bist ein Idiot.« »Du bist ein Verschwörungstheoretiker.« »Du bist zu dumm, um das große Ganze zu sehen.«

Sich auf Identitätsebene anzugreifen, verschlechtert die Chance auf einen sachlichen Meinungsaustausch stark – es wird schnell emotional. Ich habe in den vergangenen Jahren vielen Unternehmen vermittelt, wie sie in ihren Organisationen eine gut gelebte Feedbackkultur etablieren können. Eine der wichtigsten Regeln dabei lautet: Feedback sollte immer auf der Verhaltens- und nicht auf der Identitätsebene gegeben werden. Denn ein Verhalten lässt sich ändern, eine Identität nur schwer.

Klimecki erzählt weiter über ihre Erfahrungen aus der Konfliktforschung. Stark zerrüttete Parteien müssten zuerst von einem Zustand von Hass in einen Zustand von Wut gelangen. »Durch die Anwendung von Metta- und Mitgefühl gelingt es oft, den Hass auf einen Menschen in Wut über dessen Verhalten abzuschwächen«, erklärt sie. »Danach wird es möglich, Mitgefühl für den Menschen zu entwickeln, über dessen Verhalten man wütend ist.«

Olga Klimecki hat einen wichtigen Aspekt benannt: die Differenzierung von Mensch und Verhalten. Wir können das Verhalten einer Person absolut verurteilen und zugleich einen menschlichen Anteil in ihm entdecken. Das ist das, was Matthieu mit »der Wunsch, dass der andere Glück finden möge … ohne Ausnahme … auch wenn er ein Diktator ist« meint. Wenn man Metta praktiziert, gelingt es leichter, in jedem Menschen das Menschliche zu entdecken – selbst wenn es nur ein kleiner Aspekt bei dem anderen ist, dem man sich dann zuwendet. Das ist auch das, was dem Friedensmediator Juan Diaz-Prinz in seinem Gespräch mit den

Kosovo-Serben gelungen ist. »Es war eine tiefe, menschliche Begegnung zwischen uns«, berichtete er.

Wenn wir das Verhalten und die Person getrennt voneinander betrachten, fällt es uns leichter, den Menschen zu mögen – auch wenn er Dinge tut, die uns nicht gefallen.

Meine eigene Erfahrung, seitdem ich regelmäßig Metta praktiziere, ist, dass diese Differenzierung im Laufe der Zeit ganz automatisch gelingt: Wenn ein anderer Mensch etwas tut, was mir missfällt, muss ich nicht mehr kognitiv Verhalten und Mensch unterscheiden, sondern es geschieht wie von selbst.

Ein Beispiel: *Vor einigen Jahren rief mich ein Unternehmer an, mit dem ich bereits lange zusammenarbeite. Er suchte einen neuen Geschäftsführer für eine seiner Firmen. Ich schlug ihm vor, sich mit einer Frau zu unterhalten, die mir – im Nachgang bedauerlicherweise – von jemandem aus meinem Netzwerk empfohlen wurde. Es schien anfangs alles zu passen. Der Unternehmer setzte große Hoffnung in seine neue Geschäftsführerin. Ich hatte sie kurz vor ihrem Start für mehrere Stunden in Hannover getroffen und ihr – mit Billigung des Unternehmers – alles über die neue Firma erzählt, was aus meiner Sicht für sie relevant sein könnte. Es dauerte nur wenige Wochen, bis mir ihre neuen Mitarbeitenden berichteten, dass die Frau menschlich und fachlich nicht kompetent sei und dass sie bei vielen von ihnen Angst und Irritation verbreite. Zudem versuchte sie, mich in meiner Rolle als Prozessbegleiter des Kulturwandels aus der Firma zu drängen. Da sie die Geschäftsziele deutlich verfehlte, verließ sie die Firma bald wieder.*

Ich erinnere mich noch gut an meine anfängliche Wut über ihre Illoyalität mir gegenüber – das nagte einige Wochen sehr an mir! Metta machte den Unterschied, durch den es mir gelang, nicht mehr wütend auf die Frau, sondern nur auf ihr Verhalten zu sein. Letztlich konnte ich aufhören, sie als Menschen abzulehnen, und sogar eine Idee entwickeln, weshalb sie sich so verhalten hatte. Das war eine spürbare Erleichterung für mich. Denn ich habe gemerkt, dass das eigene Gefühl, einen anderen abzulehnen, mit dem tief verwurzelten, neurobiologischen Verbundenheitsbedürfnis schwer vereinbar ist. Meine Ablehnung hatte eine Menge Stress in mir ausgelöst.

Matthieu Ricard berichtete mir über das gleiche Muster, jedoch aus einer ganz anderen, sehr viel brutaleren Epoche. Nachdem China Ende der 1950er Jahre in Tibet eingefallen war, wurden hunderte Tibeter in ein Arbeitslager verschleppt. Einer der wenigen, die die Zwangsarbeit überlebten, war der Leibarzt des Dalai Lama. Nachdem er zwanzig Jahre in verschiedenen Arbeitslagern verbracht hatte, wurde er von einem auf posttraumatische Belastungsstörungen spezialisierten Psychiater untersucht. Doch dieser konnte bei dem ehemaligen Gefangenen keinerlei Belastungsstörungen wie Schlafprobleme oder Angststörungen feststellen. Das Gegenteil war der Fall, denn der Leibarzt wirkte gelassen und heiter. Während der Zeit in den Arbeitslagern hatte er regelmäßig Mitgefühlsmeditation praktiziert und dabei seine Peiniger vor Augen.

Größerer innerer Frieden

Ich möchte von Olga Klimecki wissen, wie sie inzwischen mit psychosozialem Stress umgeht. Wie sehr sind die Erkenntnisse über Metta-Meditiation mit dem Trier Social Stress Tests (TSST) von Thaddeus Pace, den wir vor einigen Seiten kennen gelernt haben, in den Alltag übertragbar?

»Ich beginne meine Meditationsübungen meist damit, dass ich mich selbst auf Platz eins der Mitgefühlsübung setze«, erzählt sie mir. »Die klassische Metta- oder Mitgefühlsmeditation beginnt ja eigentlich mit dem Menschen, den man am meisten liebt. Ich habe jedoch gemerkt, dass ich oft besser reinkomme, wenn ich zuerst diesen wohlwollenden Zustand für mich selbst etabliere – so wie ich es im Jahr 2008 bei dem Workshop erlebt habe. Ich fand das anfangs etwas egoistisch, aber es ist ein bisschen wie mit der Sauerstoffmaske im Flugzeug: Da kümmert man sich am besten auch erst um sich selbst und kann sich dann um die anderen kümmern. Manchmal, wenn es mir nicht gelingt, Metta für mich selbst zu empfinden, dann denke ich zuerst an meine Großmutter … sie war ein wichtiger Wohltäter in meinem Leben – dann entsteht das Gefühl von Wärme und Liebe von ganz alleine.«

Hin und wieder gebe es in ihrem Leben zwischenmenschliche Begegnungen, die herausfordernd sind – so wie beim Trier Social Stress Test. »Ich habe bis heute noch nicht vollkommen durchdrungen, wie es geschieht«, erzählt mir Klimecki, »doch wenn ich Probleme mit Kollegen, Studenten oder Familienangehörigen habe, helfen mir Metta-Meditationen dabei, zunächst meine Wut auf die Person zu reduzieren, und dann wird meist unser Verhältnis bei der nächsten Begegnung entspannter – ohne, dass ich in der Interaktion mit ihnen bewusst etwas verändert hätte.« Es gebe jedoch Abstufungen, ergänzt sie nach einer Weile. »Zugegeben, bei manchen Menschen reicht eine einzelne Metta-Meditation, um Mitgefühl mit ihnen zu entwickeln«, sagt Klimecki. »Und dann gibt es welche, bei denen dauert es deutlich länger. Bei meinem Ex-Verlobten beispielsweise brauchte ich drei Monate. Da sich die Ergebnisse nicht immer sofort einstellen, habe ich gelernt, dem Prozess zu vertrauen. Unabhängig davon, ob ich für eine schwierige Person schnell Metta fühlen kann oder ob es Monate dauert, übe ich weiter. Dabei trägt mich die Intention, eines Tages zu vergeben und Metta zu empfinden. Bisher hat es immer irgendwann ›plopp‹ gemacht, und das Gefühl war eines Tages wirklich da.«

Klimecki berichtet mir von einem größeren inneren Frieden, den sie inzwischen in sich spürt. »Grundsätzlich merke ich, dass ich viele Ereignisse in meinem Leben leichter akzeptiere«, sagt sie. »Wenn etwas Unvorhergesehenes geschieht, gehe ich mit deutlich weniger innerem Widerstand damit um.« Sie erzählt mir dazu eine wahre Geschichte, die sie selbst von ihren Lehrern Tara Brach und Jack Kornfield öfter gehört hat:

Nachdem Indien durch die Briten kolonialisiert wurde, bauten diese in ihrer neuen Kolonie einen ersten Golfplatz. Dieser sollte in Kalkutta entstehen. Die britischen Bauherren hatten in ihrer Planung nicht beachtet, dass an dem Standort jede Menge Affen lebten. Und diese hatten große Freude an den kleinen weißen Bällen, die nun ständig durch die Luft flogen. Sie rannten auf die Golfbahn und spielten mit den Bällen. Die Golfspieler wurden wütend, wenn ein guter Schlag von einem Affen zunichte gemacht wurde, weil dieser sich den Ball mit seinen Kameraden hin- und herwarf. Also bauten sie Zäune um den Golfplatz – ein wenig durchdachtes Unterfangen, denn die Affen kletterten einfach darüber hinweg. Die kleinen Tiere mit Leckereien wegzulocken, gelang auch nur bedingt. Diese hatten viel mehr Freude an den Bällen und vor allem an den laut schimpfenden Spielern. Am Ende luden die Briten die Affen in Autos und setzten sie weit vor den Toren der Stadt aus. Doch das war eine Sisyphus-Arbeit, denn es rückten ständig neue Horden nach.

Letztlich akzeptierten die britischen Golfer die Affen, denn nicht jeder Eingriff war von Nachteil. Manchmal landete ein Ball im Unterholz, und die lustigen Tiere warfen ihn aufs Fairway zurück. Das Regelwerk in Kalkutta wurde um eine Regel erweitert: »Play the ball, where the monkey drops it.«

»Das ist ein Satz, an den ich mich oft erinnere«, lacht Olga Klimecki. »Die Dinge in unserem Leben geschehen, wie sie geschehen. Vieles lässt sich nicht ändern. Ich kann mich dann ärgern oder mir sagen: ›Ach – interessant, wo der Affe den Ball gerade hat fallen lassen‹.«

Wohlwollen lässt uns schmerzfreier und länger leben

In der Studie über Empathie und Mitgefühl, die Olga Klimecki und Matthieu Ricard gemeinsam durchgeführt haben, spielte der anteriore Midcinguläre Cortex (aMCC) eine wichtige Rolle. Diese neuronale Struktur ist in die Wahrnehmung und Bedeutungsgebung von Schmerz eingebunden: wenn Menschen diesen beispielsweise als »quälend«, »folternd« oder »schrecklich« beschreiben. In der Studie wurde sie aktiv, als die Menschen sich empathisch mit dem Leid anderer verbanden. Als die Probanden in der Studie jedoch den zuvor erlernten Zustand von Mitgefühl in sich aktivierten, verstummte der aMCC.

Doch was geschieht, wenn wir echten Schmerz wahrnehmen? Kann der aMCC auch dann beeinflusst werden? Das hat der Arzt und Schmerzspezialist James Carson von der Oregon Health and Science University untersucht. Er nutzte keine Mitgefühlstechnik, sondern die Metta-Meditation, also die Technik der »liebenden Güte«. Diese beiden Methoden sind einander so ähnlich, dass Carson sich fragte, ob Metta bei Schmerz vielleicht ebenfalls wirken könnte. Der Arzt hatte für seine Forschung Probanden gefunden, die unter chronischen Rückenschmerzen litten. Chronisch bedeutete in dieser Studie, dass die Schmerzen mindestens seit sechs Monaten vorhanden sein mussten. Carson schickte seine Probanden in ein Metta-Training und ließ sie diese Methode zwei Monate lang üben. Ähnlich wie bei Bethany Kok loggten sich die Teilnehmenden danach täglich auf eine Webseite ein und beantworteten Fragen aus drei Kategorien:

1. Wie lange haben Sie seit dem letzten Log-in die Metta-Methode angewendet?
2. Wie stark leiden Sie unter Schmerzen seit dem letzten Log-in? (Hier gab es einige Unterfragen, um den Schmerz in seiner Qualität mithilfe von Skalenfragen detailliert zu erfassen.)
3. Wie angespannt und verärgert fühlten Sie sich seit dem letzten Log-in? (Auch diese Antworten konnten innerhalb einer Skala gegeben werden.)

Bereits zehn Minuten Metta-Übungen pro Tag führten zu einer messbaren Erleichterung. Die Probanden, die täglich gut 20 bis 25 Minuten mit Metta verbracht hatten, berichteten von den größten Veränderungen. Ihr affektiver Schmerz – also die Bewertung, die sie dem Schmerz gaben – hatte sich um 33 Prozent reduziert. Ihre Anspannung war um 45 Prozent und ihre Verärgerung um ganze 52 Prozent gesunken.

Kultivieren wir in uns das Gefühl von Liebe, sind wir deutlich weniger angespannt und verärgert. Zudem erleben wir körperlichen Schmerz nicht mehr so belastend.

Die körperliche Auswirkung von Metta endet hier jedoch nicht. Diese Methode lässt uns wortwörtlich langsamer altern. Unser biologisches Alter lässt sich an der Länge unserer Telomere messen. Sie werden auch die »Altersuhr« der Zellen bezeichnet. Für ihre Entdeckung erhielten im Jahr 2009 drei Amerikaner den Medizin-Nobelpreis. Telomere sind in jeder unserer Körperzellen zu finden und befinden sich am Ende unserer Chromosomen. Stellen Sie sich einen Schnürsenkel vor. Meist haben sie kleine Kappen, die das Ende des Senkels vor dem Ausfransen schützen. So ähnlich, wie diese Kappen die Schnürsenkel schützen, schützen die Telomere unsere Chromosomen. Denn jedes Mal, wenn sich in unserem Körper eine Zelle teilt, muss sich auch ihr Chromosomensatz teilen. Bei diesem Teilungsprozess gehen jedoch immer einige Bausteine, sogenannte Basenpaare, verloren. Die Telomere opfern dabei jeweils einige ihrer eigenen Bausteine, um das wertvolle Erbgut in den Chromosomen zu schützen. Auf diese Weise gehen bei jeder Zellteilung mindestens 20 Bausteine verloren. Es können jedoch auch mal 200 sein.

Was macht den Unterschied zwischen 20 und 200? Der oxidative Stress – also unser Lebensstil: Je ungesünder wir leben, desto mehr Bausteine gehen pro Zellteilung verloren und umso kürzer werden die Telomere. Und das ist nicht gut. Sie erinnern sich? Die Länge der Telomere bestimmt das biologische Alter der Zellen.

Irgendwann erreichen die Telomere eine kritische Länge – oder man müsste eher sagen: eine kritische Kürze. Wenn sie zu kurz sind, haben sie keine Möglichkeit mehr, ihre eigenen Bausteine für eine Zellteilung zu opfern. Das ist der Moment, wenn sich die Zelle nicht mehr teilen kann. Entweder sie stirbt oder sie wechselt in einen Zustand des permanenten Wachstumsstopps. Je älter wir werden, desto mehr Zellen im Wachstumsstopp befinden sich in unserem Körper. Wir können also biologisch schlechter regenerieren. Wir verlieren Gewebe, und es kann bis hin zum Versagen ganzer Organe kommen.

Die Anwendung von Metta beeinflusst jedoch die Anzahl der verlorengehenden Bausteine der Telomere positiv. In ihrer Studie »Loving-Kindness Meditation practice associated with longer telomeres in women« hat Elizabeth Hoge von der Harvard Medical School, Boston, Frauen untersucht, die bereits seit vier Jahren diese Methode anwendeten. Die durchschnittliche Zeit, die diese Frauen täglich mit Metta verbracht hatten, lag bei 25 Minuten. Nachdem Hoge ihre Probanden gefunden hatte, machte sie sich auf die Suche nach einer Kontrollgruppe. Sie achtete gezielt darauf, Menschen gleichen Alters, gleichen Geschlechts und gleichen Bildungsstands zu finden, um die beiden Gruppen bestmöglich miteinander vergleichen zu können. Ihnen allen entnahm sie Blut, um die Chromosomen und Telomere untersuchen zu können.

Die tägliche 25-minütige Metta-Meditation hatten bis auf die zelluläre Ebene gewirkt. »Die Anwender von Loving Kindness hatten signifikant längere Telomere als die Teilnehmenden der Kontrollgruppe«, erzählt Hoge. Die relative Länge war um 35 Prozent höher. Die Zellen der Metta-Praktizierenden würden sich noch deutlich öfter teilen können, bevor der Wachstumsstopp oder der Zelltod eintritt! Matthieu Ricards Mutter ist zum Zeitpunkt, während ich diese Zeilen schreibe, übrigens 97 Jahre alt – und eine tibetisch-buddhistische Nonne.

Die Kultivierung des Gefühls von Liebe in uns verlängert das Leben unserer Zellen.

Survival of the Fittest?

Jahrzehnte bevor Richard Davidson eine Lawine von Studien auslöste, die uns einen tiefen Einblick in die Vorzüge einer wohlwollenden, zugewandten Haltung ermöglichen, haben sich zwei weitere, noch deutlich bekanntere Wissenschaftler damit auseinandergesetzt. Zwar sind deren Erkenntnisse dazu bislang nur selten publiziert worden. Doch das beginnt sich gerade zu ändern.

Zum einen ist da der Evolutionstheoretiker Charles Darwin, dessen Forschung uns unsere Biologielehrer nahe zu bringen versuchten. Seine berühmte Aussage über »Survival of the Fittest« wurde oftmals fälschlich als »das Überleben des Stärkeren« übersetzt. Darwin meinte damit jedoch, dass derjenige überleben werde, der sich am besten an die sich ständig ändernden Lebensbedingungen anpassen kann.

Auf den ersten Blick mag es so wirken, als fokussiere sich »Survival of the Fittest« vor allem auf das Individuum. Auch sein »Struggle for Survival« wurde lange Zeit nur als Kampf des einen gegen den anderen interpretiert. Allerdings hat Darwin schon früh das Miteinander in den Vordergrund gestellt: Die Kooperation untereinander ist aus seiner Sicht ebenso ein wichtiger Faktor des Überlebens. In seinem 1871 veröffentlichten Werk *Die Abstammung des Menschen* hob er einen Aspekt hervor, mit dem sich auch dieses Buch schon seit vielen Seiten beschäftigt: »Die Gemeinschaft, welche die größte Anzahl mitfühlender Mitglieder hat, wird am besten gedeihen und die größte Anzahl von Nachkommen aufziehen.«

Darwin beobachtete Akte der Zuwendung immer wieder in der Tierwelt. Er berichtet beispielsweise von einem Gespräch mit einem Tierpfleger, der ihm seine tiefen Narben in seinem Nacken zeigte. Diese hatte ihm ein aggressiver Pavian zugefügt, während der Pfleger gerade am Boden kniete. Ein mit dem Tiefpfleger eng befreundetes Totenkopfäffchen sah den Angriff und kam ihm zur Hilfe. Obwohl der kleine Affe sich für gewöhnlich vor dem übermächtigen Pavian fürchtete, schrie es ihn an und biss den anderen Affen. Der Pfleger konnte diese kurze Ablenkung nutzen, um sich in Sicherheit zu bringen.

Dieses Verhalten ist keine Ausnahme, sondern es wurde in verschiedenen Experimenten immer wieder bestätigt: Mitgefühl und Wohlwollen lässt sich bei vielen Säugetieren beobachten. Der Harvard-Professor Felix Warneken hat in seiner Zeit am Max-Planck-Institut für evolutionäre Anthropologie herausgefunden, dass Schimpansen sowohl Artgenossen als auch Menschen helfen, wenn sie bemerken, dass diese Hilfe brauchen. Sie taten das ohne jede Gegenleistung und nahmen dabei sogar den Mehraufwand auf sich, eine mehrere Meter hohe Rampe hinaufzuklettern. Bereits im Jahr 1964 haben Forscher an der Northwestern University in Chicago in einer Studie festgestellt: Ein Rhesusaffe würde auf Nahrung verzichten, damit es einem anderen Affen besser geht. Der Wissenschaftler Stanley Wechkin hat das wiederholt mit zwei Affen gezeigt, die in zwei separate Käfige gesetzt wurden. Wenn der erste Affe auf einen Knopf drückte, bekam er automatisch Futter. Gleichzeitig erhielt der andere Affe jedoch einen schmerzhaften Stromstoß. Als der erste Affe diesen Zusammenhang begriff, reduzierte er seine Nahrung tagelang auf das Nötigste, um elektrische Schläge für den zweiten Affen soweit wie möglich zu vermeiden.

Nicht nur Tiere, sondern auch Menschenbabys zeigen ein zugewandtes Verhalten, um anderen zu helfen. Im Jahr 1992 hat die inzwischen emeritierte Psychologieprofessorin Carolyn Zahn-Waxler das erstmals in ihren

Studien »Development of concerns for others« beobachtet. Zahn-Waxler ist inzwischen in ihren 70ern und ein »Honorary Fellow« des Center for Healthy Minds von Richard Davidson. In einer etwas jüngeren Studie aus dem Jahr 2011 hat sie 37 Kinder im Alter zwischen acht und 16 Monaten über mehrere Monate lang untersucht. Die Mütter der Kinder wurden gebeten, »Verletzungen« vorzuspielen: Sie schlugen sich entweder vermeintlich schmerzhaft mit einem Spielzeughammer auf den Daumen, oder sie taten so, als hätten sie sich das Knie angestoßen. In beiden Fällen sollten die Mütter jeweils 30 Sekunden lang jammern. Versteckte Kameras in Zahn-Waxlers Labor filmten die Reaktion der Kinder, um diese später detailliert auswerten zu können. Bereits bei den acht Monate alten Babys führte die Verletzung der Mutter zu sichtbaren Reaktionen von Sorge. Die Babys runzelten ihre Stirn und gaben sorgenvolle oder traurige Laute von sich. Einige versuchten, die Ursache des Schmerzes zu verstehen, indem sie auf den verletzten Körperteil bei der Mutter schauten. Viel mehr Reaktion ermöglichte ihnen ihr Entwicklungsstand noch nicht.

Alle acht Wochen besuchten die Mütter mit ihren Kindern die Wissenschaftlerin in ihrem Labor und wiederholten diese Experimente. Zahn-Waxler konnte bei den Kleinen eine lineare Entwicklung erkennen: Zwischen dem achten und dem 16. Monat erhöhten sich die Anzeichen einer sorgenvollen Reaktion um 50 Prozent. Manche Kinder fingen an zu weinen, so sehr betroffen waren sie. Auch die Anzeichen des kognitiven Verstehens der Verletzung hatten sich um fast 50 Prozent erhöht. Die Kinder schauten nicht nur auf die verletzte Stelle bei der Mutter, sie schauten auch in ihr Gesicht. Danach blickten sie auf den eigenen Körper, während sie sich ihr kleines Knie oder den kleinen Daumen rieben – den Körperteil, der ihrer Mutter offensichtlich weh tat. Was sich ebenfalls rasant entwickelte, war ihr helfendes Verhalten. Die Anzeichen, an denen die Wissenschaftler das erkannten, hatten sich nahezu verdoppelt. Die Kinder liefen zur Mutter, berührten teilweise deren verletzten Körperteil und gaben dabei beruhigende Geräusche von sich. »Wir können bereits bei Kindern im ersten und zweiten Lebensjahr die Fähigkeit zum Mitgefühl erkennen«, sagt Zahn-Waxlers. »Sie zeigen ein Verständnis für das Leid anderer und haben den Wunsch, dieses Leid zu verringern.«

Wenn selbst Tiere Mitgefühl zeigen und wir Menschen es in die Wiege gelegt bekommen haben, dann scheint Mitgefühl etwas zu sein, das die Natur für uns vorgesehen hat. Neurobiologisch sind wir auf wohlwollendes, zugewandtes Verhalten programmiert. Es aktiviert unsere Belohnungszentren. Dieses Muster wirkt rund um den Globus – egal in welcher Kultur. Lara Aknin und Elizabeth W. Dunn von der University of British Columbia in Kanada haben sich weltweit auf die Suche gemacht, und sie haben dieses Phänomen immer wieder bestätigt bekommen. Sie werteten dafür 234 000 Umfragen aus 136 Ländern des sogenannten Gallup World Poll aus. Jeder Befragte war von Gallup entweder 30 Minuten am Telefon interviewt oder – in ärmeren Gegenden – eine Stunde zu Hause besucht und befragt worden. Aus den Dutzenden Antworten pro Person filterten Aknin und Dunn diejenigen heraus, die das persönliche Wohlempfinden des Befragten beschrieben, sowie Aussagen darüber, ob sie in jüngster Vergangenheit Geld gespendet hätten. »Die Personen, die kein Geld spendeten, hätten ein doppelt so hohes Gehalt erhalten müssen, um das gleiche Niveau an persönlichem Wohlempfinden zu erreichen wie die Spendenden«, fanden die Wissenschaftler heraus. Der Einfluss ihres wohlwollenden, zugewandten Verhaltens hatte bei den Spendenden zu einem deutlichen Zuwachs an Glück geführt. »Es ist dabei vollkommen unwichtig, ob ein wohlhabender oder ein ärmerer Mensch spendet.« Das unterschwellige Gefühl, das viele Einwohner in Industriestaaten haben mögen – »Ich lebe in einem westlichen Land und kann den Ärmeren der Welt Geld abgeben« –, hatte keinerlei Einfluss. Denn auch viele derjenigen, die selbst in prekären Verhältnissen leben, spendeten Geld und fühlten sich dadurch besser. Jedoch war offensichtlich, dass der Wohlstand eines Staates Einfluss auf die Spendenbereitschaft seiner Bürger hat: In Uganda bezeichneten sich nur 13 Prozent der Menschen als Spendende, wohingegen in Kanada 66 Prozent der Befragten Geld spendeten. Auch die Art der Spenden waren unterschiedlich. In Uganda kauften die Menschen beispielsweise Medikamente, die andere brauchten. In Kanada kam diese Art von Spende nahezu kaum vor – es wurde eher Geld gegeben. Die Wissenschaftler haben ihre Erkenntnisse im *World Happiness Report 2019* veröffentlicht: »Wir haben zusätzlich zu dieser globalen Recherche in mehreren experimentellen Studien bewiesen: Es gibt einen kausalen Zusammenhang zwischen ›Prosocial Spending‹ – dem Spenden des eigenen Geldes für andere Menschen – und dem persönlichen Glücksgefühl.«

Wohlwollendes, zugewandtes Verhalten macht uns also zufriedener – egal, wo wir leben.

Falls Sie sich fragen, wer neben Charles Darwin der zweite Wissenschaftler ist, den ich vorhin ankündigte: Es ist jemand, der den meisten wohl eher wegen der Entdeckung der gekrümmten Raumzeit und seiner intellektuellen Brillanz bekannt ist. Es ist Albert Einstein. Am 12. Februar 1950 verfasste dieser einen Brief an Robert S. Marcus, den politischen Direktor des Jüdischen Weltkongresses. Marcus' Sohn war kurz zuvor an Polio gestorben. »Ein Mensch ist Teil eines Ganzen, das wir das Universum nennen. […]. Er erlebt sich selbst, seine Gedanken und Gefühle als etwas, das vom Rest abgeschnitten ist – eine optische Täuschung seines Bewusstseins«, schreibt Einstein. »Diese Täuschung ist eine Art Gefängnis für uns, das unsere Gedanken auf unsere persönlichen Wünsche und auf die Menschen unseres näheren Umfelds beschränkt. Es muss unsere Aufgabe sein, uns aus diesem Gefängnis zu befreien, indem wir den Kreis des Mitgefühls erweitern und alle lebenden Kreaturen und die Natur in ihrer ganzen Schönheit miteinbeziehen.«

ESSENZ FÜR EILIGE

Die Überholspur im Hirn: Wohlwollen

- Kultivieren wir in uns Wohlwollen und Zugewandtheit, verändern sich dadurch sowohl die Struktur als auch die elektrische Aktivität unseres Gehirns.
- Es ist, als wenn unser Hirn darauf vorbereitet wäre, Liebe zu lernen. Bei allen untersuchten Formen mentaler Trainings finden die schnellsten neuronalen Veränderungen bei der Anwendung der Jahrtausende alten Methoden von Metta- oder Mitgefühlsmeditation statt.
- Entwickeln wir Mitgefühl, führt das automatisch zu einem wohlwollenden, helfenden Verhalten und aktiviert zeitgleich das Belohnungssystem in unserem Kopf – es fühlt sich gut an!

- Empathie für das Leid eines anderen zu empfinden, aktiviert die eigenen neuronalen Schmerzzentren. Verwandeln wir jedoch die Empathie hin zu einem Zustand von Mitgefühl, dann können wir das Leid anderer wahrnehmen, ohne dass wir mitleiden. Dadurch sind wir besser in der Lage, dem Leidenden zu helfen.
- Regelmäßige Metta-Meditation wirkt sich auf vielfältige Weise positiv auf uns aus:
  - Sie erhöht das Gefühl von Verbundenheit und erfüllt damit dieses wichtige neurobiologische Grundbedürfnis.
  - Bei schwierigen Personen sind wir einfacher in der Lage, zwischen Mensch und Verhalten zu differenzieren – das erhöht die Qualität der Beziehung zu ihm oder ihr.
  - Sie erhöht unseren Vagotonus, einen wichtigen Einflussfaktor für körperliche Gesundheit.
  - Wir reagieren auf psychosozialen Stress zum einen emotional gelassener und zum anderen körperlich gesünder – denn wir schütten weniger Entzündungsmarker aus.
  - Schmerzpatienten sind durch Metta-Meditation um die Hälfte weniger angespannt und verärgert. Zudem reduziert sich ihr wahrgenommener Schmerz um ein Drittel.
  - Regelmäßige Metta-Mediation hat längere Telmomere zur Folge. Dadurch erhöht sich die Reproduktionsfähigkeit und die Lebenszeit unserer Körperzellen.
- Wohlwollen ist uns in die Wiege gelegt: Bereits zweijährige Kinder zeigen ein Verständnis für das Leid anderer und haben den Wunsch, dieses Leid zu verringern.
- 234 000 Umfragen aus 136 Ländern untermauern: Wohlwollendes, zugewandtes Verhalten macht uns glücklicher – unabhängig davon, wo und unter welchen Umständen wir auf der Welt leben.

Kapitel 4

Das Steuer in der Hand: Wie wir unsere Neurotransmitter in Balance bringen

Durch Mitgestaltung aus den roten Zahlen

Das Geschäftsjahr 2014/2015 war für die Otto Group alles andere als rosig verlaufen. Das Familienunternehmen mit seinen weltweit rund 50 000 Mitarbeitenden hatte erstmals seit Bestehen einen herben Verlust erwirtschaftet. Der damalige stellvertretende Vorstandsvorsitzende und Konzernstratege Dr. Rainer Hillebrandt schickte sein Team los, um die Ursachen zu suchen und herauszufinden, wie das Unternehmen es wieder in die schwarzen Zahlen zurückschaffen könne. Nach eingehender Analyse war sich die Strategieabteilung sicher: Es lag nicht an fehlenden Innovationen oder attraktiven Geschäftsmodellen, es gab zu viel Bürokratie, zu viele Silos, zu langsame, komplexe Prozesse und zu wenig übergreifende Zusammenarbeit in der Unternehmensgruppe. Die Strategen empfahlen dem Vorstand damals, an der Unternehmenskultur zur arbeiten. Das Mindset innerhalb der Gruppe müsste sich radikal ändern, um künftig global erfolgreich zu sein. Diese Erkenntnis war der Beginn eines schulbuchreifen Kulturwandels – ein von Beginn an offen gestalteter, partizipativer Prozess ohne definiertes Ende.

Wenige Monate später trat Benjamin Otto, Gesellschafter und Mitglied des Aufsichtsrats der Otto Group, vor die Mitarbeitenden. Einige Hundert waren im selben Raum wie er, die übrigen der 50 000-köpfigen Belegschaft sahen der Ansprache per Videostream zu. Benjamin Otto redete über die andere Art des Zusammenarbeitens, die er sich in der Unternehmensgruppe wünsche. Die Familie Otto und der Vorstand wollten die Mitarbeitenden künftig in die Gestaltung der Zukunft der Unternehmensgruppe stärker einbeziehen. Denn allein werde die Führungsetage nicht ausreichend Lösungen auf die aktuellen und zukünftigen Herausforderungen der Digitalisierung finden. Der Name dieses Prozesses, durch den sich bei der Otto Group vieles verändert hat: »Kulturwandel 4.0«.

»Kulturwandel kann man nicht verordnen«, erzählt mir CEO Alexander Birken später. Der Vorstand hat sich aber selbst verordnet, alle seine bisher liebgewonnenen Verhaltens- und insbesondere Entscheidungsweisen radikal zu hinterfragen und Veränderung sichtbar vorzuleben. Kulturwandel 4.0 wurde gleichzeitig Top-down und Bottom-up verankert und schaffte ein partizipatives, kollaboratives und agiles Miteinander. Deutlich mehr Mitarbeitende als zuvor vernetzen sich seitdem miteinander, bringen eigene Ideen ein und setzen diese in die Realität um. »Die kontaktlose Zustellung der Hermes-Pakete ist ein gutes Beispiel«, erzählt mir Kulturwandel-4.0-Chef Tobias Krüger. Zu Beginn der Covid-19-Pandemie musste das Unternehmen eine schnelle Lösung finden, um seine Zusteller und Kunden zu schützen. Da die Handscanner der Hermes-Boten Kameras integriert haben, wurden diese kurzum zur Dokumentation genutzt. Der Empfänger unterschreibt mit einem eigenen Stift auf dem Paket. Diese Unterschrift fotografiert der Zusteller nur noch ab. Dahinter steht ein hochkomplexer Prozess, um das technisch und rechtssicher umsetzen zu können. Durch die Pandemie, doch insbesondere durch die neue Unternehmenskultur war dieser innerhalb weniger Tage intern komplett aufgesetzt.

Die Mitarbeitenden sind nicht weiterhin ein Rädchen in einem riesigen Getriebe, die darauf vertrauen sollten, dass irgendjemand weit oben die richtigen Entscheidungen trifft. Sie haben die Möglichkeit, das Steuer gemeinsam rumzureißen. Mit großem Erfolg: Drei Jahre nach dem herben Verlust war der Jahresüberschuss wieder auf über 500 Millionen Euro hochgeschnellt.

Die Umsatzzahlen zeigten es deutlich, dass es dem Unternehmen gut tat, die Mitarbeitenden mehr einzubinden. Doch wie wirkte sich die Möglichkeit zur Mitgestaltung auf die Menschen im Unternehmen aus? Um das zu verstehen, lassen Sie uns 70 Jahre in die Vergangenheit reisen, von Hamburg in die USA.

In den 1950er Jahren hatte die US-amerikanische Firma General Mills eine Fertigback-Mischung für Kuchen auf den Markt gebracht. Doch das Produkt überzeugte die Verbraucher offensichtlich nicht wirklich, es wurde ein Ladenhüter. Durch eine Konsumentenbefragung verstand das Unternehmen, dass es mit dem Ansatz des Fertigprodukts etwas zu weit gegangen war, und änderte das Rezept. Es verzichtete auf das Eipulver, so dass die Hausfrauen den Backmischungen selbst frisches Ei hinzugeben mussten. Das war der Durchbruch für General Mills' neues Produkt.

Hier zeigt sich ein bemerkenswertes Phänomen. Intuitiv könnte man denken: Die Frauen haben doch nun mehr Aufwand bei der Zubereitung, das macht das Produkt doch unattraktiver! Das Gegenteil aber war der Fall. Durch den kleinen Akt des Ei-Aufschlagens konnten sich die General-Mills-Kundinnen beim Backen selbst einbringen. Es war nun »ihr eigener« Kuchen. Sie griffen seitdem im Einkaufsregal wesentlich öfter nach der neuen Fertigback-Mischung.

Inzwischen ist dieses Phänomen als »Ikea-Effekt« gut erforscht. Lässt man Probanden eine Aufbewahrungskiste auspacken und zusammenbauen, sind diese Menschen bereit, einen um 63 Prozent höheren Preis für das Produkt zu zahlen als eine Vergleichsgruppe, die das bereits fertig zusammengebaute Möbelstück nur aus der Kiste auszupacken brauchte.

Dieser Effekt ist tief verwurzelt und berührt ein neurobiologisches Grundbedürfnis, das uns in die Wiege gelegt wurde: Es ist das Bedürfnis nach Autonomie und Wachstum, das sich ganz konkret in dem Wunsch ausdrückt, mitgestalten zu können und dadurch Einfluss auf unser Lebensumfeld zu nehmen. Dieses Einflussnehmen-Können verleiht uns gerade in herausfordernden Situationen das Gefühl von Kontrolle und beruhigt unser Gehirn. Doch dazu später mehr.

Schauen wir uns zunächst eine andere Auswirkung genauer an. Durch Mitgestaltung und Einbringen eigener Ideen werden in unserem Mittelhirn die emotionalen Zentren aktiviert. Bei den General-Mills-Kundinnen war es das Aufschlagen der Eier, bei der Otto Group die Entwicklung eines neuen Prozesses. Das machte die Ergebnisse zu den eigenen »Babys«.

Die durch Mitgestaltung aktivierten emotionalen Zentren im Gehirn schütten einen Cocktail verschiedenster Botenstoffe aus: Adrenalin, Noradrenalin, Dopamin, aber auch Peptide wie Endorphine und Enkephaline. Der Einfachheit halber lassen Sie uns für diesen komplexen Cocktail einen Begriff nutzen, den ein Freund und Wegbegleiter von mir, der Hirnforscher Dr. Gerald Hüther, vor vielen Jahren geprägt hat: neuroplastische Botenstoffe. Diese Botenstoffe beeinflussen insbesondere einen Bereich unseres Gehirns auf eine positive Art, den Sie inzwischen kennen: unseren präfrontalen Cortex (PFC). Das ist der Teil direkt hinter unserer Stirn, in dem viele unserer höheren kognitiven Fähigkeiten verborgen sind, unsere Exekutivfunktionen. Das sind beispielsweise Fähigkeiten wie: Wichtiges von Unwichtigem unterscheiden zu können, Kreativität, vorausschauende Handlungsplanung, Impulskontrolle, aber auch die Fähigkeit, uns emphatisch in einen anderen Menschen einzudenken oder einzufühlen. Die neuroplastischen Botenstoffe führen im PFC zu zwei wunderbaren Auswirkungen. Zum einen wird dieser richtig aktiv. Wir erhalten besseren Zugriff auf viele unserer Fähigkeiten, die in unseren bestehenden neuronalen Netzwerken gespeichert sind. Zum anderen bewirken die neuroplastischen Botenstoffe das, was bereits in ihrem Namen enthalten ist: Neuroplastizität. Das bedeutet: Die bestehenden neuronalen Netzwerke verändern sich und vernetzen sich neu.

Was heißt das konkret? Bereits miteinander verbundene Nervenzellen können die Anzahl oder Größe ihrer synaptischen Verbindungen erhöhen und dadurch schneller und besser Informationen übertragen. Es können sich auch völlig neue Netzwerke zwischen bisher nicht verbundenen Nervenzellen bilden. Wenn wir mitgestalten und uns einbringen können, schafft das also die Grundlage, dass unser Gehirn sich weiterentwickelt. Durch die neuronale Neuvernetzung entstehen in uns neue Gedanken, neue Verhaltensweisen und neue Fähigkeiten. Wir können das in uns liegende Potenzial besser entfalten. Wir wachsen über uns selbst hinaus.

In unserer Kindheit haben wir unser gestalterisches Bedürfnis täglich neu erlebt – wenn wir spielten, unser Umfeld entdeckten, unserer Neugier nachgingen. Wir haben uns eigene Welten erschaffen, Neues erkundet und Dinge auf merkwürdigste Art und Weise ausprobiert. Wenn beispielsweise das Playmobil-Polizeimotorrad meines kleinen Sohnes nicht vom Fußboden auf das Sofa gelangen kann, dann holt er schnell sein Feuerwehrauto. Er fährt die Drehleiter aus, so dass sie auf der Sofakante aufliegt und braust dann mit dem Motorrad über die Leiter nach oben. Dort oben angekommen erkundet das kleine Motorrad dann ausgiebig alle Kissen.

Unser Gehirn ist in den ersten Jahren unseres Lebens hochplastisch. Es bildet ständig neue Netzwerke aus, löst aber auch Netzwerke auf, die es nicht mehr benötigt. Durch ähnliche Methoden der Kindheit erleben heutzutage manche Menschen im beruflichen Umfeld die Möglichkeit, praktisch gestalten zu können: Sie spielen mit Lego. Ein alter Wegbegleiter von mir, Eric Hofmann von Whitewater Consulting, fährt inzwischen mit seinem Legokoffer bei Unternehmen wie Google, SAP oder ProSiebenSat.1 vorbei und lässt die Mitarbeitenden mit den kleinen Bausteinen ihre berufliche Lebensrealität nachbauen. »Zu Beginn finden manche kopflastige Mitarbeiter das etwas albern, mit Legosteinen etwas nachzubauen«, erzählt mir Hofmann. »Aber nach spätestens fünf Minuten sind die meisten tief abgetaucht und diskutieren mit den Kollegen intensiv, ob der neue Prozess nun mit einem roten oder einem gelben Stein dargestellt werden muss.«

Wir alle tragen solche Referenzerfahrungen des Gestaltens aus den frühen Jahren unseres Lebens in uns. Ich erlebe oft, dass dieses Bedürfnis in kurzer Zeit reaktiviert werden kann, wenn Menschen sich in den passenden Rahmenbedingungen wiederfinden. Wenn ich Unternehmen bei ihrem Kulturwandel begleite, beobachte ich immer wieder, dass Mitarbeitende in den meisten Fällen höhere Kompetenz mitbringen, Lösungen für firmenrelevante Probleme zu finden, als externe Berater. Daher arbeite ich mit Unternehmen, die mich bitten, ihnen bei ihrem Kulturwandelprozess zu helfen, minimal-invasiv. Meine Strategie dabei ist, so wenig Zeit wie möglich in diesen Firmen zu verbringen. Lieber gebe ich einzelnen Protagonisten Methoden an die Hand, mit denen sie den Wandel weitestgehend selbstständig miteinander gestalten können. Während dieser Zusammenarbeit sind sie leidenschaftlich und engagiert bei der Sache und erhalten idealen Zugriff auf ihre höheren kognitiven Leistungen des präfrontalen Cortex. Denn ein Gehirn schüttet bei so einer Erfahrung jede Menge neuroplastischer Botenstoffe aus. In so einem Umfeld entstehen dann Ideen wie die kontaktlose Paketübergabe der Hermes-Boten.

Auch außerhalb unseres Berufs können wir dafür sorgen, dieses Grundbedürfnis der Mitgestaltung in unserem Leben bestmöglich erfüllt zu bekommen. Wenn wir uns bewusst und immer wieder dafür entscheiden, unsere Lebensumstände so aktiv wie möglich selbst zu gestalten, erhalten wir mehr Zugriff auf unsere höheren kognitiven Leistungen und das in uns liegende Potenzial.

Wenn wir genau darauf achten, merken wir, dass wir im Grunde zwei Triebfedern dafür in uns tragen: »Pain and Pleasure« – Schmerz und Freude.

Wir erleben etwas Unangenehmes und wollen es verändern: Eine »Weg von«-Bewegung entsteht.

Wir erleben oder antizipieren etwas Angenehmes und wollen mehr davon. Es entwickelt sich ein »Hin zu«-Antrieb.

Bei beiden Bewegungsrichtungen lohnt es sich, die Möglichkeit der Mitgestaltung mit all ihren wunderbaren neurobiologischen Auswirkungen besser zu verstehen. Lassen Sie uns das jetzt tun, denn es gibt dabei einige Details zu beachten. Beginnen wir mit der »Hin zu«-Bewegung.

Ist es ein Traum, oder ist es ein Ziel?

Ich erinnere mich an eine Arbeitskollegin, mit der ich vor einigen Jahren in dem Schweizer Telekommunikationsunternehmen Swisscom zusammenarbeitete. Damals, im Jahr 2007, war gerade ein Buch in den Bestsellerlisten, das den Lesern versprach, alles erreichen zu können, was sie sich wünschten, wenn sie ihr Ziel nur ausreichend oft und klar visualisierten. Die Kollegin hatte gerade eine Art spirituelle Erwachensphase, wie sie meinte, und visualisierte sich mithilfe des Buchs regelmäßig einen bestimmten Geldbetrag auf ihrem Konto. Da sie oft davon erzählte, fragte ich eines Tages nach, bis wann denn das Geld eintreffen sollte und ab wann sie wüsste, dass es vielleicht nicht klappt. Sie brach in Tränen aus und warf mir vor, dass ich durch meine Fragen Zweifel in ihr gesät hätte. Und durch diese Zweifel wäre nun keine saubere Visualisierung mehr möglich. So stünde es in dem Buch. Vielleicht habe ich die Frau ja damals um ein Vermögen gebracht. Zugleich erinnerte mich ihr Verhalten an eine Parabel:

In einem kleinen Dorf regnete es sehr stark, und der Wasserpegel stieg rasch an. Die Nachbarn klopften an die Tür eines gläubigen Mannes und schlugen ihm vor, ihn in ihrem Auto an einen sicheren Ort mitzunehmen. Er lehnte dankend ab. »Habt vielen Dank, aber Gott wird mich beschützen.« Einige Stunden später konnten keine Autos mehr passieren. Die Feuerwehr kam mit einem Schlauchboot vorbei, um den Mann aus seinem Haus zu befreien. Abermals lehnte er ab. »Gott wird sich um mich kümmern«, erwiderte er. Schließlich stieg das Wasser so sehr, dass er auf das Dach seines Hauses klettern musste. Nach kurzer Zeit kreiste ein Hubschrauber über ihm und ließ ein Seil herab. Er winkte den Helfern und signalisierte ihnen, ohne ihn weiterzufliegen, da Gott sich um ihn kümmern werde. Als schließlich das Wasser so hoch stieg, dass er nur noch auf Zehenspitzen stehend Luft bekam, schwamm ein großer Baumstamm langsam an ihm vorbei. »Gott wird mich erretten«, dachte er noch und ließ den Baumstamm an sich vorbeiziehen. Wenige Minuten später ertrank der Mann und fuhr zum Himmel auf. Dort angekommen beschwerte er sich fürchterlich bei Gott, wie dieser ihn denn so habe im Stich lassen können bei all dem Glauben, den er in sich trage. »Was hätte ich denn noch tun sollen?«, erwiderte dieser. »Ich habe dir deine Nachbarn und die Feuerwehr geschickt, ich habe sogar einen Hubschrauber organisiert und zuletzt auch noch einen großen Baum aufgetrieben. Aber du selbst hast dich nie bewegt!«

Das Phänomen, das ich bei meiner damaligen Kollegin beobachtete, scheint die Menschheit schon länger zu begleiten. Nur kann es deutlich dramatischere Auswirkungen haben. »Die Optimisten starben zuerst«, berichtet Vizeadmiral James Stockdale in einem Interview mit dem Autor Jim Collins. Der ehemalige Kandidat für die US-Vizepräsidentschaft und einer der am höchsten dekorierten Offiziere in der Geschichte der US Navy verbrachte sieben Jahre in vietnamesischer Kriegsgefangenschaft. Über 20 Mal wurde er während dieser Zeit gefoltert. »Man darf den Glauben an ein gutes Ende niemals mit der Disziplin vermischen, sich mit der Realität zu konfrontieren«, ergänzt er.

Stockdale hat während der Gefangenschaft etwas in sich entwickelt, das später als das »Stockdale-Paradox« bekannt geworden ist. Er war in der Lage, zwei mentale Zustände gleichzeitig in sich zu entwickeln: Er hoffte auf das Beste, war sich jedoch ständig der brutalen Realität bewusst. Die Gefangenen dagegen, die nur hofften und die Realität dabei ausblendeten, zerbrachen und starben. »Die Optimisten glaubten, dass wir zu Weihnachten befreit sein würden«, erinnert Stockdale sich. »Als Weihnachten vorbei war, sagten sie sich: ›Zu Ostern sind wir raus‹. Dann kam Thanksgiving und dann das nächste Weihnachtsfest. Sie starben an gebrochenen Herzen.«

Viktor Frankl, den Sie aus dem ersten Kapitel bereits kennen, berichtet in seinem Buch *… trotzdem Ja zum Leben sagen – Ein Psychologe erlebt das Konzentrationslager* über ein ähnliches Phänomen. Zwischen Weihnachten und Neujahr des Jahres 1944 verstarben besonders viele der KZ-Häftlinge. Sie hatten auf eine Befreiung zu Weihnachten gehofft. Als diese ausblieb, raubte die Mutlosigkeit ihnen die letzte Lebensenergie.

Auch wenn die Herausforderungen, mit denen wir heutzutage in unseren Leben konfrontiert sind, nicht annähernd an diese barbarischen Umstände heranreichen, so können wir aus den Denkmustern der damaligen Begebenheiten etwas Wichtiges mitnehmen. Der positive Glaube kann uns vorübergehend Hoffnung schenken und uns Energie geben. Doch nur auf ihn allein fokussiert zu bleiben, ist riskant. Denn ein Ausblenden der Realität kann uns schwächen. Das geschieht nicht nur in schwierigen Situationen, sondern auch dann, wenn wir uns in einer »Hin zu«-Bewegung befinden, also in solchen Momenten, in denen wir Träume, persönliche Vorhaben oder eigene Ziele vor Augen haben.

Shelly Taylor, Psychologieprofessorin an der University of California, Los Angeles, hat das in einer einfachen und zugleich eindrucksvollen Studie verdeutlicht. Sie bat Studierende, sich vorzustellen, dass sie in einer in Kürze anstehenden Klausur eine besonders gute Note erhalten würden. Die Teilnehmenden sollten sich tief darauf konzentrieren, wie gut es sich anfühlen würde, so erfolgreich zu sein. Das Ergebnis: Die Probanden blendeten die Realität aus, dass sie das für die Klausur erforderliche Wissen noch nicht beherrschten. Sie lernten daher weniger und erhielten schlechtere Noten als die Kontrollgruppe in Taylors Studie.

Was bei vielen der gut gemeinten »Stellen Sie sich Ihre ideale Zukunft vor, und das Universum wird es Ihnen möglich machen«-Ansätzen fehlt, ist der Realitätscheck. Vielleicht hat »das Universum« ja gerade ganz andere Prioritäten, als uns auf magische Weise die erwünschte Million Schweizer Franken auf unser Konto zu überweisen. Ernsthaft: Sich eine ideale Zukunft vorzustellen, ist wirklich hilfreich, um innerlich in einen guten Zustand zu gelangen, wie wir von Anthony Jacks Studien aus Kapitel 1 wissen. Das parasympathische Nervensystem und das »Safety-Signal« werden aktiv. Zudem schütten die emotionalen Zentren im Mittelhirn neuroplastische Botenstoffe aus und helfen uns, auf ideale Weise Zugriff auf die höheren neuronalen Netzwerke unseres präfrontalen Cortex zu erhalten. Neurobiologisch betrachtet ist das ein ziemlich guter Zustand. Wir dürfen dort nur nicht verharren!

Wir brauchen Strategien für Widerstände

»Wenn wir jemandem ein paar Hunderttausend oder sogar mehrere Millionen Euro in die Hand drücken wollen, schauen wir uns diesen Menschen natürlich vorher sehr genau an«, erklärt mir Christian Meermann. Der großgewachsene blonde Wahlberliner ist ein sogenannter »Seed-Investor«: Er investiert in Menschen mit guten Geschäftsideen – und das in einer sehr frühen Phase, wenn häufig nur die Idee, aber noch kein Produkt vorhanden ist. Meermann kann sich dann nur vorstellen, was daraus entsteht – so wie man sich ein Blumenbeet vorstellt, wenn man Samen sät. Daher auch der Begriff »Seed-Investments«. Begonnen hat Meermann mit eigenem Geld: Er war von 2010 bis 2013 Chief Marketing Officer bei dem Versandhändler Zalando und hatte, wie damals viele seiner Kollegen, anstatt eines hohen Gehalts Firmenanteile von Zalando erhalten. Diese konnte er kurz vor dem Börsengang des Unternehmens verkaufen. Zusammen mit dem damaligen Zalando-Kollegen und Studienkommilitonen Filip Dames vertrauten sie einen Teil des Erlöses den Gründern von Firmen wie dem Reisebusunternehmer Flixbus, dem Gebrauchtwagenmarkt Auto1.com oder dem Sexspielzeughersteller Amorelie an. Amorelie wurde später von ProSiebenSat.1 gekauft, Flixbus ist inzwischen über zwei Milliarden Euro wert, Auto1 knapp drei. Diese Samen sind also schon mal voll aufgeblüht.

Dames und Meermann haben dann im Jahr 2012 eine eigene Firma für die Seed-Investments gegründet: Cherry Ventures. Sie legten anfangs als Hobby ihr eigenes Kapital in Start-ups an. Ab dem Jahr 2016 war es jedoch nicht mehr nur ihr Privatvermögen, sondern sie haben weiteres Geld von Investoren eingesammelt und mehrere Fonds aufgelegt. Inzwischen sind es mehrere Hundert Millionen Euro geworden, die sie in Menschen und deren Ideen investieren können. Das 20-köpfige Team prüft pro Jahr rund 2 000 Unternehmen. Aus den 2 000 Kandidaten wählen sie maximal 15 Firmen aus, denen sie Geld anvertrauen. »Wir brauchen Gründer mit einer starken Vision und einer Geschäftsidee, die uns überzeugt«, sagt Meermann. »Doch mindestens genauso wichtig wie die Geschäftsidee ist ein Team, das diese vorantreibt. Der Weg eines Start-ups ist mit vielen Hindernissen gepflastert, und wir müssen das Gefühl haben, dass diese Menschen in der Lage sind, damit umzugehen.« Meermann spricht von einer Fähigkeit, die im Englischen »Knowing the Unkown« genannt wird: Es ist die Fähigkeit der Gründer, Widerstände vorherzusehen und Strategien zu entwickeln, um diese zu überwinden.

»Ich frage oft: ›Was sind wohl die Probleme, auf die ihr stoßen werdet?‹, um herauszufinden, wie vorausschauend diese Menschen denken«, erzählt mir Meermann. »Dieser Evaluationsprozess ist nicht so ein Schauspiel wie in der Fernsehsendung *Die Höhle der Löwen*. Es herrscht ein respektvoller Umgang miteinander. Allerdings bohren wir durchaus sehr tief nach.« Denn immerhin erhalten die Gründer zwischen 300 000 und 5 Millionen Euro von Cherry Ventures. Dafür brauchen sie eine gesunde Mischung aus naivem Tatendrang und der Fähigkeit, Probleme zu antizipieren. »Die meisten Menschen würden sich wohl nicht selbstständig machen, wenn sie vorher gewusst hätten, was da alles auf sie zukommt«, sagt Meermann. »Aber nur blauäugig an etwas zu glauben und zu hoffen, dass es schon klappt, ist natürlich auch keine gute Idee.«

»Um die 30 bis 40 Prozent unserer Investitionen können wir abschreiben«, sagt Meermann. So ein Durchschnitt ist normal in der Branche. Wenn sich die Investitionen dennoch lohnen sollen, dann sollten ein bis zwei der 20 bis 30 Firmen, in die sie mit jeweils einem ihrer Fonds investieren, es schaffen, ein »Einhorn« zu werden. So nennt man Unternehmen, die eine Marktbewertung von über einer Milliarde Euro erreichen. Auto1 und Flixbus haben das beispielsweise erreicht. »In so einer frühen Phase, in der wir investieren, hat Investitionserfolg viel mit Menschenkenntnis zu tun«, sagt Meermann. »Knowing the Unknown, das Voraussehen von Schwierigkeiten, ist ein Indikator, der uns hilft zu verstehen, ob der Gründer das Zeug dazu hat, erfolgreich zu sein. Unser Job ist es dann, ihnen viele der möglichen weiteren Hindernisse zu zeigen.«

Eine oft unterschätzte Herausforderung sind die zukünftigen Mitarbeitenden. Schließlich finden Seed-Investments zu einem Zeitpunkt statt, bei dem außer den Gründern meist noch keine weiteren Menschen mit an Bord sind. Meermann hat dafür zwei Personalprofis in seinem Team, die den Gründern, in die sie investieren, dabei helfen, die passenden Mitarbeitenden zu finden.

Eine weitere Hürde ist das Akquirieren weiterer und oft deutlich höherer Investorengelder. Daher coacht Cherry die Gründer, damit sie auch diese Herausforderung meistern.

Meermann kennt die Probleme der jungen Gründer noch aus den Zeiten, als er selbst Teil eines Start-ups war. Als Chief Marketing Officer bei Zalando kam es auch bei ihm immer wieder vor, dass er vom Tagesgeschäft vereinnahmt wurde. Das gleiche Phänomen beobachtet er nun bei den Firmen, in die Cherry investiert hat. Die Gründer der Start-ups werden von den operativen Alltagsaufgaben so sehr vereinnahmt, dass sie oft vergessen, die strategische Perspektive einzunehmen und weiter in die Zukunft zu schauen. Doch Meermann weiß: Ein guter Gründer muss immer wieder in der Lage sein, zwischendurch den Schritt zur Seite zu machen, um abzuwägen, ob der Kurs noch stimmt, und um neue Probleme vorauszusehen, die auf sein Start-up zurollen.

Das, was Shelly Taylor in ihrer Studie mit den von guten Zensuren träumenden Studierenden erlebte und was Christian Meermann bei den Gründern als wichtiges Auswahlkriterium für riskante Investitionen ansieht, hat Gabriele Oettingen erforscht. Die Professorin für Psychologie an den Universitäten Hamburg und New York hat den hinderlichen Effekt rein positiver Zielvisualisierungen erkannt. In einer Studie mit Frauen, die abnehmen wollten, verloren diejenigen am wenigsten Gewicht, die sich selbst in schlanker Gestalt besonders gut vorstellen konnten. »So angenehm positive Zukunftsträume sind, so sehr werden sie zum Problem, wenn es um ihre Erfüllung geht«, erzählt Oettingen. »Wenn Menschen ein Ziel visualisieren, fühlen sie sich bereits am Ziel und legen die Hände in den Schoß. Die Energie geht ihnen verloren. Wir können das am Blutdruck messen!«

Visualisierungen können etwas sehr Hilfreiches und neuronal Aktivierendes sein, wie Sie im Laufe dieses Kapitels immer wieder erfahren werden. Sie müssen nur mit detailreichen Schritten versehen sein. Die eher hinderlichen Formen der Zukunftsträume, die Oettingen beobachtete, waren die, bei denen Menschen sich ausschließlich das erwünschte Ziel vorstellten. Oettingen berichtet von Hochschulabsolventen, die in einer Studie leidenschaftlich über einen guten Übergang ins Berufsleben fantasierten. Die Visualisierungen führten jedoch dazu, dass sie sich seltener bewarben als eine Vergleichsgruppe. Sie erhielten weniger Jobangebote und verdienten noch zwei Jahre später weniger Geld als diejenigen, die um ihre Zukunft hart gekämpft hatten, anstatt sie nur zu erträumen.

Die Wissenschaftlerin hat die Zielvisualisierungen um eine wichtige Zutat ergänzt, die das Ganze plötzlich hochwirksam und erfolgreich macht. Sie entwickelte eine Methode, die an das Stockdale-Paradox erinnert. Man verbindet den Traum von einer idealen Zukunft mit den realistischen Hürden, die einem auf dem Weg dorthin begegnen können. Sie nennt diese Strategie »mentales Kontrastieren«. Während bei James Stockdale die harte Realität bereits präsent war (»Ich bin in einem vietnamesischen Gefangenenlager«), so wird diese in Oettingens Ansatz antizipiert. Wenn man beispielsweise das Ziel verfolgt, jeden Tag für eine Stunde joggen zu gehen, denkt man vorher über die möglichen Widerstände nach: Es regnet, zu Feierabend ist es schon dunkel, überhaupt hat man nach der Arbeit viel zu viel Hunger, als dass man Laufen gehen könnte. Man verweilt jedoch mental nicht bei den Hindernissen, sondern erarbeitet im Vorfeld bereits Strategien, wie man diese Hindernisse, wenn sie tatsächlich eintreffen sollten, überwinden könnte. Das ist auch eine der Qualitäten, auf die Meermann achtet: Die Gründer, denen er sein Geld anvertraut, müssen die Fähigkeit haben, Schwierigkeiten zu antizipieren, und Strategien entwickeln, diese zu meistern. Und falls sie nicht in der Lage sind, Schwierigkeiten realistisch vorherzusehen, weist Meermann sie mit seiner Erfahrung darauf hin.

Diese Vorgehensweise ist aus neurobiologischer Perspektive sehr interessant. Denn durch die Visualisierung des Zielzustandes mit all seinen angenehmen Auswirkungen aktivieren wir unsere emotionalen Zentren. Es werden neuroplastische Botenstoffe ausgeschüttet, und der präfrontale Cortex erhält guten Zugriff auf die in ihm liegenden höheren geistigen Leistungen. Das ist ein idealer Zustand, um schon im Voraus Lösungen für die möglichen zukünftigen Widerstände zu entwickeln!

Erleben wir die Problemsituation später tatsächlich, haben wir bereits mögliche Lösungsstrategien parat. Wenn wir hingegen unvorbereitet in eine Problemsituation geraten, sind wir neuronal eher in einer Übererregung und haben nur begrenzten Zugang zu unseren Lösungsfindungskompetenzen.

Professorin Gabriele Oettingen erweiterte ihr Konzept noch um etwas, das sie von ihrem Ehemann, Peter Gollwitzer, übernommen hatte. Der Sozial- und Motivationspsychologe, der in New York an derselben Universität wie Oettingen forscht und lehrt, hat die Wenn-dann-Strategie entwickelt. Nachdem Oettingen seine Strategien mit ihren verknüpft hatte, entstand folgende Methode:

1. Man setzt sich ein persönliches Ziel und stellt sich intensiv vor, was sich durch die Erreichung des Ziels positiv verändern würde.
2. Man antizipiert die möglichen Widerstände und Hürden auf dem Weg dahin.
3. Man entwickelt konkrete Verhaltensweisen, diese Widerstände zu überwinden. Dabei hilft es, Gollwitzers Wenn-dann-Strategie anzuwenden: Wenn Situation X eintritt, dann werde ich Y tun.

Ich selbst wende diese Methode übrigens auch an. Das Ergebnis halten Sie gerade in der Hand. Während ich mein zweites Buch *Digitalisieren mit Hirn* schrieb, kam mir die Idee zu dem Buch, das Sie gerade lesen. Doch es dauerte noch einige Jahre, bis mir klar war, was ich damit eigentlich erreichen will.

Insbesondere das Wohlwollen, die Menschen-Zugewandtheit aus Kapitel 3 war mir wichtig und wurde mir während des Schreibens immer wichtiger. Ich erlebe in den sozialen Medien schon seit Jahren eine erschreckende Verrohung, mit der viele Menschen miteinander umgehen. Das ist keine Welt, in der ich meinen Sohn aufwachsen sehen möchte. Diese Art des Umgangs widerspricht der Art und Weise, wie ich mir ein menschliches Miteinander vorstelle. Während ich diese Zeilen schreibe, stecken wir mitten in der Corona-Krise, und diese Dynamik wird noch schlimmer. Wenn es mir gelingt, bei meinen Lesern und Leserinnen durch die Kombination von Wissenschaft und Beispielen echter Menschen wie Matthieu Ricard oder Olga Klimecki ein Verständnis für die Vorteile einer wohlwollenden Haltung zu vermitteln – und sie vielleicht dazu bewegen kann, es selbst einmal auszuprobieren – und sie dadurch zu Multiplikatoren werden und andere inspirieren, dann wäre ich bereits sehr glücklich und die 18 Monate Arbeit an dem Buch hätten sich für mich gelohnt!

Schritt eins aus Oettingens Methode war damit abgeschlossen: Ich wusste, was ich will und warum es mir wichtig ist.

Jetzt musste ich das Thema Widerstände angehen.

Mein antizipiertes Problem: Ich werde vom Tagesgeschäft und den vielen Reisen immer wieder aus dem Denk- und Schreibprozess gerissen.
Meine Strategie: Ich habe mir mit einem Jahr Vorlauf einen Zeitraum von mehreren Monaten reserviert. Den halte ich mir von anderen Aufgaben frei, um in Ruhe schreiben zu können.

Mein antizipiertes Problem: Ich werde wohl – wie schon bei meinen früheren Büchern – in der Schlussphase unter Zeitdruck kommen und 18-Stunden-Tage machen müssen.
Meine Strategie: Ich setze mir selbst eine Deadline für die Fertigstellung des Manuskripts, die einige Wochen vor der tatsächlichen Abgabe an den Verlag liegt. (Update: Während ich gerade mein gesamtes Manu-

skript ein letztes Mal komplett durchlese, merke ich, dass ich tatsächlich noch Luft bis zur Abgabe habe.)

Mein antizipiertes Problem: Während der geblockten Monate könnten kurzfristige Anfragen für lukrative Aufträge kommen.
Meine Strategie (jetzt nutze ich das Wenn-dann-Muster): Wenn eine solche kurzfristige Anfrage kommt, dann lehne ich sie kategorisch ab. Ich entscheide mich im Vorfeld bewusst dafür, so dass ich bei Eintreten der Situation nicht mehr darüber nachdenken muss.

Mein antizipiertes Problem: Ich werde viel zu viel Zeit in meinem Büro und kaum in der Natur sein.
Meine Strategie: Ich schreibe in der kalten Jahreszeit, denn dann ist es einfacher, viel Zeit im Haus zu verbringen. Während der Schreibphase gehe ich alle zwei Tage in Thermokleidung im Wald joggen.

Mein antizipiertes Problem: Ich kann nur eine bestimmte Anzahl von Stunden sehr fokussiert denken, daher werde ich viel Zeit ineffektiv verbringen.
Meine Strategie: Ich werde während der Schreibphase intermittierend fasten und esse nur an 8 von 24 Stunden etwas. Das intermittierende Fasten soll Energie und Fokus steigern. Und ich werde konsequent jeden Morgen Kriya-Yoga machen und meditieren, um meine Intuition zu verbessern.

Die Liste war noch etwas länger, doch ich hoffe, sie war ausreichend, damit Sie das Muster verstehen konnten.

Als Wissenschaftlerin hat Gabriele Oettingen die Wirkung dieses Ansatzes in vielen Studien mit unterschiedlichen Probandengruppen untersucht. Bei Managern konnte sie nach nur zwei Wochen eine um 20 Prozent bessere Zeiteinteilung und effektivere Fertigstellung kleiner Projekte messen. Probanden, die mehr Sport treiben wollten, waren nach vier Monaten doppelt so aktiv wie die Kontrollgruppe. Ich persönlich finde eine andere Studie besonders beeindruckend. Oettingen führte sie mit 255 Menschen durch, die sich gesünder ernähren wollten. Allen Teilnehmenden wurden in zweistündigen Sitzungen die Vorteile einer Ernährung vermittelt, die reich an Obst und Gemüse ist. Einem Teil der Gruppe erklärte man zudem die oben beschriebene Methode. Zu Beginn machte es keinen Unterschied, ob die Teilnehmenden dieses Zusatztool anwendeten oder nicht. Nach zwei Monaten nahmen alle Probanden im Durchschnitt 20 Prozent mehr Obst und Gemüse zu sich. Nach vier Monaten begann sich jedoch die Spreu vom Weizen zu trennen: In der Kontrollgruppe war der Obst- und Gemüseanteil auf 17 Prozent abgesackt, in der Oettingen-Gruppe aber stieg er auf 32 Prozent. Nach zwei Jahren war das Ergebnis noch eindeutiger. Zwar war der Obst- und Gemüseanteil auch in der Ernährung der Teilnehmenden, die ihre Widerstände antizipiert hatten, von 32 Prozent auf 28 Prozent gefallen. Das aber war immer noch ein erstaunlich hoher Wert im Vergleich zu der Kontrollgruppe, deren Obst- und Gemüseanteil auf 7 Prozent abgerutscht war.

Zukunftsträume geben uns Energie. Doch wir müssen Widerstände antizipieren und Strategien entwickeln, wie wir diese überwinden, um in Bewegung zu kommen und langfristig erfolgreich zu sein.

Mentale Generalprobe

»Visualisierungen habe ich in allen Bereichen meines Lebens genutzt«, schreibt Kampfkunstlegende und Filmstar Chuck Norris auf seiner Facebook-Seite. »Tatsächlich war das während meiner aktiven Kampfzeit eines meiner besten Trainingsgeheimnisse.«

Chuck Norris visualisierte jedoch nicht nur sein Ziel und legte die Hände in den Schoß, wie Oettingen es bei den Probanden ihrer früheren Studien beobachtet hatte. Wenn ein Kampf anstand, dann spielte er diesen komplett und detailreich in Gedanken durch. Er durchdachte jede seiner Handlungen, die er durchführen würde. Diese Form des mentalen Trainings führte er früh in die Welt des Sports ein. Loren Christensen, der selbst mit dem »Life Achievement Award« der Martial-Arts-Vereinigung Masters Hall of Fame ausgezeichnet wurde, schreibt in seinem Buch *Mental Rehearsal for Warriors*: »Meine erste Begegnung mit Visualisierungen war bei einem Chuck-Norris-Seminar in den 1980er-Jahren.« Norris' mentales Trainings wurde fester Bestandteil seiner Kampfkunstschule United Fighting Arts Federation. »Ich sehe nach drei Wochen bereits messbare Ergebnisse«, erzählt der damalige Trainer Jeff Scott. Wenn die Schüler Norris' mentale Vorbereitungsmethoden in ihr Training aufnahmen, konnte Scott schon nach 21 Tagen deutliche Verbesserungen in ihren Tritten und der Gesamtleistung wahrnehmen.

Doch nicht nur in den USA, sondern auch auf der anderen Seite des Eisernen Vorhangs erlebten Sportler die Vorzüge detailreicher Visualisierungen. Während der Vorbereitungsphase auf die Olympischen Spiele 1980 testeten russische Wissenschaftler und Sporttrainer die Auswirkungen mentaler Vorbereitung auf die Teams. Sie unterteilten die Sportler in vier Gruppen. Die erste Gruppe erhielt ausschließlich körperliche Trainingseinheiten. Die zweite Gruppe verbrachte 25 Prozent der Trainingszeit mit Visualisierungen. Bei der dritten Gruppe lag das Verhältnis von mentaler und physischer Vorbereitung ausgeglichen bei 50 zu 50. Die vierte Gruppe verbrachte 75 Prozent der Trainingszeit mit Visualisierungen. Was schätzen Sie, welche Gruppe die höchste Leistungssteigerung erreichte?

Es war Gruppe vier. Gefolgt von drei, zwei und eins. Genau in dieser Reihenfolge.

Wo wir gerade in Russland sind – der Schachspieler Natan Sharansky, der neun Jahre in sibirischer Gefangenschaft war, spielte in dieser Zeit in Gedanken gegen sich selbst Schach. Es waren Tausende Partien, die ihm in der Isolationshaft halfen, seinen Verstand nicht zu verlieren. Sharansky gilt in der Welt des Schachs zwar nur als Amateur, doch nach seiner Freilassung konnte er Schachlegende Gary Kasparov besiegen. Nach einem dreistündigen Spiel starrte der Großmeister sekundenlang unbewegt auf das Schachbrett, um dann Sharansky seine Hand entgegenzustrecken und die eigene Niederlage anzuerkennen.

Die deutsche Psychologin Dr. Britta Lorey zeigte in ihrer mehrfach prämierten Dissertationsarbeit, weshalb diese mentale Vorbereitung einen so großen Unterschied macht. In mehreren Experimenten machte sie von insgesamt 50 Probanden fMRT-Aufnahmen. Während sie in ihre Gehirne schaute, bat sie die Teilnehmenden, sich verschiedene Bewegungen ihres Körpers vorzustellen. »Wir konnten im Gehirn ein Aktivitätsmuster erkennen, das dem einer realen Bewegung ähnlich ist«, erzählt Lorey. Die Visualisierung einer Handlung lässt die gleichen neuronalen Netzwerke hochfahren, die wir auch nutzen, wenn wir die Handlung tatsächlich ausführen. Und genau das war der wesentliche Unterschied zwischen den Studierenden mit den Zensurträumen und den abnehmwilligen Frauen auf der einen Seite und den russischen Sportlern, den Schülern von Chuck Norris und dem sibirischen Häftling auf der anderen Seite. Erstere visualisierten nur das gewünschte Ereignis und verweilten dann im Lala-Land. Letztere visualisierten außer ihrem Wunschziel auch alle Schritte, die sie gehen mussten, um dorthin zu gelangen. Dieses »Mental Rehearsal«, die »mentale Generalprobe«, bildete schon im Voraus einen Teil der neuronalen Netzwerke aus, die die Menschen später in der echten Premiere brauchten. Chuck Norris kennt das auch aus anderen Bereichen seines Lebens: »Ich beginne niemals eine neue Geschäftsidee«, schreibt er auf seiner Facebook-Seite, »ohne vorher das Endziel und alle Schritte dorthin visualisiert zu haben.«

Mentale Generalproben können uns helfen, im Praxisfall den idealen Zugriff auf unseren präfrontalen Cortex und unsere höheren kognitiven Leistungen zu haben. Weshalb? Der PFC ist bei jeder neuen bewussten Handlung zu einem hohen Maß eingebunden. Denken Sie an Ihren Arbeitsweg. Als Sie ihn das allererste Mal gegangen oder gefahren sind, waren Sie wahrscheinlich mit hoher Aufmerksamkeit dabei. Sie achteten auf die Umgebung der Weggabelung, an der Sie abbiegen müssen, vielleicht sind Sie dafür sogar früher losgegangen als nötig. Es fühlte sich damals auch anders an als heute. Es war etwas Besonderes, vielleicht war es sogar ein bisschen aufregend. »Jedem Anfang wohnt ein Zauber inne«, beschreibt Hermann Hesse diese Premieren so wundervoll. Das ist genau der Zustand, in dem wir unseren PFC voll nutzen.

Und jetzt erinnern Sie sich, wie Sie Ihren Weg zur Arbeit in den vergangenen Tagen erlebten.* Vielleicht waren Sie am Telefon, Sie hörten die Nachrichten oder Sie dachten über etwas Wichtiges nach. Und ganz automatisch kamen Sie dennoch an. Denn um Ihren Arbeitsweg kümmern sich jetzt Ihre Basalganglien. Das sind mehrere Gebiete, die unterhalb Ihrer Großhirnrinde liegen. Hierhin lagert der PFC die Ablaufmuster für

---

* Falls Ihr Arbeitsplatz im Moment das Homeoffice ist, wählen Sie alternativ den Weg zum Supermarkt, Kindergarten oder etwas Ähnliches.

bestimmte Handlungen aus, die nicht mehr seine volle Aufmerksamkeit brauchen. Das ist es, was man auch mit »es ist in Fleisch und Blut übergegangen« bezeichnet. Das Wunderbare an diesen Basalganglien ist, dass sie viel weniger Glukose als der PFC benötigen. Auf diese Weise verbraucht die gleiche Handlung neuronal also deutlich weniger Energie.

Zurück zu unseren mentalen Generalproben: Wenn wir zukünftige Ereignisse und unser eigenes Verhalten dabei mehrfach im Kopf detailreich durchgespielt haben, dann sind sie für den PFC nicht mehr allzu neu. Er kann Teile dieses zukünftigen Verhaltens also direkt in die Basalganglien auslagern. Wenn dann die Zeit gekommen ist und wir die Premiere der Handlung tatsächlich meistern müssen, haben wir unseren Kopf wortwörtlich »frei«. Wenn dann etwas Unvorhergesehenes eintritt, hat unser PFC mehr Ressourcen zur Verfügung und kann das Unvorhergesehene besser meistern.

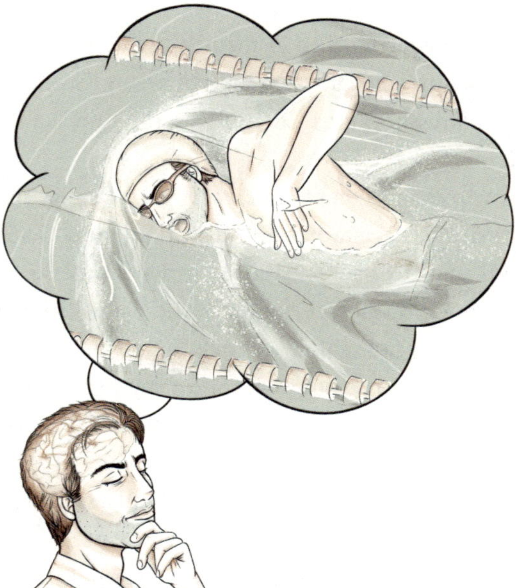

Durch mentale Generalproben bilden wir bereits neuronale Netzwerke in unserem Kopf, die wir bei der späteren Handlung nutzen können. Wir haben dadurch bei der Premiere den Kopf freier.

Mitgestaltung beruhigt uns, wenn eigentlich alles schwierig ist

Lassen Sie uns nun die »Weg von«-Bewegung betrachten, um herauszufinden, weshalb Mitgestaltung auch hier so wichtig ist.

Wir alle kennen Situationen, die wir als unangenehm empfinden. Vielleicht ist es Stress mit dem Partner, Unruhe in der Firma aufgrund einer schlechten Auftragslage oder die wiederholt lärmende Nachbarin. »Das Leben ist kein Ponyhof – Augen zu und durch«, denkt sich dann mancher. Dabei ist die Haltung »Ich ertrage das jetzt einfach« bei weitem die ungünstigste Variante, wie Sie aus dem ersten Kapitel wissen. Erinnern Sie sich noch an Philippe Goldins Studie aus dem ersten Kapitel, in der die Teilnehmenden Filme von Menschen sahen, die schlimmste Verletzungen hatten oder sich stark übergeben mussten? Diese Filme auf sich wirken zu lassen und durch »Expressive Suppression« ein Pokerface zu machen, führte nur zu hohem inneren Druck. »Ich bin nur der Spielball und nicht der Spielmacher in meinem Leben« – mit dieser Überzeugung tun wir uns und unserem Körper wenig Gutes. Wir schütten Unmengen des Stresshormons Cortisol aus, die Kopf und Körper langfristig schaden.

Versuchen wir es mit einem anderen Ansatz: Annie Bollini von der Emory University in Atlanta hat die Auswirkung des Gefühls von Mitgestaltung in unangenehmen Situationen genauer untersucht. Stellen Sie sich vor, Sie wären Proband bei Annies Studie. Sie bekommen Kopfhörer aufgesetzt und sollen Matheaufgaben lösen. Durch die Kopfhörer dröhnen 95 Dezibel laute Geräusche wie weinende Babys, schreiende Menschen und Geräusche von Fingernägeln auf einer Schultafel. Alle sechs Minuten steckt Annie Ihnen einen Wattebausch in den Mund, um eine Speichelprobe zu entnehmen. Damit misst sie den Cortisolgehalt, ein Indikator für körperlichen Stress. Nachdem Sie das alles eine ganze Zeitlang über sich haben ergehen lassen, geht es in eine neue Runde. Annie stellt Ihnen einen roten Knopf vor die Nase. Dann bittet sie Sie wieder, Ihre Matheaufgaben zu lösen, und setzt Ihnen die Kopfhörer auf. Zuvor hat sie jedoch noch erklärt: »Wann immer Sie die Lautstärke der Geräusche reduzieren wollen, drücken Sie auf den Knopf. In den folgenden 20 bis 40 Sekunden werden die Töne langsam leiser. Danach erhöht sich die Lautstärke wieder.«

Die zweite Runde startet. Wie zuvor misst Annie alle paar Minuten Ihren Speichel. Vielleicht gehören Sie zu den 81 Prozent der Teilnehmenden der Studie, die tatsächlich den Knopf drücken. Sie ertragen die Situation nicht mehr einfach so, sondern Sie nehmen das Steuer in die Hand. Tatsächlich bemerken Sie, dass sich die Lautstärke verringert. »Hatten Sie das Gefühl, dass Sie durch das Drücken des Knopfes den Ton verändert haben?«, fragt Annie Sie im Anschluss. Falls Sie mit Ja antworten, zeigt die Wissenschaftlerin Ihnen Ihre Ergebnisse: In Runde eins blieb Ihr Stresslevel konstant hoch. In Runde zwei dagegen ist er im Verlauf des Experiments deutlich gesunken, das können Sie an dem Cortisolgehalt in Ihrem Speichel erkennen. »Ja, ja«, mögen Sie denken. »Ist doch klar, dass bei geringerem Krach der Stress auch sinkt.« Doch auch als der Ton nach einiger Zeit wieder lauter wurde, blieb trotzdem die Cortisolausschüttung weiterhin gering. Ein weiterer Hinweis, dass nicht die Lautstärke allein das Stresslevel beeinflusste: In Annies Studie gab es Teilnehmende, die auf den Knopf gedrückt hatten, aber dennoch zu Protokoll gaben: »Ich hatte nicht das Gefühl, dass sich die Lautstärke des Tons verändert hat.« Bei diesen Menschen blieb der Cortisolspiegel konstant hoch. Also reagierte das Stresslevel nicht allein auf den äußeren störenden Reiz, sondern insbesondere auch auf das Gefühl, selbst Einfluss nehmen zu können.

Haben wir das Gefühl, in herausfordernden Situationen Einfluss nehmen zu können, reduziert sich unsere Ausschüttung von Stresshormonen deutlich.

Die Vorstellung, dass wir Einfluss nehmen können, ist sehr bedeutsam bei einer »Weg von«-Bewegung. Manchmal können wir tatsächlich etwas in unserer Außenwelt verändern – vielleicht indem wir ein klärendes Gespräch mit dem Nachbarn suchen, uns nach einem neuen Job umschauen oder Weihnachten in die Sonne fliegen, anstatt eine streitende Verwandtschaft zu ertragen.

Noch bedeutsamer ist das Gefühl, Einfluss nehmen zu können, jedoch, wenn es um unsere Innenwelt geht.

Wege durch die Angst

Ich selbst erinnere mich an eine, aus damaliger Sicht, äußerst unangenehme Phase meines Lebens. Ich war Anfang zwanzig und erst kürzlich in eine neue Stadt gezogen, in der ich mich nicht wohlfühlte. Die Menschen, mit denen ich Zeit verbrachte, taten mir nicht gut, und ich hatte einen schrecklichen Chef. Zudem wusste ich auch nicht so genau, wohin es mit mir und meinem Leben gehen sollte.

Eines Morgens wachte ich auf und merkte, dass etwas nicht stimmte: Mein Herz raste, ich hatte einen trockenen Mund und meine visuelle Wahrnehmung veränderte sich. Ich hatte eine Panikattacke. Damals, Ende der 1990er Jahre, wusste ich das jedoch nicht. Dass Menschen über Angstzustände oder Panik reden, war noch nicht üblich. Ich dachte tagelang, dass ich den Verstand verliere, da ich überhaupt nicht einordnen konnte, was mit mir geschah. Die Sorge über meinen inneren Zustand aber verschlimmerte diesen nur noch, es wurde zu einer Abwärtsspirale. Die Angst blieb: sieben Tage die Woche, 24 Stunden lang. Über Monate. Ohne ersichtlichen Grund. Es gab nur zwei Phasen am Tag, in denen ich angstfrei war: Wenn ich schlief und wenn ich meditierte. Also meditierte ich viel. Ich hatte keine Idee, was ich sonst hätte tun sollen – ich kannte niemanden, von dem ich glaubte, dass er mir helfen könne.

Rückblickend erkenne ich: So schrecklich sich diese Zeit auch anfühlte, so war sie doch eine der wichtigsten Wachstumsphasen meines Lebens. Denn ich war gezwungen, mich intensiv mit mir selbst, mit meiner inneren Welt und meinen Lebensumständen auseinanderzusetzen. Es war ein langsamer, schrittweiser Prozess: Irgendwann fand ich heraus, dass es hilft, wenn ich aufhörte, innerlich Widerstand gegen meine Angst zu leisten. Aus heutiger Sicht weiß ich, dass diese Strategie eine Art des »Affect Labelling« war. Diese kennen Sie schon aus Kapitel 1: Ich nahm meine Angst wahr, akzeptierte sie und versuchte sie erst einmal nicht zu verändern. Wenn ich merkte, dass dieses Gefühl in mir überhand nahm, sagte ich innerlich: »Ah, da bist du ja wieder«. Es war ein bisschen so, wie wenn man kleinen Kindern erklärt, dass Sie in einem Albtraum das Monster anschauen sollen, statt wegzurennen.

Dieses »Annehmen, was ich gerade spüre« führte bereits zu einer deutlichen Erleichterung. Darüber hinaus konzentrierte ich mich auf Alltagsaufgaben und schenkte meiner Angst nicht allzu viel Aufmerksamkeit, auch wenn ich sie permanent spürte – und so entdeckte ich die Methode des Re-Fokussierens aus Kapitel 1 für mich. Hätte ich mich die ganze Zeit mit meiner Angst beschäftigt, wäre sie nur größer geworden. Irgendwann kam noch die Umdeutung hinzu, die Sie ebenfalls bereits aus dem ersten Kapitel kennen: Ich sah den Angstzustand nicht mehr nur als etwas Bedrohliches an, sondern stellte fest, dass die Angst mir auf merkwürdige Art und Weise Zugriff auf mein Innerstes ermöglichte. Manchmal setzte ich mich einfach in einen Sessel, tauchte tief in die Angst ein – und begann Dinge über mich zu verstehen, die sich mir nur durch diese ganz intensive Innenschau offenbarten. Zum Beispiel lernte ich, meine körperlichen Reaktionen von meinem emotionalen Zustand abzugrenzen. Ganz zu Beginn dieser Phase war es noch so, dass ich, wenn ich starkes Herzrasen spürte, sofort dachte: »Oh nein, die Panik fängt wieder an.« Irgendwann hatte ich den Trick raus, und wenn mein Herz stärker schlug, dann beobachtete ich innerlich zwar meinen Herzschlag, ich hörte jedoch auf, ihm eine negative Bedeutung zu geben. Damit unterbrach ich die Abwärtsspirale, in die ich sonst immer geraten war. Parallel dazu veränderte ich manches in der Außenwelt: Ich wusste, dass ich den Wohnort wechseln musste, und machte das auch. Gleiches tat ich mit dem Job und meinem sozialen Umfeld.

Das klingt in diesen wenigen Zeilen alles sehr klar und strukturiert, doch das ist es nur aus heutiger Sicht. Damals war es eine lange Odyssee, auf der ich mich Schritt für Schritt vorgetastet habe. Vielleicht bemerken Sie es bereits: Vieles, über das ich Ihnen im Kapitel 1 berichtete, habe ich eher zufällig und aus großer persönlicher Not heraus selbst entdeckt. Zwanzig Jahre später erst war die neurowissenschaftliche Forschung so weit, dass sie erklären konnte, was in diesen Momenten in uns geschieht. Heute finde ich auch in den Experimenten von Annie Bollini bestätigt, was ich damals selbst erlebt habe: Wenn ich zurückdenke, dann war es insbesondere das Gefühl, Einfluss nehmen zu können, was mir in dieser Zeit besonders half. Es war zwar manchmal nur eine Veränderung von »Mir geht es gerade richtig schlecht« hin zu einem »Mir geht es nur noch mittelmäßig schlecht«. Aber immerhin: Das war eine Verbesserung, die ich selbst in der Hand hatte!

Ich lebte in einem paradoxen Zustand von »in der Angst entspannt sein«. Als ich das verstand, verlor die Angst immer mehr ihre Macht über mich. Nach neun Monaten war der Spuk vorbei. Ich war stabiler als zuvor.

Es gibt einen Lebensumstand, bei dem es besonders hilfreich ist, innerlich das Steuer selbst in die Hand zu nehmen. Zwar ist die genaue Handhabung von Situation zu Situation und von Mensch zu Mensch verschieden. Doch ich hoffe, dass es mir gelingt, Sie in den kommenden Zeilen dazu zu inspirieren, diesen Ansatz als festen Bestandteil in Ihr Leben aufzunehmen.

Ballast abwerfen – wie wir die Last durch andere Menschen hinter uns lassen

Am 17. Juni 2015 betritt ein weißer Mann eine Kirche und betet mit den schwarzen Gläubigen. Er ist dafür zwei Stunden lang angereist. Dreimal vorher war er bereits an diesem Ort, um die Glaubensrituale besser zu verstehen. Ungefähr nach einer Stunde zieht der Mann eine Waffe und erschießt neun Menschen. Das jüngste Opfer ist 26, das älteste 74 Jahre alt. Es ist der rassistische Terrorakt in der Emanuel AME Church in Charleston.

Der verblendete junge Mann will ein Zeichen setzen. Das Attentat von Charleston soll ein symbolischer Akt sein, durch den der Täter einen Rassenkampf auslösen will. Es wird auch ein symbolischer Akt – allerdings ein ganz anderer, als er es sich ausgemalt hatte. Zwei Tage später, bei der Gerichtsanhörung des inzwischen Inhaftierten, erscheinen viele Familienangehörige der Opfer. Einer Familie nach der anderen wird das Wort erteilt. Sie sprechen mit schmerzerfüllten Stimmen und reden über ihre geliebten, verlorenen Familienmitglieder. Der Täter bleibt regungslos. Doch einer der Gefängnisbeamten, der ihn bewacht, ist sichtlich berührt von dem, was nun geschieht. Alle Familienmitglieder, die sich an den Täter wenden, sagen ihm: »Wir vergeben dir.« Das Attentat von Charleston wird von einem symbolischen Akt des Hasses zu einem symbolischen Akt gelebten Glaubens.

Als ich damals, zwei Tage nach dem Attentat, aus dem Radio von dem Verhalten der Familien erfuhr, war ich verblüfft. Ich habe lange darüber nachgedacht, wie es diesen Menschen wohl gelungen war, so zu reagieren. Ich fing an zu recherchieren und stellte fest, dass über ähnliche Ereignisse immer wieder berichtet wird.

Eine der kontroversesten Begebenheiten, die inzwischen auch verfilmt wurde, trug sich am 2. Oktober 2006 zu. In einer Schule der Glaubensgemeinschaft der Amish nahm ein Eindringling zehn Schülerinnen gefangen. Als die Polizei eintraf, schoss er auf alle Kinder und tötete sich selbst. Fünf Mädchen starben, fünf überlebten. Eine von ihnen kann aufgrund eines massives Hirntrauma bis heute weder gehen noch sprechen noch allein essen. Bereits wenige Stunden nach dem Attentat gab die Glaubensgemeinschaft bekannt, dass sie dem Mann vergebe. Noch am selben Tag besuchten einige Amish die Witwe des Täters und bekundeten ihr Beileid für ihren Verlust. Dreißig von ihnen kamen sogar zu seiner Beerdigung. Sie kümmerten sich um seine Eltern und auch um seine Schwiegereltern.

Die Amish dürfen aus Glaubensgründen keine Krankenversicherung haben, also mussten sie die hohen Krankenhauskosten für die schwerverletzten Kinder selbst tragen. Aus aller Welt schickten Menschen Spenden. Es war deutlich mehr, als die Gemeinde der Amish benötigte, daher verschenkten sie einen großen Teil des Geldes … an die Familie des Täters.

In manchen anderen Beispielen von Vergebung, die ich fand, waren es Christen, in manchen Amish, in wieder anderen waren es Buddhisten oder die Glaubensrichtung wurde nicht benannt. Sie alle vergaben den Menschen, die ihnen Schlimmstes angetan hatten. Vergebung, so erschien es mir im ersten Moment, scheint ein Konzept vieler Religionen zu sein. Doch dann stieß ich auf die Studien von Martin Daly und Margo Wilson, die weltweit 60 unterschiedliche Kulturen untersucht hatten und bei über 90 Prozent von ihnen Beispiele von Vergebung fanden. Schließlich landete ich bei wissenschaftlichen Studien und neurowissenschaftlichen Erkenntnissen zum Thema Vergebung. Durch diese verstand ich, worum es bei Vergebung vor allem geht: Es ist Heilung für uns selbst!

Vergebung bedeutet nicht Versöhnung. Es geht auch nicht darum, einen anderen Menschen von der Verantwortung oder der Schuld für seine Tat freizusprechen – manche Schuld muss durchaus geahndet werden. Wenn man jedoch alle religiösen Gründe ausklammert, dann wird schnell klar: Der Prozess der Vergebung hilft insbesondere dem Vergebenden. Vergebung ist eine der wirksamsten Methoden, den eigenen inneren Zustand positiv zu verändern. »Es war so, als würde ein großes Gewicht von mir abfallen«, erzählt ein Amish, der sein Kind im Jahr 2006 verloren hatte, der englischen Tageszeitung *The Guardian*. Die Entscheidung zu vergeben habe er bereits kurz nach der Tat getroffen. Sein innerer Prozess jedoch hat damit erst begonnen. Den Moment, als er bemerkte, dass seine kognitive Entscheidung ihm endlich auch emotional möglich war, beschreibt er mit den Worten: »Ich fühlte mich leichter.«

Nicht zu vergeben, bedeutet nicht nur, dass der andere durch seine Handlung bei uns Schaden angerichtet hat, sondern dass wir ihm auch weiterhin die Möglichkeit geben, unsere innere Welt zu beeinflussen. »Vorbehalte in sich zu tragen, ist so, als würde man Gift trinken und darauf warten, dass der andere daran stirbt«, so hat Nelson Mandela seine Haltung gegenüber den Menschen beschrieben, die ihn für 27 Jahre ins Gefängnis gebracht hatten.

Die Erleichterung, die wir erleben, wenn wir vergeben, haben Wissenschaftler tatsächlich messen können. Michelle Zheng Xue von der Erasmus University in Rotterdam hat dazu mehrere Versuchsreihen mit 160 Teilnehmenden durchgeführt. Es gab Probanden, die sich an Situationen ihres Lebens erinnerten, in denen sie den Menschen, die sie übergriffig oder ernsthaft beleidigend behandelt hatten, vergeben haben. Diese Probanden sollten sich an die Situation selbst und an ihre Vergebung erinnern und all ihre Gedanken dazu notieren. Die zweite Gruppe

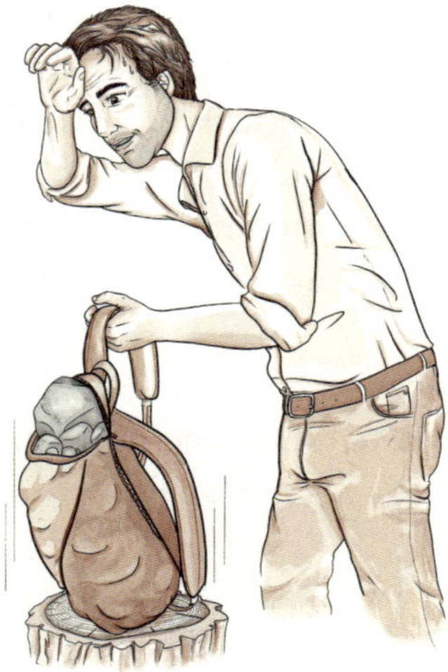

Es geht bei der Vergebung nicht darum, dass der andere sich besser fühlt. Das wirklich Wesentliche ist, dass wir selbst den Ballast der Vergangenheit ablegen!

setzte sich aus Teilnehmenden zusammen, die ihren Tätern nie vergeben hatten. Diese bat Zheng ebenfalls, ihre Gedanken an diese Ereignisse aufzuschreiben. Danach ließ Zheng alle Teilnehmenden mehrfach hintereinander und ohne angezogene Knie auf einer Matte springen. Auf der dahinter liegenden Wand war ein Metermaß aufgezeichnet. Eine Videokamera dokumentierte die Sprünge, so dass die Wissenschaftlerin die Sprunghöhe Bild für Bild vergleichen konnten. Die Teilnehmenden aus der Vergebungsgruppe sprangen durchschnittlich 35 Prozent höher als die, die ihre Vorbehalte noch mit sich herumtrugen. »Ich fühle mich leichter!«, dieses Gefühl, das der Amish-Mensch beschrieben hatte, ist erstmals wissenschaftlich nachgewiesen worden. Vielleicht war das alles ein Zufall? Vielleicht hatten diejenigen, die vergaben, rein anatomisch mehr Sprungkraft? Doch in einem weiteren Experiment zeigte sich genau das gleiche Muster. Vorwürfe in sich zu tragen, das »Gift zu trinken«, wie Nelson Mandela es beschreibt, kostet Kraft.

Für die neue Studie teilte Michelle Zheng Xue die Teilnehmenden nach dem alten Schema, also je nach ihrer Vorgeschichte, in eine Vergebungs- und eine Nicht-Vergebungsgruppe auf. Die Teilnehmenden beider Gruppen sollten die Steigung eines Hügels schätzen. Aus früheren Studien wusste Zheng, dass erschöpfte Menschen Steigungen deutlich stärker wahrnehmen als Menschen, die vor Energie strotzen. Sie ahnen vielleicht bereits, was weiter geschah: Die Nicht-Vergebungsgruppe schätzte den Hügel gut 20 Prozent steiler ein als die Probanden, die ihren inneren Ballast abgeworfen und denen, die ihnen etwas angetan hatten, vergeben hatten.

Wenn es uns gelingt zu vergeben, erleichtern wir uns messbar und haben mehr Energie zur Verfügung.

Eine heilende Form von Selbstfürsorge

»Ich war total entsetzt von dem Verhalten meines Vermieters nach dem Unglück«, sagt Izabela. »Dass das Unglück geschah, war sicherlich nicht seine Absicht. Doch ein verantwortungsvoller Mensch hätte im Anschluss anders gehandelt.«

Es begann mit einer unzuverlässigen Gastherme. Sie war der Schwachpunkt der Altbauwohnung, in die Izabela eingezogen war. Das Gerät war in die Jahre gekommen und nicht gut gepflegt. Und so fiel sie zu Beginn der Heizsaison im Herbst 2017 regelmäßig aus. Der Schornsteinfeger kam zu einer Überprüfung vorbei. In seinem Bericht an den Vermieter kreuzte er die beiden Kästchen »muss gewartet werden« und »es besteht Gefahr« an. »Mir selbst hat der Schornsteinfeger nichts von der Gefahr gesagt«, erzählt mir Izabela. Da die Therme weiterhin regelmäßig ausfiel, suchte sie einen Handwerksbetrieb, der zusagte, noch vor Weihnachten alles zu richten. Doch die Firma durfte keine Reparaturen vornehmen. »Mein Vermieter stornierte den zugesagten Auftrag«, sagt sie. »Er wollte die Therme von Handwerkern aus seinem Umfeld reparieren lassen. Wahrscheinlich waren die günstiger.« Allerdings kamen die Handwerker des Vermieters nicht. Die alleinerziehende Mutter zweier jugendlicher Kinder wurde immer wieder aufs Neue vertröstet. Im November stellte der Schornsteinfeger »Gefahr« fest. Und die wurde Realität.

Am 7. Januar 2018 entwich aus der defekten Therme unbemerkt eine große Menge an geruchslosem Kohlenmonoxid – dieses Gas hat die Eigenschaft, einige Bereiche der roten Blutkörperchen zu blockieren, die für gewöhnlich den Sauerstoff durch den Körper transportieren. Izabelas 14-jähriger Sohn war allein daheim, als er erstickte.

Sein 20-jähriger Bruder und Izabela fanden ihn leblos auf. »Ein Bild bekomme ich seitdem nicht mehr aus dem Kopf: wie mein ältester Sohn vergeblich versuchte, seinen kleinen Bruder wiederzubeleben«, sagt sie. Die Feuerwehr mit ihren Messgeräten erkannte das Gasleck bereits auf der Treppe zur Wohnung. Die Geräte schlugen so sehr an, dass alle Bewohner des Hauses evakuiert werden mussten. Eine knappe Stunde lang versuchte das Notarztteam, Izabelas Sohn zu reanimieren. Dann gaben sie auf.

»Er zeigte keinen Hauch von Mitverantwortung«, so erinnert sich Izabela heute kopfschüttelnd an das erste Treffen mit ihrem Vermieter nach dem Unglück. »Hätte er den Auftrag an die Handwerker nicht storniert, wäre das nicht geschehen! Aber das schien ihm gar nicht in den Sinn zu kommen. Stattdessen meinte er nur: ›Das muss Schicksal sein‹.« Die Mutter war von seinem Verhalten wie vor den Kopf gestoßen. Entsetzt und paralysiert gab sie dem Mann zu verstehen, dass er bei der anstehenden Beerdigung, zu der er kommen wolle, nicht erwünscht sei. Er erschien trotzdem. »Vielleicht versuchte er damit sein Gewissen zu beruhigen, doch wie es unserer Familie ging, schien ihm egal«, sagt sie.

Die Kriminalpolizei hatte die Therme als Beweismittel einer etwaigen Straftat abgebaut und mitgenommen. Die Ermittlungen wegen fahrlässiger Handlung mit Todesfolge begannen. Izabela und ihr verbliebener Sohn mussten in eine Altbauwohnung ohne Heizung zurück. Während Izabela mir das erzählt, holt sie ihr Handy aus der Tasche und zeigt mir ein Foto. Sie muss lange suchen, da sie die Dateien tief in einem Unterordner versteckt hat. »Ende Januar war das die Innentemperatur in meiner Wohnung.« Ich sehe das Display eines Thermometers, das 1,9 Grad Celsius anzeigt. Sie wischt ein paar Mal nach links. »Und das war die Lösung meines Vermieters.« Das nächste Foto zeigt zwei Verpackungen mit Elektroheizungen. »Eine neue Therme wollte er uns nicht einbauen. Er meinte, ich solle bei der Polizei nachhaken, damit diese die alte wieder freigibt.« Mit den beiden Elektroheizungen gelang es Izabela, zumindest eines der Zimmer wärmer zu bekommen: Sie schaffte es auf ganze 15 Grad Celsius. Toilettengänge aber waren unmöglich, denn der Wasserkreislauf funktionierte nur mit Kopplung an die Therme. An der Stelle, wo diese zuvor gehangen hatte, tropfte es jetzt aus der Wand. Der Haupthahn für das Wasser musste deshalb verschlossen bleiben. Da der Vermieter die Wohnsituation nicht verbesserte, beendete Izabela auf Empfehlung ihres Anwalts das Mietverhältnis. »Bei der Übergabe teilte der Vermieter mir mit, dass er die Kaution einbehalten werde«, erinnert sie sich. Sie sei schließlich in eine Wohnung mit Heizung eingezogen und diese würde nun fehlen, meinte der Mann.

Ich lerne Izabela zwei Jahre nach dem Vorfall kennen, sie ist die Freundin eines Freundes. Wir sitzen zu dritt seit vielen Stunden beim Essen, als sie irgendwann vom Tod ihres Sohnes erzählt. Auf Nachfrage deutet sie auch die Umstände an. Es gibt an diesem Abend einen Satz, der sich mir besonders einprägt: »Ich habe meinem Vermieter vergeben.«

Viele Monate später frage ich Izabela vorsichtig, ob sie mir für dieses Buch mehr berichten würde. Einige weitere Monate danach ist sie bereit. Wir setzen uns an einem Wochenende zusammen. »Wie ist es dir gelungen zu vergeben?«, ist eine meiner zentralen Fragen. Sie berichtet mir, sie habe bereits einige Jahre zuvor erste Erfahrungen mit Vergebung gemacht. »Es gab einige Personen in meinem Leben, von denen ich sehr enttäuscht wurde«, erklärt sie mir. »Das hat alte Wunden aufgerissen, die bis in meine Kindheit hineinreichten.« Verdrängte Erfahrungen kamen ihr wieder ins Bewusstsein. »Ich realisierte, dass ich diese Personen und ihr Verhalten nicht verändern konnte«, sagt sie. »Insbesondere die alten Geschichten kann man ja nicht ungeschehen machen. Worauf ich jedoch Einfluss hatte: Wie ich damit umgehe.« Diese Aussage erinnert mich an ein Zitat des Dalai Lama: »Schmerz zu erleben, ist obligatorisch. Doch ob wir daran leiden, ist optional.« Izabela erklärt, wie es ihr gelang, den Umgang mit den alten Erfahrungen zu verändern: »Ich versetzte mich selbst tief in die Menschen hinein, die mich verletzt hatten. So begann ich ihr Verhalten besser zu verstehen. Oft konnte ich erahnen, welche Erfahrungen sie gemacht hatten, die sie zu dem werden ließen, was sie später waren. Dadurch konnte ich ihnen ihr Verhalten leichter vergeben.«

Das hat nicht immer auf Anhieb geklappt. Umschalten in einen Zustand von Vergebung funktioniert nicht, stellte sie fest. Vergeben ist ein Prozess. Manchmal kann er schnell gelingen, bei manchen Menschen, wie bei ihrem ehemaligen Vermieter, reichen viele Monate kaum aus. »Ich lernte, das Verhalten anderer nicht persönlich zu nehmen«, berichtet sie weiter. »Früher habe ich mich immer gefragt, warum mir jemand etwas angetan hat. Doch die meisten Personen handeln einfach und haben gar nicht die Absicht, andere Menschen zu verletzen – na ja, mit wenigen Ausnahmen vielleicht.« Sie berichtet davon, sich früher gerne auch als Opfer der Umstände erlebt zu haben. Anderen zu vergeben, sei jedoch ein Akt der Selbstwirksamkeit, der sie aus der Opferrolle raushole – sie nahm das Steuer über ihr inneres Erleben wieder mehr in die Hand. »Ich bin dann mehr bei mir und nicht mehr so sehr dabei, auf das zu achten, was die Menschen um mich herum getan haben«, sagt sie.

Wir wechseln wieder zu ihrem verstorbenen Sohn: »Natürlich schmerzt mein Mama-Herz«, sagt sie. »Es tut weh. Da ist eine Menge Trauer. Doch das sind zwei verschiedene Dinge: Zum einen bin ich tieftraurig über das, was geschehen ist. Mein Schmerz heilt jedoch nicht besser, wenn ich zudem noch die ganze Zeit Wut in mir herumtrage, dass ein anderer Mensch – der vielleicht Mitverantwortung trägt – sich wiederholt so unsensibel verhält.« Sie erklärt, dass das Aufgeben des inneren Widerstandes eine Menge Energie freisetzt und sie erleichtert.

Das Vergeben, das die 40-Jährige durch die früheren Situationen gelernt hat, half ihr, auch die Erfahrung mit dem Ex-Vermieter besser hinter sich zu lassen. Juristisch hätte sie ohnehin kaum eine

Chance gehabt, denn der Mann hat das Haus kurz darauf an seinen Sohn verkauft und sich ins Ausland abgesetzt.

Und in ihrer Innenwelt? »Ich will meinen Frieden«, sagt Izabela. Auch wenn es nach einer einfachen Entscheidung klingt, so war es für sie ein langer Weg loszulassen. »Letztlich ist es vielleicht sogar eine Form von gesundem Egoismus«, sagt sie und vergräbt ihre Hand in ihren brünetten Locken. »Ich vergebe ihm ja nicht, damit er sich besser fühlt. Ich vergebe ihm, damit ich mich besser fühle.«

Was uns helfen kann zu vergeben

»There is no silver bullet« – es gibt nicht den einen Weg, der überall gelingt, schreibt Everett Worthington. Der emeritierte Professor der Virginia Commonwealth University ist einer der Urgesteine in der Vergebungsforschung. Einen großen Teil seines Lebens hat er diesem Thema gewidmet. Nach Jahrzehnten der Forschung weiß er heute, dass eine Zutat zu einer echten Vergebung besonders wichtig ist: Zeit. Die alte Weisheit »Die Zeit heilt alle Wunden« hat er in seinen Studien immer wieder bestätigt. Und zugleich reicht es manchmal nicht, einfach nur zu warten. Es gibt Situationen, in denen wir uns innerlich immer wieder bewusst mit den Menschen auseinandersetzen müssen, über die wir unseren Groll hegen … um sie letztlich loslassen zu können. Je länger wir uns bemühen, desto größer der Grad der Vergebung. Denn der Preis, den wir zahlen, wenn wir unseren Groll monate- oder jahrelang nur mit uns herumtragen, ist hoch. In seinem Artikel »The New Science of Forgiveness« berichtet Everett Worthington über eine großangelegte Studie, für die er 1500 Menschen unterschiedlichen Alters untersucht und befragt hat. Die Fähigkeit zu vergeben, erkannten die Wissenschaftler, hat einen messbaren Einfluss auf die Gesundheit der Teilnehmenden. Die Menschen, die sich die Fähigkeit zu vergeben zu eigen gemacht hatten, berichteten über deutlich mehr Lebensfreude, weniger Stress und weniger Nervosität. Auch Phasen der Traurigkeit traten bei ihnen deutlich seltener auf.

Neben dem Faktor Zeit scheint noch etwas anderes eine wichtige Rolle zu spielen: die Fähigkeit, sich in den Täter einzufühlen und hineinzudenken. Einen Satz, den ich dazu an verschiedenen Stellen in meiner Recherche immer wieder hörte, war »Hurt people hurt« – »Verletzte Menschen verletzen (andere)«. Dahinter steht der Gedanke, dass kein Mensch als Mörder, Vergewaltiger, despotischer Ehemann, schlagende Mutter, Dieb oder ungerechter Chef geboren wird. Irgendetwas ist im Leben dieser Menschen geschehen, das sie zu ihrem Verhalten veranlasste. Mutmaßlich hatten sie auch niemanden in ihrem Umfeld, der ihnen half, diese Wunde zu heilen. So paradox es klingen mag: Wenn wir es schaffen, uns in denjenigen hineinzuversetzen, der uns verletzt hat, hilft uns das nicht nur, dem anderen einfacher zu vergeben, sondern verhindert, dass wir uns selbst später einmal ähnlich verhalten. Wenn wir die uns zugefügten Verletzungen heilen, geben wir sie nicht ungewollt an andere weiter. Wir durchbrechen das Muster von »Hurt people hurt«.

»Das Gefühl von Empathie für den Täter zu entwickeln, spielt eine bedeutende Rolle. Denn es versetzt das Opfer in die Lage zu vergeben«, sagt Charlotte vanOyen Witvliet vom Hope College in Holland, Michigan. Sie hat passend dazu ein interessantes Experiment durchgeführt und in ihrer Studie »Granting forgiveness or harbouring grudges« (»Vergebung gewähren oder Groll beherbergen«) veröffentlicht. Die Wissenschaftlerin bat einen Teil der Probanden, sich an eine Person zu erinnern, der sie vorwarfen, sie schlecht behandelt, beleidigt oder verletzt zu haben. Nach dem Zufallsprinzip wurden einige Teilnehmende gebeten, sich an die Verletzungen zu erinnern und den Groll aufsteigen zu lassen. Die andere Gruppe bat sie, sich in den Täter einzufühlen:

- Vielleicht hatte er aus einer Not heraus reagiert?
- Vielleicht hat er ihnen die Verletzung aus Versehen zugefügt?
- Vielleicht lebte er selbst unter einem enormen Druck? (Der Attentäter in der Amish-Kirche hat in einem seiner Abschiedsbriefe vom Tod eines seiner eigenen Kinder geschrieben. Er war voller Hass auf sich selbst.)

Zum Schluss bat Witvliet die zweite Gruppe, die sich in ihren jeweiligen Täter eingefühlt hatte, diesem Menschen zu vergeben. Während der Studie befragte die Wissenschaftlerin ihre Probanden immer wieder zu ihrem inneren Zustand und bat sie, diesen auf einer Punkteskala von 1 bis 20 zu bewerten. Die Probanden, die sich in den Täter eingefühlt und anschließend vergeben hatten, verspürten kaum noch Wut. Der durchschnittliche Wert, den sie auf der Wutskala angaben, lag bei gerade mal 5 von 20 Punkten. Die andere Gruppe war hingegen am Ende der Studie immer noch mächtig sauer: 16 von 20 Punkten gaben sie durchschnittlich an. Die Bereitschaft zu vergeben, benannten sie nur mit 4 von 20 Punkten. Die Vergebungsbereitschaft der Gruppe, die sich eingefühlt hatte, lag hingegen bei 15 von 20.

Beeindruckend war, wie währenddessen die Körper der Teilnehmenden reagierte. Mit einem Elektromyogramm maß Witvliet die Aktivität des Corrugator-Muskels, des sogenannten »Stirnrunzlers«. Dieser war bei den Probanden deutlich angespannt, wenn sie sich nur an die Verletzung erinnerten. Als die Teilnehmenden sich in den Täter einfühlten und Empathie entwickelten, konnte die Wissenschaftlerin eine deutliche Entspannung dieses Muskels messen. Im Zustand der Vergebung erkannten ihre Geräte gar keine Spannung mehr.

Anhand des Hautwiderstandes der Teilnehmenden konnte die Wissenschaftlerin Rückschlüsse auf die Aktivität des sympathischen Nervensystems ziehen. Sie erinnern sich? Es klingt zwar sympathisch, ist aber eigentlich das Nervensystem, das in Zuständen von Angriff, Flucht und Starre aktiv wird. Innerhalb von Sekunden, nachdem innerlich Vergebung stattfand, beruhigte es sich. Ebenso wie der Blutdruck und die Herzfrequenz. Das Sich-Einfühlen und die Vergebung führte bei den Probanden also nicht nur zu subjektiv beschreibbaren, sondern auch zu objektiv messbaren Verbesserungen ihres Zustands.

Falls es jemanden in Ihrem Leben gibt, dem Sie gerne vergeben würden, und sie merken, dass allein der Gedanke daran nicht leichtfällt, dann setzen Sie diese Person eine Zeit lang auf Platz fünf der Metta-Meditation. Die Anleitung dazu finden Sie im Anhang. Den Menschen und sein Verhalten differenziert zu betrachten, kann ein weiterer wichtiger Baustein zur Vergebung sein.

Doch was genau geschieht in unserem Gehirn, wenn wir vergeben? Die Antwort darauf bekam ich in dem Brain Lab in Seattle, von dem ich Ihnen im »Metta im Alltag«-Unterkapitel aus Kapitel 3 berichtete. Ich hatte neben einigen anderen auch eine Methode zur Vergebung entwickelt und wollte in Seattle die Auswirkungen auf das Gehirn untersuchen.

In dem Labor angekommen, hatte ich das große Glück, auf Sam Tullman zu treffen. Er war einer der Wissenschaftler vor Ort. Dieser hatte, ebenso wie ich, ein leidenschaftliches Interesse daran, Menschen in ihrer persönlichen Entwicklung weiterzubringen. Sam praktiziert selbst regelmäßig mentale Vergebungsarbeit, um sein persönliches Wohlergehen zu verbessern. Zudem ist er darauf spezialisiert, Menschen mithilfe von EEGs zu untersuchen.

Wenn Sie einer dieser Probanden wären, würde Sam Sie nicht in einen dieser großen, lauten und engen fMRT stecken, um ein Bild aus dem Inneren Ihres Kopfes zu machen. Er würde Ihnen nur eine seiner Kappen mit zwei Dutzend Elektroden auf den Kopf setzen. Ihre Frisur würde jedoch etwas leiden, denn jede Elektrode muss mit einer klebrigen Paste versehen werden, die sich an der Kopfhaut festsaugt, damit die elektrischen Signale des Gehirns besser übertragen werden können. Dann würde Sam in aller Ruhe Ihre Hirnströme messen, während er Sie verschiedenste Übungen machen ließe. Manchmal sogar stundenlang.

Auf diese Weise hat er viele seiner Probanden durch Vergebungsprozesse begleitet.

»Wir können sehen, ob jemand tatsächlich innerlich zu dem Punkt gekommen ist, an dem er sich sagt: ›Ja, ich kann diesem Menschen vergeben‹, oder ob er nur so tut«, erklärt er mir. »Manchmal dauert das nur ein oder zwei Stunden, manchmal dauert es mehrere Sitzungen. Aber wenn es dann geschieht, sehen wir einen sprunghaften Anstieg der Alphawellen im Occipitallappen im hinteren Bereich des Kopfes. Dieser Effekt ist anhaltend.«

»Ich fühle mich leichter«: Von diesem Gefühl berichtete der Amish, der dem Mörder seines Kindes vergeben hatte, und die Wissenschaftlerin Michelle Zheng Xue konnte es in ihrer Studie körperlich nachweisen. Und jetzt, in diesem Labor in Seattle auf dem EEG-Ausdruck meines Hirns, konnte ich es selbst auch sehen. Das Loslassen eines alten Grolls hatte auch bei mir zu einer messbaren Beruhigung geführt: Der hintere Teil meines Kopfes war durchflutet von langsamen, entspannenden Alphawellen.

Vergebung ist ein Prozess, der manchmal Kraft braucht. Wir kennen das aus dem Alltag. Es gibt Tage, an denen wir uns mächtig ärgern können, wenn uns jemand im Straßenverkehr schneidet oder einen Parkplatz klaut. Dann gibt es wiederum Tage, an denen wir über solche Ereignisse ganz locker hinwegsehen. Den Unterschied macht der Energiezustand unseres präfrontalen Cortex. Geht es ihm gut, vergeben wir kleine Übergriffe sofort, etwas schlimmere in etwas kürzerer Zeit.

Woher man das weiß? In der Studie »How the brain heals emotional wounds: the functional neuroanatomy of forgiveness« hat der Neurowissenschaftler Emmiliano Ricciardi Menschen in einem fMRT untersucht, während sie einen Vergebungsprozess durchlebten. Eine Struktur, die währenddessen durchgehend aktiv war, war der PFC.

Wir sollten also nachsichtig mit uns selbst sein, wenn unser PFC mal wieder etwas erschöpft und müde ist. Genau dann gelingt es uns vielleicht nicht, über kleine Übergriffe des Alltags sofort hinwegzusehen, und wir tragen sie manchmal etwas länger mit uns herum. Doch wenn wir merken, dass etwas lange an uns nagt, sind wir der einzige Mensch, der in der Lage ist, diesen Ballast abzuwerfen. »Gerade bei großen Übergriffen müsste es uns gelingen zu vergeben«, fasst Urgestein Everett Worthington eine wichtige Erkenntnis seiner lebenslangen Forschung zusammen. »Denn sonst werden wir sie nie überwinden.«

Manchmal hilft es, Menschen an der Seite zu haben, die uns bei diesem Prozess begleiten. Doch die Entscheidung, das Gift nicht mehr zu trinken, von dem Nelson Mandela sprach, liegt ganz allein bei uns.

Der Potenzialkreis

Ein kleines Gedankenexperiment: Stellen Sie sich vor, Donald Trump bekäme zwei Studien vorgelegt. Jetzt müsste er noch einige einfache Rechenaufgaben durchführen, die die Kernaussage der Studien untermauern. Die erste Studie würde sich damit beschäftigen, dass es keinen Klimawandel gebe und dass es unserem Planeten gut gehe. Die zweite Studie würde das Gegenteil behaupten: Der Klimawandel sei existent, es sei kurz vor zwölf, und die Menschheit müsse ihren CO_2-Ausstoß drastisch reduzieren. Wenn Trump die Zahlen zusammenrechnen soll, kann es sein, dass ihm unbewusst bei der zweiten Studie ein Rechenfehler unterläuft. Gäben wir Greta Thunberg die beiden Studien, bestünde eine Wahrscheinlichkeit, dass sie sich bei der ersten verrechnet.

›Das ist ja eine komplett konstruierte Geschichte‹, mögen Sie vielleicht denken. Doch das Phänomen gibt es tatsächlich. Dan Kahan von der Yale-University konnte es in seiner Forschungsarbeit »Motivated numeracy and enlightened self-government« wiederholt beobachten. Er legte 111 Probanden, die er in zwei Gruppen eingeteilt hatte, entweder fingierte Studien vor, die aussagten, dass die bestehenden amerikanischen Waffengesetze ausreichend seien, oder sie lasen Studien, die die Wirksamkeit dieser Gesetze infrage stellten. Die Probanden mussten – wie Trump und Thunberg in unserem Gedankenspiel – tatsächlich einige einfache Rechenaufgaben ausführen, die die Aussagen der Studien angeblich bestätigen würden. Kahan hatte zuvor die politische Orientierung seiner Teilnehmenden erfragt. War deren Gesinnung konservativ – was in den USA häufig mit einer Unterstützung der bestehenden Waffengesetze einhergeht –, so machten sie öfter Rechenfehler, wenn die Aufgaben angeblich für Studien gedacht waren, die die Waffengesetze infrage stellten. Bei den Liberalen war es umgekehrt. Dass alle Probanden die Grundrechenarten beherrschten, hatte Kahan vorab überprüft. Bei einem Kontrolldurchlauf ging es um eine Studie zu einem unpolitischen Thema. Dabei gelang es den Teilnehmenden deutlich besser, die Zahlen korrekt zusammenzurechnen.

Die Erkenntnis aus Kahans Forschung: Die Beschäftigung mit einem Thema, welches das eigene Wertesystem infrage stellt, löste bei den Probanden so starke Irritationen aus, dass sie plötzlich schlechter rechnen konnten. Der Zugriff auf ihre höheren kognitiven Leistungen, die im präfrontalen Cortex verankert sind, ging teilweise verloren. Um diese und weitere Erkenntnisse des Kapitels in ein Gesamtbild einordnen zu können, habe ich Ihnen ein Modell mitgebracht. Ich nenne es den »Potenzialkreis«. Ich habe ihn entwickelt, während ich in den vergangenen zehn Jahren mehrere Tausend Teilnehmende in meinen Trainings erlebt und dabei festgestellt habe, dass es wiederkehrende Muster gibt, durch die wir Menschen über uns selbst hinauswachsen. Wenn wir das Steuer in unserem Leben mehr in die Hand nehmen wollen, hilft uns dieses Modell zu verstehen, wo uns Widerstände begegnen könnten. Zudem zeige ich Ihnen, wie wir konkret auf die verschiedenen Bereiche des Kreises einwirken können, um unser in uns schlummerndes Potenzial noch mehr zu entfalten. Doch lassen Sie uns zuerst mit dem vielleicht etwas abstrakten Begriff beginnen, den Sie ganz oben in dem Kreis sehen: Potenzial. Was ist das eigentlich genau?

Falls Sie mein erstes Buch *Führen mit Hirn* gelesen haben, erinnern Sie sich vielleicht an die Aussage: »Im Gehirn eines Kindes entstehen pro Sekunde 700 neue Synapsen.« Das wären 42 000 neue neuronale Verknüpfungen pro Minute und rund 2,5 Millionen Verknüpfungen pro Stunde. Jeden Tag. Jeden Monat. Allerdings muss ich die Zahl in meinem im Jahr 2015 erschienenen Buch jetzt korrigieren. Das »Center for the developing child« der Harvard Universität, von dem ich damals die Daten bezog, ist inzwischen zu neuen wissenschaftlichen Erkenntnissen gekommen. Nicht 700, sondern 1 Million neue Synapsen pro Sekunde werden im Gehirn eines kleinen Kindes gebildet! Pro Stunde landen wir daher bei 3,6 Milliarden neuen neuronalen Verknüpfungen. Die Geschwindigkeit dieser rasanten neuroplastischen Veränderungen verlangsamt sich im Laufe unseres Lebens zwar deutlich. Doch diese beeindruckenden Zahlen vermitteln uns einen Eindruck, was da eigentlich in unserem Kopf los sein kann. Rein neurobiologisch betrachtet schlummert in uns eine Menge verborgenen Potenzials: neue neuronale Netzwerke, die in uns entstehen, durch die wir zu neuen Gedanken, neuen Verhaltensweisen und neuen Fähigkeiten gelangen.

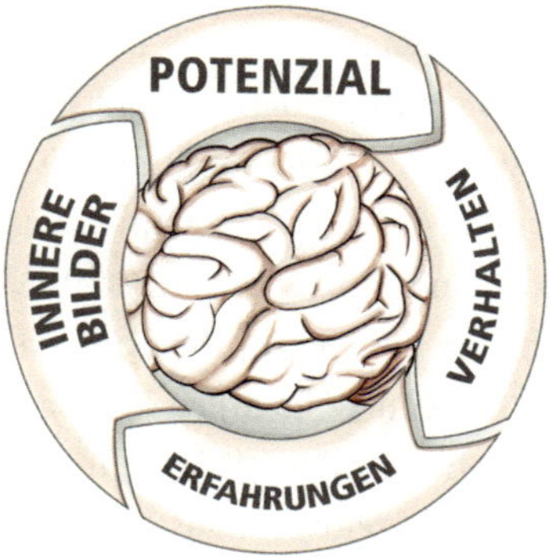

Um das in uns liegende Potenzial noch mehr zu entfalten, können wir Einfluss auf drei Ebenen nehmen: unsere inneren Bilder, unsere Erfahrungen und unser Verhalten.

Unsere inneren Bilder beeinflussen unser Potenzial

Wenn wir den Potenzialkreis anschauen, sehen wir unmittelbar vor dem »Potenzial« den Begriff »innere Bilder« und dass diese das Potenzial beeinflussen. Innere Bilder, das sind neuronale Netzwerke, die wir in uns tragen. Diese Netzwerke können beispielsweise Vorstellungen über die Zukunft repräsentieren, aber auch bewusste oder unbewusste Überzeugungen. Oder es sind Netzwerke, in denen unser Wertesystem gespeichert ist. In dem Yale-Experiment, das ich Ihnen mithilfe von Trump und Thunberg erklärt habe, waren diese inneren Bilder der Teilnehmenden geschwächt, da ihre Grundwerte infrage gestellt wurden. Diese geschwächten inneren Bilder ermöglichten nur noch begrenzten Zugang zu dem Potenzial der Teilnehmenden. Das wiederum beeinflusste ihr Verhalten: Die Probanden konnten von einer Minute zur nächsten plötzlich nicht mehr so gut rechnen.

Lassen Sie uns mit dem beschäftigen, was uns stärkt. Beispielsweise, indem wir uns mit dem verbinden, was in der Yale-Studie infrage gestellt wurde: den eigenen Werten. Diese helfen uns insbesondere in herausfordernden Situationen. Erinnern Sie sich noch an den Trier Social Stress Test aus dem vergangenen Kapitel, bei dem Teilnehmende überraschend einen Vortrag halten sollten? »Das ist einer der wirksamsten Wege, um in einem experimentellen Umfeld Stress zu erzeugen«, sagte einer der Wissenschaftler in dem Experiment.

Genau diesen Stresstest nutzte auch David Creswell von der University of California. Die Kontrollgruppe in seiner Studie füllte kurz vor der öffentlichen Rede einen Fragebogen mit bewusst unbedeutenden Fragen aus. Creswells Testgruppe hingegen wurde gebeten, sich einige Minuten lang Gedanken zu ihrem eigenen Wertesystem zu machen: Was ist ihnen persönlich besonders wichtig? Diese kurze Fokussierung auf ihren inneren Kompass hatte eine bemerkenswerte Auswirkung: Die körperliche Stressreaktion auf den öffentlichen Vortrag fiel deutlich geringer aus. Das erkannte der Wissenschaftler, da er allen Probanden am Morgen der Studie und mehrfach nach dem Vortrag Speichel abgenommen hatte, um darin den Stressindikator Cortisol zu messen. In der ersten Messung, 20 Minuten nach dem Vortrag, war der Cortisolspiegel der Kontrollgruppe viermal so hoch wie derjenige der Testgruppe, die sich gefragt hatte: »Was ist mir wirklich wichtig?«. Einige Zeit später sank das Cortisol zwar etwas bei allen Teilnehmenden, doch es blieb weiterhin eine große Differenz zwischen den beiden Gruppen.

Die Fokussierung auf die eigenen Werte – die ja Teil der inneren Bilder sind – hatten also eine nachhaltig stabilisierende Wirkung. Die körperliche Reaktion: Ihre Nebennierenrinden schütteten weniger Cortisol aus. Sie machten die Erfahrung, herausfordernde Situationen stressfreier meistern zu können. Damit schließt sich der Potenzialkreis: Die gestärkten inneren Bilder führten letztlich zu einer entspannteren Erfahrung.

Unser Umfeld beeinflusst unsere inneren Bilder

Eine weitere Beeinflussung unserer inneren Bilder geschieht durch unser Umfeld. Die Menschen, die uns umgeben, und das, was diese über uns denken, kann sehr mächtig sein – insbesondere dann, wenn es für uns bedeutsame Personen sind. Es gibt zahlreiche Experimente, die Robert Rosenthal und Lenore Jacobsen in ihrem Buch *Pygmalion in the Classroom – Teachers Expectations and Pupils' Intellectual Development* veröffentlicht haben. Sie zeigen, dass der Glaube eines Lehrers an die eigenen Schüler einen deutlichen Einfluss auf deren Leistung hat.

Jacobsen und Rosenthal hatten vor Beginn eines Experiments IQ-Tests mit den Schülern gemacht und dann querbeet, unabhängig vom IQ, nach einem Zufallsprinzip einige von ihnen ausgewählt. Ihren Lehrern gegenüber behaupteten sie jedoch, dass diese ausgewählten Kinder besonders intelligent seien. Das Ergebnis: Egal, welchen IQ diese Schüler wirklich hatten – wenn ihr Lehrer an sie glaubte, machten sie deutlich schnellere Entwicklungsschritte als die anderen Schüler.

Die bloße Tatsache, dass ihr Lehrer an sie glaubte, musste ihre inneren Bilder gestärkt haben. Das erhöhte den Zugriff der Kinder auf ihr eigenes Potenzial, wodurch sie ihr Verhalten veränderten. Was genau sie anders machten, konnten Jacobsen und Rosenthal in ihrer Studie zwar nicht beobachten, da sie nicht jeden Tag mit im Klassenzimmer saßen. Doch mutmaßlich haben die Kinder sich öfter gemeldet, mehr gelernt und mehr mit den anderen Schülern interagiert. Dadurch machten sie die Erfahrung, dass höheres Engagement bessere Noten bringt. Diese Erfahrung wiederum stärkte ihren eigenen Glauben – ihre inneren Bilder – an ihre Fähigkeiten: »Wow, ich kann gute Schulnoten erreichen!« Damit schloss sich auch bei ihnen der Potenzialkreis.

Kurz nachdem Jacobsen und Rosenthal ihre Studien veröffentlicht hatten, erschien im *Harvard Business Review* der Artikel »Pygmalion in Management«. Dieser zeigte, dass dieses Phänomen auch bei Erwachsenen funktioniert. Auch ich selbst habe es wiederholt beobachtet, wenn ich Firmen mit außergewöhnlichen positiven Unternehmenskulturen untersuchte. Besonders der Chef des oberösterreichischen Sondermaschinenherstellers Johammer ist mir lebendig in Erinnerung geblieben. Dieser glaubte so sehr an seine Mitarbeitenden, dass diese nur mit einem Bruchteil der üblichen Entwicklungskosten ein Elektromotorrad entwickelten. Zudem erfanden Johammers Beschäftigte eine ähnliche Akku-Technologie wie der milliardenschwere Autohersteller Tesla Motors. Den Mitarbeitenden war das durch die besonders gestärkten inneren Bilder möglich, die sie in sich trugen: »Unser Chef überschüttet uns mit Vertrauen«, berichteten sie mir.

Unsere Erfahrungen beeinflussen unsere inneren Bilder

Lassen Sie uns im Potenzialkreis den Bereich »Erfahrungen« anschauen – und hier wird es knifflig. Zum einen brauchen wir diese dringend, weil nur so eine gute neuronale Entwicklung möglich ist. Zum anderen können sie uns jedoch mächtige Blockaden bescheren. Beginnen wir mit Letzterem. Das Phänomen nennt sich »erlernte Hilflosigkeit« und lässt sich in einem Satz zusammenfassen: Wenn wir wiederholt die Erfahrung machen, etwas nicht zu schaffen, dann glauben wir irgendwann wirklich, dass wir es nicht können.

Es gibt viele Experimente, die die erlernte Hilflosigkeit belegen. Ein Beispiel: Zwei Gruppen von Menschen bekommen die Aufgabe, Anagramme zu lösen. Ein Anagramm ist ein Wort, aus dessen Buchstaben ein neues Wort gebildet werden kann: »Mehl« wird zu »Helm«, »Ampel« zu »Palme« oder »Lampe«. Eine Gruppe von Teilnehmenden erhält zu Beginn eine ganze Reihe von Wörtern, die sich gut zu neuen Wörtern umbilden lassen. Die zweite Gruppe bekommt Wörter, bei denen das nicht möglich ist. Während Gruppe 1 einige Minuten lang die positiven Erfahrungen neu gefundener Wörter macht, beißt sich Gruppe 2 hingegen die Zähne aus. Die Wissenschaftler haben ihnen natürlich nicht verraten, dass es sich bei den Wörtern gar nicht um Anagramme handelt. Sie machen immer und immer wieder die Erfahrung von: »Es gelingt mir nicht.« Bewusst oder unterbewusst entsteht bei vielen von ihnen der Eindruck: »Ich habe nicht die Fähigkeiten, Anagramme zu lösen.« Diese limitierenden inneren Bilder wirkten sofort. Als beide Gruppen in einer zweiten Runde die gleichen lösbaren Anagramme erhielten, preschte Gruppe 1 voran und löste eins nach dem anderen. Gruppe 2 hingegen hinkte hinterher. Ihre ungünstigen inneren Bilder über die eigenen Fähigkeiten beschränkten den Zugriff auf das eigene Potenzial. Das zeigte sich unmittelbar im Verhalten: Sie brauchten deutlich länger für die Lösung der Aufgaben.

Die erlernte Hilflosigkeit kann von einem Bereich in einen ganz anderen Bereich überschwappen. Donald Hiroto und Martin Seligman, die Urväter dieses Konzepts, haben Probanden in einer Studie verschiedenste kognitive und physische Aufgaben gegeben. Hatten Teilnehmende zuvor laute Störgeräusche gehört, deren Lautstärke sie durch das Drücken eines Knopfes reduzieren konnten, waren diese danach in der Lage, Anagramme problemlos zu lösen. Hatten sie jedoch die Erfahrung gemacht, vergebens auf den Knopf gedrückt zu haben – der Krach blieb also weiterhin laut –, wirkte die erlernte Hilflosigkeit. In der anschließenden Anagramm-Runde schnitten sie deutlich schlechter ab. Sie hatten sich selbst ganz grundsätzlich infrage gestellt.

Ich erinnere mich gut an den Moment, als mein kleiner Sohn mit zweieinhalb Jahren sein erstes Fahrrad bekam. Da er zuvor auf dem Laufrad sein Gleichgewicht sehr gut halten konnte, kauften wir ihm für das neue Fahrrad keine Stützräder. Er probierte es einige Mal, damit zu fahren, aber es gelang ihm nicht so, wie er es sich wünschte. Danach bestieg er es lange Zeit nicht wieder. Er behauptete: »Ich kann kein Fahrrad fahren« und schnappte sich wieder sein Laufrad. Erst als wir Stützräder befestigten und ihn trotz lauten Protests nochmal auf das Fahrrad setzten, lösten sich seine limitierenden Bilder über die eigenen Fähigkeiten auf. Inzwischen radelt er, während ich jogge, ohne Stützräder eine Stunde neben mir her und plappert dabei ununterbrochen auf mich ein, was ihn in seiner Welt gerade so bewegt.

Wenn wir heutzutage Erfahrungen des Scheiterns machen, können wir auf die Methode der Umdeutung aus Kapitel 1 zurückgreifen. Eine mögliche Umdeutung, einen Fehlversuch nicht als Scheitern zu sehen, sondern als eine Lernerfahrung: »Auch Thomas Edison hat 1000 Versuche benötigt, um eine Glühbirne zu erfinden.« Wirksam kann auch das Normalisieren sein. »Es ist vollkommen normal, dass mir das gerade nicht gelingt – ich bin ja auch vollkommen übermüdet/überarbeitet/gerade durch eine Trennung gegangen.« Oder: »Ich habe nicht das Wissen, das ich benötige – da ist es nur normal, dass es nicht sofort klappt.«

Etwas herausfordernder ist es, Erfahrungen erlernter Hilflosigkeit aus der Vergangenheit zu überwinden. Diese nisten sich oftmals heimlich in uns ein, und wir entdecken ihren limitierenden Einfluss nur, wenn wir sehr aufmerksam unsere Gedanken und Gefühle beobachten. Ich selbst zum Beispiel erlebe hin und wieder Momente, in denen ich selbst über die Schärfe meiner Reaktion auf eine Situation überrascht bin. Ich stelle mir dann die Frage: »Wow, Sebastian – passen diese Gefühle und Gedanken zu dem 45-jährigen Mann, der du bist?« Wenn die Antwort Nein lautet, kann es eigentlich nur eine alte limitierende Erfahrung sein, die mich gerade beeinflusst. Manchmal mache ich mich dann innerlich auf die Suche nach dieser alten Erfahrung, damit ich nicht noch einmal emotional unangemessen reagiere. Ich muss zugeben, dass die Suche und dann die Befreiung von dem Alten manchmal nicht leicht ist. Doch dann erinnere ich mich an eine Lebensweisheit eines wichtigen Lehrers von mir, Professor Matthias Varga von Kibéd: »Nicht an sich zu arbeiten, heißt, den Mitmenschen keine Gelegenheit zu geben, eine bessere Version von uns selbst kennen zu lernen. Und das wäre bedauerlich.«

Doch wenn wir die erlernte Hilflosigkeit mal außen vorlassen, dann sind Erfahrungen etwas ganz Wunderbares, wenn es darum geht, uns neuronal weiterzuentwickeln. Das zeigt eine ganze Reihe von Studien, die sich mit den Auswirkungen von sogenannten »Enriched Environments« beschäftigen. In Experimenten wurden Nagetieren immer wieder »angereicherte Umfelder« geschaffen.

Stellen Sie sich zwei Gruppen von Mäusen vor. Eine Gruppe lebt mit ausreichend Nahrung für einige Wochen in einem Käfig. Die zweite Gruppe erhält für den gleichen Zeitraum nicht nur Futter, sondern auch ein abenteuerliches Umfeld. Das sind Laufräder und jede Menge kleiner Röhren, durch die sie in alle Richtungen klettern können. Einige Wochen später werden die Wissenschaftler Veränderungen in den Gehirnen derjenigen Nager feststellen, die in einem Käfig mit angereichertem Umfeld lebten. Die zusätzlichen Erfahrungen, die die Mäuse mit dem Laufrad und dem Röhrensystem gemacht haben, haben die sogenannte Neurogenese angekurbelt: Die Neuproduktion von Hirnzellen war gestiegen. Neue Erfahrungen verändern also messbar das Gehirn.

Eine der bekanntesten Studien haben Wissenschaftler mit Londoner Taxifahrern durchgeführt. Diese Personen mussten sich Unmengen von Straßen und Bauwerken merken. Die Vorbereitung auf die Taxiprüfung in London dauert zwischen zwei und vier Jahren. Einen Taxischein zu besitzen, ist für viele Fahrer also fast so etwas, wie einen Judo-Schwarzgurt zu tragen – so stolz sind sie. In Folge dieses massiven Wissenszuwachses haben Wissenschaftler bei ihnen im Hirn einen vergrößerten Hippocampus entdeckt. Diese walnussgroße Struktur in unserem Gehirn hat einen bedeutsamen Anteil bei der Informationsverarbeitung und dem Verinnerlichen von dreidimensionalen Strukturen – so wie beispielsweise die Straßen und Gebäude in London.

Doch auch Musiker mit jahrelanger Erfahrung haben vergrößerte Bereiche des Teils ihres motorischen Netzwerks, das für die Bewegung der Körperteile verantwortlich ist, die sie zum Spielen des Instruments benötigen. Ebenso sind Teile des Hörzentrums bei diesen Menschen anders strukturiert. Und jeder von uns, der regelmäßig ein Smartphone benutzt, zeigt inzwischen eine veränderte neuronale Aktivität, wenn unsere Daumen und Zeigefinger berührt werden, wie Wissenschaftler an der ETH Zürich nachgewiesen haben.

Wenn wir wollen, dass sich in unserem Hirn etwas verändert, sind neue Erfahrungen unumgänglich. Denn diese gehen uns wortwörtlich unter die Haut. Sie aktivieren unsere emotionalen Zentren, und diese schütten die neuroplastischen Botenstoffe aus, die wir brauchen, damit in unserem Hirn neue Netzwerke entstehen. Dann werden unsere unsichtbaren Potenziale sichtbar. Wir wachsen über uns hinaus.

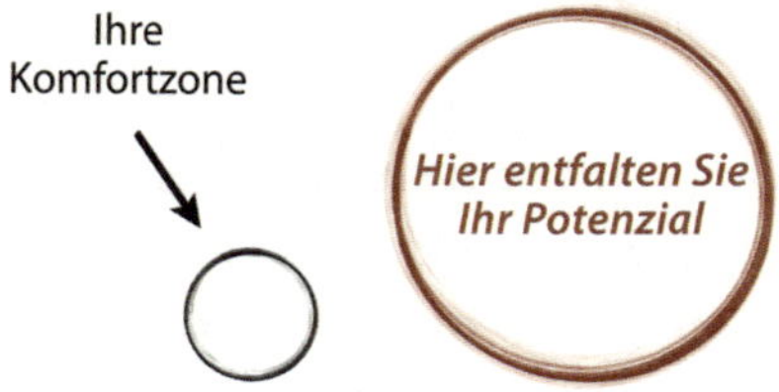

Wenn wir immer nur die gleichen Erfahrungen machen, wächst in unserem Hirn nicht viel Neues. Verlassen wir jedoch unsere Komfortzone, entstehen neue neuronale Verknüpfungen.

Unser Verhalten beeinflusst unsere Erfahrungen

Lassen Sie uns die letzte Ebene des Potenzialkreises betrachten: das Verhalten. Selbst wenn wir positive Erfahrungen und starke innere Bilder in uns tragen – all das hilft nichts, wenn wir nicht das passende Verhalten entwickeln, um das zu erreichen, was uns wichtig ist.

Dieses Buch, das Sie jetzt gerade in der Hand halten, wäre genau daran fast gescheitert. Es war im Jahr 2014. Ich hatte mir in Gedanken bereits intensiv ausgemalt, wie ich mein erstes Buch *Führen mit Hirn* schreiben würde – meine inneren Bilder waren also stark. Auch auf der Ebene der Erfahrungen brachte ich etwas mit: Ich hatte einige gut bewertete Fachartikel verfasst, und auf die vielen Vorträge, die ich damals hielt, bekam ich vom Publikum durchgehend positive Resonanz. Ich hatte also alles, was ich brauchte, um nun auch Buchautor zu werden. Zumindest dachte ich das. Doch ich lag gründlich daneben, wie mir ein Realitätscheck zeigte.

»Das ist anständige journalistische Arbeit«, war die verklausulierte Rückmeldung einer Programmleiterin eines Verlages, nachdem sie meine ersten bereits geschriebenen Kapitel gelesen hatte. Was sie damit eigentlich sagen wollte: »Für ein Buch reicht das keinesfalls.« Vier weitere Verlage waren nicht interessiert. Ich war ziemlich niedergeschlagen. Durch Vorträge und Seminare konnte ich schließlich nur eine begrenzte Anzahl von Menschen erreichen. Doch ich wollte meine Erkenntnisse über Hirnforschung, Führung und Kulturwandel mit einem größeren Publikum teilen.

Damals war mir nicht klar, was ich hätte anders machen können. Eine Freundin, die bereits mehrere Bücher veröffentlicht hatte, empfahl mir ihren Buchcoach. Mit diesem spazierte ich einen ganzen Tag durch den Hannoveraner Stadtwald. Dabei zerpflückte er meine bereits geschriebenen Kapitel. Seine Kritik war so grundlegend und gleichzeitig so konstruktiv, dass ich 90 Prozent des Geschriebenen verwarf und von vorn anfing. Einige Monate später sendete ich die neuen Kapitel an drei Verlage – und ich bekam drei Vertragsangebote zurück! Ein Jahr später war *Führen mit Hirn* ein Wirtschaftsbestseller, der inzwischen auch in englischer und chinesischer Sprache veröffentlicht wurde. All das wäre nicht geschehen, hätte ich mir damals nicht jemanden gesucht, der mir half, mein eigenes Verhalten zu verändern. Manchmal brauchen wir einen Coach, einen Berater, eine Fachfrau oder einen guten Freund, der etwas kann, was wir selbst noch nicht können. Diese Menschen um Hilfe zu bitten, ist sinnvoll, wenn wir trotz bester Voraussetzungen aus uns heraus nicht das Verhalten entwickeln können, das wir gerne hätten.

Durch unser Verhalten beeinflussen wir direkt – oder indirekt durch unsere Erfahrungen – unsere inneren Bilder. Eine Methode, unser Verhalten zu trainieren, haben wir bereits von Chuck Norris gelernt: das detailreiche Visualisieren von zukünftigen Ereignissen und das mentale Durchspielen jedes einzelnen Schrittes dorthin. Aus der mehrfach prämierten Dissertation von Britta Lorey wissen wir, dass schon das Vorstellen von zukünftigem Verhalten die neuronalen Netzwerke in unserem Kopf aktiviert, die wir später benötigen. Und Anthony Jacks Studie mit Probanden, die sich ihre ideale Zukunft vorstellten, zeigte, dass deren PFC aktiviert war. Das ist der Teil unseres Hirns, in dem unsere höheren geistigen Leistungen verborgen sind, der Ort unseres Potenzials.

Ein weiterer angenehmer Nebeneffekt des Visualisierens, den ich Ihnen bisher noch nicht vorgestellt habe, ist: Wir schütten, wenn wir uns unsere Zukunft angenehm und detailreich vorstellen, den Neurotransmitter Dopamin aus – das sogenannte »Anticipation Molecule«. Die Umschreibung »Anticipation Molecule« basiert auf den Erkenntnissen des Stanford-Neurowissenschaftlers Robert Sapolsky. Sapolsky entdeckte, wann genau dieser Botenstoff in unserem Gehirn freigesetzt wird. In einem Experiment mit kleinen Affen hat er die Ausschüttung von Dopamin untersucht. Die kleinen Kerle erhielten ein akustisches Signal. Sie hatten vorher gelernt: »Wenn ich den Ton höre, muss ich auf eine Taste drücken, und dann gibt es eine Belohnung in Form von Essen.« Als die Belohnung kam und sie sich diese in den Mund steckten, geschah mit ihrem Dopaminspiegel jedoch gar nichts. Das vorherige Ertönen des Signals hingegen sorgte für eine Flutung der kleinen Affenhirne mit Dopamin. Die Antizipation, dass sie gleich etwas tun könnten, das zu einer Belohnung führen würde, war entscheidend und nicht die Belohnung selbst!

Es ist nicht die Erfüllung des Glücks selbst, sondern das Streben nach dem Glück, das Dopamin in unserem Kopf ausschüttet.

Manchmal ist die Dopamin-Ausschüttung in unserem Hirn so groß, dass wir gar nicht anders können, als uns alles im Detail vorzustellen: die anstehende eigene Hochzeit, die Präsentation eines wichtigen Projekts vor Entscheidungsträgern oder ein lang geplanter Abenteuerurlaub. Die Menge des Dopamins, das sich meist noch mit etwas Adrenalin mischt, zwingt uns geradezu, alles im Detail zu durchdenken. Doch andersherum gelingt es genauso: Das bewusste detailreiche Visualisieren von dem, was uns alles durch das Erreichen des Ziels möglich wird, schüttet Dopamin aus und unsere neuronalen Netzwerke fahren hoch.

Dass »inneres Verhalten« – also Gedanken – zu einer direkten Veränderung unserer inneren Bilder führen, zeigt eine bahnbrechende Studie der Neurowissenschaftlerin Sara Lazar von der Harvard Medical School in Boston. Im Jahr 2011 hat Lazar die Auswirkung von Achtsamkeitsmeditation auf das Gehirn untersucht. Probanden, die nur acht Wochen lang regelmäßig Achtsamkeitsübungen anwendeten, erreichten messbare Veränderungen der neuronalen Strukturen in ihrem Kopf. Ihr Hippocampus – diese Hirnregion ist Nervenzellfabrik und Bibliothekar zugleich – vergrößerte sich. Der »Gefahrenriecher«, die Amygdala, verkleinerte sich. Die Bereiche des Gehirns, die Serotonin produzieren – ein wichtiger Botenstoff für persönliches Glücksempfinden –, waren nach nur acht Wochen auch vergrößert.

Auch der PFC hatte sich umstrukturiert – seine neuronalen Netzwerke sind die physische Entsprechung unserer inneren Bilder.

Wir können tatsächlich Materie mit reiner Gedankenkraft verändern – zumindest, was die Struktur unseres eigenen Gehirns angeht!

ESSENZ FÜR EILIGE

Das Steuer in der Hand: Wie wir unsere Neurotransmitter in Balance bringen

- Wenn wir mitgestalten können, werden die emotionalen Zentren unseres Gehirns aktiv. Sie schütten neuroplastische Botenstoffe aus, die in unserem präfrontalen Cortex zu Neuvernetzungen führen: Wir kommen auf neue Gedanken, lernen neue Verhaltensweisen und entwickeln neue Fähigkeiten.
- Wenn wir uns ein Ziel nur erträumen, dann gaukelt uns unser Hirn vor, wir hätten es bereits erreicht, und unsere Handlungsenergie fährt messbar runter. Antizipieren wir jedoch zusätzlich die möglichen Widerstände und zudem Handlungen, um diese zu überwinden, dann kommt die Energie zurück. Unser Hirn schüttet neuronale Botenstoffe aus, die uns die Ärmel hochkrempeln lassen, um das Ziel zu erreichen.
- Mentale Generalproben zukünftiger Handlungen aktivieren bereits die neuronalen Netzwerke, die wir bei der späteren Umsetzung benötigen. Dadurch haben wir im Ernstfall mehr Zugriff auf unsere höheren kognitiven Leistungen, denn unser PFC beginnt während der Generalproben bereits damit, »Rechenleistung« in andere Teile des Gehirns auszulagern. So haben wir bei der echten Premiere einen freieren Kopf.
- In herausfordernden Situationen beruhigt uns das Gefühl, aktiv Einfluss nehmen zu können. Wir schütten messbar weniger Stresshormone aus.

- Vergebung ist eine der mächtigsten Methoden, um seelischen Ballast und inneren Groll abzulegen. Dabei steht weniger eine echte Versöhnung mit der anderen Person im Vordergrund. Ziel ist es vielmehr, den eigenen inneren Zustand zu verbessern.
- Menschen, die vergeben, haben messbar mehr Energie zur Verfügung – sowohl körperlich als auch mental. Die Alphawellen in unserem Gehirn schnellen nach oben: Wir reagieren neuronal mit einem Zustand von Entspannung.
- Unsere inneren Bilder beeinflussen unser Potenzial: Wenn wir uns in einer herausfordernden Situation auf unsere persönlichen Werte konzentrieren, dann meistern wir die Situation besser. Wir reagieren körperlich mit weniger Stress.
- Unser Umfeld beeinflusst unsere inneren Bilder. Menschen, die an uns glauben, stärken unseren Glauben an uns selbst – dadurch können sich die in uns liegenden Potenziale besser entfalten.
- Wir brauchen Erfahrungen, um uns zu entwickeln. Ein »Enriched Environment« – ein Umfeld, das uns fordert – führt zu mehr neuronalen Vernetzungen. Solche fordernden Erfahrungen machen wir immer dann, wenn wir unsere Komfortzone verlassen.

Kapitel 5

Ebbe und Flut im Kopf: Wie wir unsere neuronalen Ressourcen managen

Ich hoffe, es bleibt Ihnen erspart … Doch nur einmal angenommen, Sie wären durch einen unglücklichen Umstand im Gefängnis gelandet. Ihr Anwalt arbeitet daran, dass Sie eine bedingte Haftentlassung erhalten. Um das zu erreichen, werden Sie nach einigen Jahren im Gefängnis einem Richter vorgeführt. Dieser Mensch wird nun darüber entscheiden, ob Ihre Strafe zur Bewährung ausgesetzt wird oder ob Sie weiterhin inhaftiert bleiben. An diesem bedeutsamen Tag, der die folgenden Monate oder Jahre Ihres Lebens bestimmen wird, darf genau eine Sache nicht geschehen: Ihr Termin mit dem Richter darf niemals, wirklich niemals am späten Vormittag stattfinden. Denn dann würden Sie mit hoher Wahrscheinlichkeit zurück ins Gefängnis wandern.

Professor Shai Danziger hat genau das beobachtet. Immer und immer wieder. Der israelische Experte für kognitive Neurowissenschaften veröffentlichte die Details in seiner Studie »Extraneous factors in judicial decisions«. Diese Forschung ist nicht nur ihrer haarsträubenden Ergebnisse wegen beachtenswert, sondern sie wurde zudem durch den Nobelpreisträger Daniel Kahnemann geadelt, der sie vor ihrer Veröffentlichung noch einmal bearbeitet hatte.

Danziger hatte über einen Zeitraum von zehn Monaten das Wirken von israelischen Richtern gewissenhaft unter die Lupe genommen. Er analysierte insgesamt 1112 Haftprüfungstermine von acht gestandenen Juristen, die durchschnittlich 22 Jahre Berufserfahrung hatten. Jeder Einzelne von ihnen entschied täglich im Durchschnitt über die Schicksale von 23 Inhaftierten, ob diese eine Bewährung erhielten oder zurück ins Gefängnis mussten. Welcher Faktor hatte wohl den größten Einfluss auf diese für die Betroffenen so folgenschwere Entscheidung?

Die Uhrzeit des Termins. Es gab drei besonders günstige Zeitpunkte, um bei den Richtern Gehör zu finden: Die Gefangenen mussten ganz am Anfang des Arbeitstages vorstellig werden oder direkt nach der Frühstücks- oder Mittagspause. Dann lag die Wahrscheinlichkeit, freigelassen zu werden, bei nahezu 65 Prozent. Doch wehe, sie hatten einen Termin kurz vor diesen Pausen oder gegen Ende des Tages. Dann schmolzen ihre Chancen dahin. Je länger die Sitzungen dauerten, umso schwerer fiel es den Richtern offensichtlich, sich immer wieder aufs Neue auf die jeweiligen Fälle der Häftlinge einzulassen – mit dramatischen Folgen für die Betroffenen. »Wir konnten sehen, dass die positiven Entscheidungen der Richter von 65 Prozent graduell auf 0 Prozent sanken«, sagt Danziger. »Nach den Pausen schnellten sie jedoch wieder auf 65 Prozent nach oben.«

Professionell mag das, was sich in den Köpfen der Richter während der Entscheidungsfindung abspielte, zumindest fragwürdig sein – neurobiologisch ist es zutiefst nachvollziehbar.

Lassen Sie uns das Neurobiologische etwas genauer betrachten. Der menschlichste Anteil unseres Gehirns ist eine Struktur direkt hinter unserer Stirn, der sogenannte präfrontale Cortex (PFC). Kein anderes Säugetier hat einen im Vergleich zur Gesamthirnmasse so großen PFC wie wir. Dieser Teil unseres Gehirns beherbergt viele unserer höheren kognitiven Leistungen, unsere sogenannten Exekutivfunktionen. Sie kennen diese bereits aus dem vorherigen Kapitel, doch lassen Sie mich Ihr Wissen kurz auffrischen. Die Fähigkeiten, die unser PFC beheimatet, sind beispielsweise die Möglichkeit, Wichtiges von Unwichtigem zu unterscheiden, unsere Impulskontrolle, die vorausschauende Handlungsplanung, die Möglichkeit, Empathie zu entwickeln oder unsere Kreativität. All das zu können, benötigt Energie – viel Energie. Daher verbraucht dieser Teil unseres Hirns deutlich mehr Glukose als die anderen neuronalen Strukturen im Kopf. Wenn dieser kleine Energiefresser hinter unserer Stirn über längere Zeit aktiv war und zu wenig Möglichkeit blieb, sich zu regenerieren, verliert er vorübergehend und meist unbemerkt einen Teil seiner außergewöhnlichen Fähigkeiten.

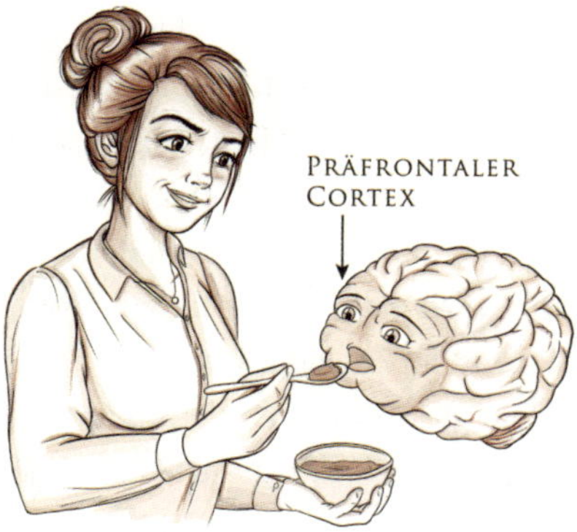

Der präfrontale Cortex ist der hungrigste Teil unseres Gehirns, er verbraucht überdurchschnittlich viel Energie. Steht ihm diese vorübergehend nicht zur Verfügung, haben wir nur noch eingeschränkten Zugriff auf unsere höheren geistigen Leistungen.

Das Handmodell des Gehirns

Einen gut verständlichen Weg, die Wirkung des PFC zu visualisieren, habe ich vor einigen Jahren bei Dan Siegel kennen gelernt. Dan ist Kinderarzt und Psychiater, der im Laufe seiner Berufsjahre seine Erkenntnisse mit dem Wissen der modernden Hirnforschung verknüpft hat. Er hat das »Handmodell« des Gehirns entwickelt, um drei wichtige neuronale Strukturen erklären zu können.

Ich erkläre es Ihnen. Halten Sie dazu eine Ihrer Hände geöffnet vor sich, so dass die Innenfläche zu Ihnen zeigt. Klappen Sie den Daumen der Hand ein und legen Sie die Finger darüber. Sie sollten nun eine Faust gemacht haben, bei der Ihr Daumen in den Fingern steckt.

Das Handgelenk repräsentiert in diesem Modell Ihren Hirnstamm. Das ist das Überlebenssystem in unserem Kopf. Es sorgt dafür, dass unser Herz regelmäßig schlägt, dass wir atmen, und es hält weitere zahlreiche unbewusste Vorgänge im Körper am Laufen. Wenn wir uns in Gefahr befinden, ist der Hirnstamm wesentlich daran beteiligt, Verhaltensweisen für unser Überleben – wie Angriff, Flucht oder Starre – zu aktivieren.

Der Daumen steht für das limbische System. Es nimmt eine zentrale Rolle in unserer Gefühlswelt, unseren Erinnerungen und unserem Antrieb ein.

Und dann gibt es noch den präfrontalen Cortex (PFC). Der wird durch den vorderen Teil unserer Finger dargestellt, die über dem Daumen liegen. Dieser sorgt dafür, dass wir unsere Gefühle und Impulse kognitiv verarbeiten und, wenn nötig, auch kontrollieren können. Wenn Sie sich Mittel- und Ringfinger anschauen und dort die Fläche von den äußersten Knochen zu den Fingernägeln betrachten – das ist ungefähr die Position unserer PFC.

Unter normalen Umständen kann der PFC die Informationen aus dem limbischen System gut verarbeiten und unter Kontrolle halten. Drücken Sie Ihre Finger etwas nach unten, stellen Sie fest, dass der Daumen nicht entweichen kann. Wenn wir jedoch übermüdet sind, vielleicht dazu noch hungrig und das Gefühl haben, dass von allen Seiten an uns gezogen wird, und wenn dann ein Kollege besonders nervt, das eigene Kind besonders viel jammert oder ein Autofahrer uns die Vorfahrt nimmt, dann hat der PFC, weil er ermüdet ist, nur noch eingeschränkt Kontrolle über unser limbisches System. Lockern Sie Ihre Finger. Sie merken nun, dass Sie den Daumen gut herausziehen können. Wenn das limbische System unkontrolliert agiert, dann ist Alarm. Dann kommen uns die Tränen, wir beginnen zu fluchen und unser Handy bekommt Flugstunden. Oder wir machen es wie die Richter aus Professor Shai Danzigers Studie: Wenn diese schon ein Dutzend Fälle gehört und keine Kraft mehr für weitere Entscheidungen haben, dann denken sie sich: »Better safe than sorry« und schicken den Antragssteller zurück ins Gefängnis.

Dan Siegel nutzte dieses Modell ursprünglich, um seinen kleinen Patienten das Verhalten der Erwachsenen zu erklären. Eine seiner ersten Patientinnen, deretwegen er überhaupt begann, sich vermehrt mit dem PFC zu beschäftigten, litt unter dem veränderten Verhalten ihrer Mutter. Bei einem Autounfall war die Frau mit der Stirn auf das Lenkrad geknallt, seitdem war ihr PFC stark geschädigt. Die Mutter hatte bei den Sitzungen mit Dr. Siegel ihre vierjährige Tochter auf dem Schoss und streichelte sie wie ein Roboter. Die Fähigkeit, sich in das eigene Kind einzufühlen, war ihr mit dem Unfall verloren gegangen. Die Frau erklärte: »Es ist so, als hätte ich meine Seele verloren.« Die Tochter war entsprechend verwirrt, da sie seit dem Unfall keine echte Zugewandtheit mehr von ihrer Mutter erlebte. Dan entwickelte daraufhin das Handmodell. Damit erklärte er dem Mädchen, dass die Liebe ihrer Mutter für sie unterhalb der Finger zu finden sei, dort wo der Daumen – das limbische System – von

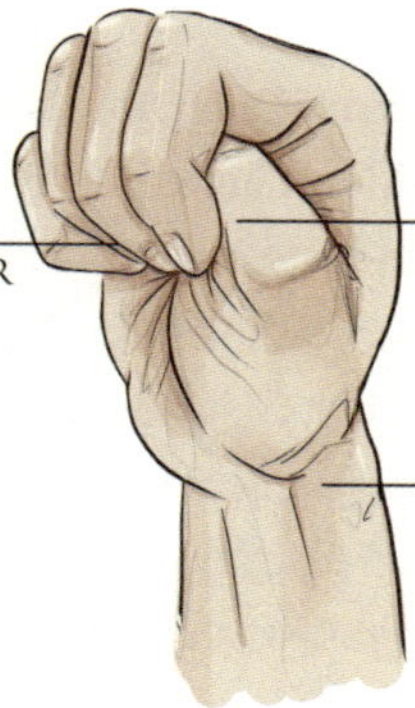

Mithilfe unserer Hand können wir das Zusammenspiel zwischen unserem PFC und dem limbischen System gut verstehen. Hat unser PFC ausreichend Energie, kann er die darunterliegenden emotionalen Bereiche des limbischen Systems leichter im Zaum halten. Daher können wir auch besser mit Stress umgehen, wenn wir ausgeruht sind.

den anderen Fingern gehalten wird. Jedoch seien die höheren Netzwerke, die von den vorderen Bereichen des Mittel- und Ringfingers repräsentiert werden, zerstört. Und ohne diese höheren Netzwerke könne die Mutter die darunterliegende Liebe nicht mehr zum Ausdruck bringen.

Anderen Kindern erklärte er, warum es manchmal geschehen kann, dass die Mutter oder der Vater beim Schimpfen laut werden. Das geschehe, wenn der PFC der Eltern zu erschöpft sei, um ihre Impulse zu kontrollieren. Danach hob der Kinderarzt die Finger und holte den Daumen heraus. Dieser repräsentiere die unkontrollierten Gefühle, erklärte er. »Sobald Mama oder Papa wieder genügend Energie hier vorne haben, werden sie wieder ruhig.« Dabei zeigte er auf den Mittel- und Ringfinger, während diese den Daumen wieder umschlossen.

Während Dan den Kindern dieses Modell erklärte, lernten auch die dabeisitzenden Eltern viel über sich selbst. Daher begann Dan im Laufe der Zeit, das Modell auch Erwachsenen zu vermitteln. Ich nutze das Handmodell inzwischen oft, wenn ich mit Menschen arbeite, da es hilft, sich selbst und das Umfeld besser zu verstehen.

Wir alle kennen diese Momente, wenn unser PFC erschöpft ist und wir nicht mehr Zugriff auf unsere höheren Leistungen haben. Dann kann uns auch mal die Impulskontrolle verloren gehen …

Das geschieht den Besten. Selbst ein Heiliger ist offensichtlich nicht frei davon. Vielleicht erinnern Sie sich noch an ein Ereignis vom Silvesterabend 2019: Während der Messe auf dem Petersplatz schnappt sich eine Frau aus der Menge die Hand von Papst Franziskus und zerrt ihn zu sich herüber. Dem Oberhaupt der katholischen Kirche riss der Geduldsfaden, und er schlug auf die Hand der Gläubigen. Auch der Dalai Lama erzählt in seinem *Buch der Freude* von solchen Situationen: »Wenn wir zu müde sind, kann es sein, dass wir Frustration und Wut empfinden. Ich habe es viel leichter, wenn ich morgens, solange mein Geist noch ruhig ist, mit einer schwierigen Situation konfrontiert werde. Geschieht das Gleiche spät zu Abend und ich bin schon ein bisschen müde, regt es mich auf.«

Die unbemerkte Ebbe im Hirn

Das, wovon der Dalai Lama spricht, das, was in den Köpfen der Richter geschah, und das, was jeder von uns vermutlich bereits erlebt hat – all das lässt sich neuronal messen. Dr. Bastien Blain hat es getan. Er lehrt nicht nur Neuroökonomie an der Sorbonne Université, sondern hat eine Studie durchgeführt, die für die Teilnehmenden ziemlich anstrengend gewesen sein muss. Sechs Stunden lang ließ er seine Probanden mehrere Arten von Aufgaben lösen, die speziell darauf ausgelegt waren, den PFC intensiv zu beanspruchen.

Die Teilnehmenden bekamen jeweils für 0,9 Sekunden einen Buchstaben auf einem Monitor zu sehen. War die Farbe des Buchstabens grün, mussten sie bestimmen, ob es ein Vokal oder Konsonant gewesen war. Erschien der Buchstabe in roter Farbe, mussten sie Rückmeldung geben, ob es sich um einen großen oder kleinen Buchstaben gehandelt hat.

Manchmal sollten sie sich zudem erinnern, ob sie diesen Buchstaben in der letzten, der vorletzten oder der vorvorletzten Runde bereits gesehen hätten. Um den PFC besonders zu fordern, hatten sie auch nur 0,9 Sekunden Zeit, um durch Drücken einer Taste zu antworten … immer und immer und immer wieder. Sechs Stunden lang!

In einem weiteren Teil des Experiments wurde die Fähigkeit zur Impulskontrolle gemessen. Dafür mussten die Teilnehmenden zwischen den einzelnen Aufgabenblöcken alle 60 Sekunden eine finanzielle Entscheidung treffen, die ich Ihnen gleich genauer erkläre. Das Muster dieser Entscheidungen war angelehnt an den berühmten Marshmallow-Test aus dem Jahr 1972 der Stanford University. Verkürzt ausgedrückt funktionierte dieser so: Ein kleines Kind wird vor einen Marshmallow gesetzt. Dabei muss es eine Entscheidung treffen: Es darf die Süßigkeit sofort essen, oder aber es wartet damit für eine Viertelstunde und erhält dafür zwei Marshmallows. Viele Jahre glaubten die Wissenschaftler, dass man aus den Ergebnissen dieses Experiments bereits die großartige akademische Karriere eines Vierjährigen voraussagen könne. Diese Überzeugung ist inzwischen teils widerlegt. Doch unbestritten ist bis heute, dass man über ein gehöriges Maß an Impulskontrolle verfügen muss, um in solchen Momenten zu widerstehen.

In Blains Versuch wurden die Marshmallows durch Geld ersetzt. Auch hier mussten die Teilnehmenden eine Entscheidung treffen. Sie bekamen einen Betrag von wenigen Euro angeboten, den sie am Ende des Experiments erhalten würden. Oder aber sie könnten sich für 100 Euro entscheiden, auf die sie jedoch viele Monate warten müssten. Im Laufe des Tages mussten sie sich 330 Mal entscheiden: Wenig Geld am Ende der Studie oder viel Geld deutlich später. In jeder Runde variierten die kleinen Beträge, die sie am Ende der Studie erhalten würden. Manchmal waren es 3 oder 5, andere Male 20 oder sogar 50 Euro. Und es variierte der Wartezeitraum, bis sie die 100 Euro bekämen, wenn sie sich dafür entschieden. Manchmal waren es Wochen oder Monate, dann wieder wurden fünf oder zehn Jahre angeboten.

Falls Sie sich jetzt denken: »Hui, 330 Runden und jedes Mal gibt es 100 Euro – da warte ich gerne ein bisschen«, dann muss ich Sie enttäuschen. Die Teilnehmenden wussten, dass von ihren 330 Entscheidungen letztlich nur eine einzige durch ein Zufallsprinzip ausgewählt werden würde. Sie bekamen also maximal 100 Euro. Doch da die Kompensation für die Teilnahme an der Studie 50 Euro betrug, müssen Ihnen die 100 Euro als verhältnismäßig viel erschienen sein. Es waren eine Menge Variablen zu bedenken. Und die Inflation mussten die Teilnehmenden auch noch einberechnen. 330 Mal war es für sie also ein ständiges Abwägen. Ein komplexer Denkprozess.

Die Kontrollgruppe in dem Experiment hatte einen deutlich leichteren Tag. Sie waren zwar auch sechs Stunden vor Ort, mussten in dem

Zeitraum jedoch nur 20 Prozent des Pensums erfüllen. Bastien Blain steckte seine Teilnehmenden mehrfach im Laufe des Tages in einen fMRT und erstellte Hirnscans. Bereits nach einem halben Tag konnte er einen deutlichen Unterschied erkennen: Die Aktivität des lateralen präfrontalen Cortex (lPFC) war bei der Testgruppe um 50 Prozent geringer als bei der Kontrollgruppe. »Wir haben das ganze Gehirn abgesucht«, schreibt Blain, »doch wir haben keinen anderen Bereich gefunden, wo die Aktivität so stark zurückgegangen ist.« In früheren Experimenten, in denen man genau diesen Teil des Hirns mit externen Magneten außer Kraft gesetzt hatte, waren die Teilnehmenden bei Marshmallow-ähnlichen Impulskontrolle-Experimenten nicht in der Lage zu warten und haben sofort den angebotenen Anreiz genommen. Zu dieser Erkenntnis passt eine zweite Beobachtung von Blain: Die impulsiven Entscheidungen schnellten bei der Testgruppe im Vergleich zur Kontrollgruppe bis zum Tagesende um 20 Prozent nach oben. Die Teilnehmenden konnten bei den Zwischentests immer weniger widerstehen und entschieden sich immer häufiger für das schnelle Geld.

Die einfachen Aufgaben mit den Buchstaben klappten am Ende des Tages fast genauso gut wie zu Beginn. Man muss nicht besonders komplex denken, um einen Konsonanten von einem Vokal oder einen Groß- von einem Kleinbuchstaben zu unterscheiden. Doch der PFC war so erschöpft, dass er bei den aufwändigeren Entscheidungen mit dem Geld immer öfter versagte. Das Abwägen, wie sehr es sich lohnt, auf die 100 Euro zu warten oder doch die kleinere Summe jetzt mitzunehmen, ist kognitiv herausfordernder. Daher entschieden die Probanden sich immer öfter, ohne nachzudenken, schnell für die kleine Summe. Vergleichbares geschah auch in den Köpfen der Richter. Der Teil ihres Hirns, der für komplexe, abwägende Entscheidungen verantwortlich ist, lief nur noch mit halber Kraft. In dieser Situation erschien es ihnen sicherer, den Status quo beizubehalten – also den Antragsteller ins Gefängnis zurückzuschicken, anstatt ihn freizulassen.

Komplexe Entscheidungen kann unser Hirn am besten treffen, wenn es ausgeruht ist. Einfache Entscheidungen gelingen auch mit halber Kraft.

Ebbe und Flut im Luftraum – im Gehirn von Fluglotsen

Der Fluglotse der Schweizer Skyguide in Zürich sitzt in der Nacht des 1. Juli 2002 allein vor seinem Radar-Bildschirm. Sein Kollege hat gerade Pause. Seine eigentliche Aufgabe ist es, den oberen Luftraum zu überwachen. Doch eine unvorhergesehene, verspätete Landung einer A320 lenkt ihn ab: Es gibt technische Probleme mit der Telefonleitung des Flughafens in Friedrichshafen, auf dem die Maschine landen sollte. Das Lotsen-Handbuch sieht vor, dass sich ein Lotse ausschließlich um so ein Ereignis kümmern muss und keine anderen Tätigkeiten übernehmen darf. Doch er ist allein. So bleibt ihm nichts anderes übrig, als sowohl die Landung der A320 zu koordinieren, als auch parallel die Überwachung des oberen Luftraums zu übernehmen, für den er eigentlich in dieser Schicht eingeteilt ist. Die Probleme mit dem Telefon in Friedrichshafen beanspruchen viel Zeit und Aufmerksamkeit. Daher merkt er zunächst nicht, dass eine Tupolew TU-154 der russischen Bashkirian Airline und eine Boeing 757 des Frachtflugunternehmens DHL sich in 10 000 Meter Höhe auf Kollisionskurs befinden. Unglücklicherweise ist das automatische Kollisionswarnsystem in dieser Nacht zu Wartungszwecken deaktiviert – nur hat dem Lotsen das niemand mitgeteilt.

Zur gleichen Zeit, in Karlsruhe, sehen auch die Fluglotsen der Deutschen Flugsicherung (DFS) die beiden Maschinen aufeinander zurasen. Vergeblich versuchen sie mehrfach, den Lotsen in Zürich zu erreichen. Es gibt für solche Notfälle eine Prioritätstechnik, die alle Gesprächspartner am Zielort aus der Leitung werfen kann, um durchzukommen. Doch die DFS erreicht den Kollegen in Zürich nicht. Die Telefondirektleitungen der Bodenkontrolle Zürich zu den benachbarten Luftüberwachungszentren waren wegen Wartungsarbeiten außer Betrieb. Die Zürcher Techniker haben die Telefonverbindung deaktiviert, ohne es mit der Deutschen Flugsicherung vorab zu koordinieren.

Der Zürcher Lotse bemerkt den Kollisionskurs erst spät. Er versucht sofort die Flugzeuge in unterschiedliche Höhen zu navigieren. Doch das gelingt nicht. Wenige Sekunden später kollidieren die beiden Maschinen. Die Karlsruher Lotsen können nur hilflos zusehen, wie die beiden Punkte vom Radar verschwinden. Bei dem Zusammenprall nahe Überlingen am Bodensee sterben 71 Menschen. 49 von ihnen sind Kinder. Der Skyguide-Lotse wird einige Jahre später von einem Hinterbliebenen, dessen Frau und zwei Kinder bei der Kollision ums Leben gekommen waren, aufgespürt und erstochen.

»Das Unglück von Überlingen war eine absolute Katastrophe«, erzählt mir Osman Saafan. »Da ist sehr viel zusammengekommen. Dem bedauernswerten Schweizer Kollegen hier die Schuld zuzuweisen, würde meiner Ansicht nach viel zu kurz greifen. Auch der Bericht der Bundesstelle für Flugunfalluntersuchung arbeitet das recht deutlich heraus. Da ist in der ganzen Organisation eine Menge schiefgelaufen, das war systemisch.« Saafan ist Chief Safety & Security Officer bei der Deutschen Flugsicherung und Vorsitzender des globalen Sicherheitskomitees des Verbandes der zivilen Flugsicherungsorganisationen. Überlingen lag zwar im Verantwortungsbereich des Schweizer Pendants Skyguide. Doch solche weltweiten Vorfälle sorgen dafür, dass auch Saafans Organisation ständig dazulernt und die eigenen Prozesse verbessert. Die Deutsche Flugsicherung (DFS) ist eine HRO, eine »High Reliability Organisation«. In die gleiche Kategorie fallen beispielsweise auch Kernkraftwerke, Flugzeugträger und Fluggesellschaften wie die Deutsche Lufthansa. So unterschiedlich die Dienstleistungen dieser Organisationen auch sind, eines eint sie: Wenn etwas schiefläuft, kann es viele Menschenleben kosten. So wie in Tschernobyl, in Fukushima oder auch Überlingen. Das »R« in HRO wird daher auch gerne als «risk» oder «resilient« ausgelegt.

Die DFS koordiniert sämtliche zivilen und teilweise auch die militärischen Flugbewegungen im deutschen Luftraum. Ein großer Teil der Mitarbeitenden sind Fluglotsen. Sie sitzen in Bremen, Karlsruhe, Langen und München in sogenannten »Centern« in modern ausgestatteten Kontrollräumen und überwachen von dort aus die Flugbewegungen. Vor Covid-19 waren das pro Tag bis zu 10 000, die auf vorgegebenen Routen den Himmel durchkreuzen. Dazu kommen noch die Tower-Lotsen, die – wie der Name vermuten lässt – aus den Kontrolltürmen an den Flughäfen die startenden und landenden Luftfahrzeuge kontrollieren.

Christoph Koch ist einer der Centerlotsen, der in der Nähe des Münchner Flughafens arbeitet. Der gesamte Luftraum über Deutschland ist in ungefähr 100 Sektoren unterteilt. Koch kümmert sich um einen davon. »In Stoßzeiten müssen wir bis zu zwanzig Maschinen mit bis zu 4 000 Passagieren gleichzeitig durch den Sektor koordinieren, den wir gerade verantworten«, erzählt er. Er sitzt dabei immer mit einer Kollegin oder einem Kollegen vor dem Bildschirm: Einer ist der Koordinationslotse, der sich die angrenzenden Sektoren anschaut und frühzeitig weiß, welche Maschine in welcher Höhe auf welchem Kurs in den eigenen Sektor eintreten wird. Der andere ist der Radarlotse. Dieser spricht mit den Piloten der Maschinen. Eigentümer der Deutschen Flugsicherung ist der Bund, da es sich bei der Flugsicherung um eine hoheitliche Aufgabe handelt. Daher ist jede Anweisung des Radarlotsen an einen Piloten ein Verwaltungsakt – die Fluglotsen sind so etwas wie die Polizei der Lüfte.

Die Flugkatastrophe von Überlingen zeigt, wie entscheidend ein hohes Maß an Zugriff auf die eigenen kognitiven Ressourcen in dieser Berufsgruppe ist. Schließlich werden innerhalb von Sekunden Entscheidungen getroffen, die Einfluss auf das Leben von Hunderten Menschen haben können. »Es kann sein, dass ich eine Entscheidung treffe und diese nur wenige Augenblicke danach wieder revidieren muss, weil eine neue Maschine in meinen Sektor eintritt«, sagt Koch. »Dann muss ich eine gerade festgelegte Route für ein Flugzeug wieder verändern und dabei darauf achten, dass sie zu den Wegstrecken der anderen Maschinen in meinem Sektor passt.« Die Flugzeuge müssen Mindestabstände zueinander halten – beispielsweise horizontal von drei oder fünf nautischen Meilen. Wird dieser Abstand unterschritten, handelt es sich um eine sogenannte Staffelungsunterschreitung. »Wir untersuchen jede Form von Abweichungen dieser Art, und sei sie noch so gering, um zu verstehen, was die auslösenden oder beitragenden Faktoren waren«, erzählt Osman Saafan. »Je nach Umstand und Ereignis werden die Kolleginnen und Kollegen abgelöst. Wir arbeiten mit einem Critical Incident Stress Management, um solche unerwünschten Ereignisse schnell zu verstehen und zu verarbeiten. Dadurch haben wir als gesamtheitliches System die Chance, etwas zu lernen.«

»Diese Menschen haben eine extrem schnelle Auffassungsgabe«, erklärt mir Gunnar Voigt, der Geiselverhandler, den Sie im ersten Kapitel kennen gelernt haben. Voigt trainiert verschiedenste Berufsgruppen, die potenziell mit Geiselnehmern in Kontakt kommen. Flugzeugentführungen gehören auch dazu. Von den Fluglotsen ist er besonders angetan, da diese seine Schulungen meist bemerkenswert schnell aufsaugen. Sie sind es gewohnt, Information in kurzer Zeit zu verarbeiten.

Besonders schnell müssen auch die sogenannten Approach-Lotsen reagieren. Alexandra Scheumann ist eine von ihnen. Sie muss teilweise bis zu 60 Flugzeuge pro Stunde unversehrt auf dem Flughafen in München landen lassen. Dafür sortiert und staffelt sie die Maschinen, die aus allen Himmelsrichtungen angeflogen kommen. Man kann sich das in etwa vorstellen wie das Reißverschlussverfahren auf der Autobahn, wenn von zwei auf eine Fahrspur verengt wird. Jeder, der auf der Straße Erfahrungen mit diesem System gesammelt hat, weiß: Das klappt nur selten flüssig. Bei Scheumann sind es jedoch drei Spuren, die sie koordinieren muss – und das mit Flugzeugen, die nicht parallel fliegen, sondern teils aus entgegengesetzten Richtungen kommen. Anders als ein Auto kann ein Flugzeug zudem nicht kurzfristig seine Geschwindigkeit reduzieren, wenn es einem anderen zu nahe kommt – sonst würde es vom Himmel fallen. Und sogar im Landeanflug rasen die großen Passagiermaschinen immer noch mit über 200 Stundenkilometern durch die Luft. »Gerade beim Landeanflug können wir nicht lange vorausplanen, sondern müssen die Flüge in Sekundenschnelle sortieren«, erklärt mir Scheumann. »Das ist herausfordernd. Doch im Laufe der Zeit lernt man, das fast schon automatisch zu koordinieren. Wenn dann jedoch noch ein Gewitter aufzieht, so dass die Flugzeuge vorübergehend nicht landen können, und wenn ich dann plötzlich ein paar Dutzend Maschinen auf 1500 bis 2000 Meter rund um den Münchner Flughafen in der Luft habe, dann bemerke ich das Adrenalin«, erzählt Scheumann. Die beurlaubte Berufssoldatin hat vor ihrer Zeit bei der Deutschen Flugsicherung als Operator in Marinehubschraubern U-Boote gejagt. »Der Stress und die Geschwindigkeit sind in der zivilen Luftfahrt ganz anders«, erzählt sie. »Hier muss ich viel schneller reagieren. Denn ein Sonarsignal, mit dem ich ein U-Boot aufstöbere, ist deutlich langsamer als ein Radar.«

Das Phänomen, das Sie bereits aus der israelischen Richterstudie und den Impulskontrolle-Experimenten von Bastien Blain kennen, zeigt sich auch bei den Fluglotsen: Die Fähigkeit, komplexe Entscheidungen zu treffen, sinkt bei hoher Beanspruchung nach einiger Zeit rapide ab. Osman Saafan war von 1987 bis 1995 selbst Fluglotse bei der Luftwaffe – und kennt das aus eigener Erfahrung. »Bei der Deutschen Flugsicherung beschäftigen wir uns heute unter anderem mit ›Fatigue Risk Management und mentaler Flexibilität‹, das auch das Risiko von Ermüdungserscheinungen bei den Mitarbeitenden verringern soll«, erklärt er mir. »Sowas gab es damals noch nicht – das waren andere Zeiten.« Die DFS greift auch auf das Wissen von Arbeitsmedizinern zurück, die Fluglotsen während ihrer Tätigkeit genauer untersuchten. So wurden zum Beispiel in Echtzeitsimulationen Lotsen »verkabelt« und in Hochlast-Verkehrsszenarien nach Stressindikationen gesucht. »Beinahe täglich beschäftigen wir uns mit der Frage, ob wir die Ergonomie der Arbeitsplätze und der Mensch-Maschine-Schnittstelle verbessern können«, sagt Safaan. »Wie viele Informationen können gleichzeitig aufgenommen und verarbeitet werden? Welche Farben können sie am besten verarbeiten? Wir wollten wissen, wie wir unsere Lotsinnen und Lotsen dabei unterstützen können, dass sie ihre Kraft und ihre besonderen Fähigkeiten auf das konzentrieren können, was wirklich wichtig ist.«

Arbeitsmediziner können genau erkennen, nach welchem Zeitraum konzentrierten Arbeitens sich zum Beispiel die Augenbewegungen verlangsamen – ein Zeichen für eine Ermüdung. Während in der Richterstudie eine Ermüdung »nur« zur Auswirkung hatte, dass Gefangene zurück ins Gefängnis mussten, nimmt der mögliche Schaden bei einem ermüdeten Fluglotsen ganz andere Dimensionen ein. Die DFS lässt die Lotsen daher maximal zwei Stunden am Stück arbeiten. Pro Schicht sind es bis zu drei dieser Einsätze. Dazwischen müssen sie mindestens jeweils 30 Minuten Pause machen, damit ihre mentale Leistungsfähigkeit wieder hochfahren kann.

Erinnern Sie sich an das Handmodell des Gehirns? In diesen Phasen bekommen die vorderen Finger wieder mehr Energie – der präfrontale Cortex, der Energiefresser in unserem Hirn, kann auftanken und seine Funktion danach wieder besser ausführen. »An einem Tag mit Gewitter ist so ein Zwei-Stunden-Slot schon brutal«, sagt Approach-Lotsin Scheumann. »Manche von uns legen sich dann tatsächlich hin und schlafen erstmal bis zum nächsten Einsatz.«

Kommen zum stressigen Alltag auch noch persönliche Probleme, ist der Akku besonders schnell leer. Christoph Koch beispielsweise erinnert sich an seine Scheidung: »Ich habe gemerkt, dass mich das gerade eine Menge Kraft kostet, und habe mir kurzfristig eine Woche freigenommen. Einen Bürojob hätte ich in dem Zustand sicherlich noch hinbekommen, aber für diesen Job hatte ich damals nicht ausreichend Energie.«

Wenn bei den israelischen Richtern die neuronale Kapazität nachweislich sinkt, schicken sie Häftlinge, die womöglich eine Chance auf vorzeitige Haftentlassung gehabt hätten, zurück ins Gefängnis. Wenn ein gestresster Mitarbeitender im Büro vorübergehend nicht mehr den optimalen Zugriff auf seinen präfrontalen Cortex hat, versendet er vielleicht versehentlich ein vertrauliches Dokument an einen Geschäftspartner. Ist dieser Teil des Hirns bei einem Elternteil überlastet, sprechen diese ihr Kind möglicherweise genervter an als angemessen. Doch bei Flugzeugen, die mit 800 Stundenkilometern in 12 Kilometern Höhe durch den Himmel rasen oder sich zu Dutzenden, aus allen Richtungen kommend, vor einem Flughafen tummeln, ist das Risiko bei einem ermüdeten Hirn bedeutend größer.

Die Ausbildung und das Sicherheitsmanagementsystem der DFS scheinen ihre angestrebte Wirkung nicht zu verfehlen. Saafan sucht aus seiner Schreibtischablage einen Bericht heraus, den ihm ein Abteilungsleiter kürzlich vorgelegt hat. »Von allen Flügen, die wir als DFS im letzten Jahr verantwortet haben, kam es nur bei 0,000204 Prozent zu einer Abweichung von den Vorgaben – wenn auch nur in sehr geringem Umfang«, liest mir Safaan aus dem Bericht vor. Die DFS-Lotsen hatten also in mindestens 99,999796 Prozent der Flüge ziemlich guten Zugriff auf ihre neuronalen Ressourcen.

Unsere Ebbe im Hirn – wie wir damit umgehen könnten

Die meisten von uns ticken, neuronal betrachtet, ähnlich wie die Richter und die Fluglosten. Und das manchmal bereits in viel kürzeren Zeiträumen. Bei einer Studie von Professor Andreas Hermann am Institut für Customer Insight an der Universität in St. Gallen begann bei den Probanden die Ermüdung schon nach weniger als einer Stunde. Sein Studienaufbau: Die Teilnehmenden sollten sich einen maßgeschneiderten 2 000-Schweizer-Franken-Anzug bei einem Schneider zusammenstellen. Der einen Gruppe bot der Schneider zu Beginn des Verkaufsgesprächs viele leichte Entscheidungen bei geringer Auswahl an: Acht verschiedene Gürtelfarben und zwanzig Knopffarben. Dann aber wurde es kompliziert: Die Probanden mussten sich zwischen 42 Krawatten-, 50 Hemden- und knapp 100 verschiedenen Anzugsstoffen entscheiden. Der anderen Gruppe wurde zuerst die breite Stoffauswahl vorgelegt. Sie beschäftigten sich bereits zu Beginn mit den umfangreichen Anzugs-, und Hemdenstoffen und arbeiteten sich dann langsam zu den Gürteln und Knöpfen durch. Was konnten die Wissenschaftler beobachten? Die zweite Gruppe, die bereits zu Beginn viel auswählen und abwägen musste, übernahm im Laufe des Treffens immer mehr die Empfehlungen des Schneiders. Ihr PFC war nach 100 Anzugs- und 50 Hemdenstoffen bereits ermüdet. Die erste Gruppe hingegen blieb auch bei den späteren, komplexeren Entscheidungen voller Elan dabei.

Ähnlich erging es 750 deutschen Autokäufern. Für eine weitere Studie der Universität St. Gallen wurden Autohäuser in drei deutschen Großstädten mit speziell programmierten Terminals ausgestattet, an denen die Kunden ihre Wunschautos konfigurieren konnten. Für alle Entscheidungen benötigten die Käufer durchschnittlich 30 Minuten. Danach bestellten sie ein Auto für rund 35 000 Euro. Der Studienaufbau hatte das gleiche Muster wie die Studie mit den Schweizer Schneidern. Der einen Hälfte der Kunden bot das Terminal zuerst die leichteren Entscheidungen an: sechs verschiedene Außenspiegel und zehn verschiedene Lenkräder. Ganz zum Schluss folgte dann die komplexere Auswahl: 26 Außenfarben, 56 Innenfarben. Dieser Teil der Kunden blieb bis zum Ende der Konfiguration entscheidungsfreudig. Begann das Terminal die Konfiguration jedoch mit den vielen Außen- und Innenfarben, war der PFC der Menschen schnell ermüdet. Bereits nach 20 Minuten nahmen sie immer häufiger die Vorschläge des Computers an, anstatt sich selbst einzubringen – und das bei einer Investition von 35 000 Euro …

Der Energieverbrauch unseres PFC schießt bei intensiver Nutzung rasant nach oben und lässt diesen schnell ermüden. Unser Zugriff auf unsere höheren neuronalen Netzwerke wird dadurch reduziert. Osman Saafan, der Chief Security Officer bei der Deutschen Flugsicherung, hat daher die Arbeitsplätze für seine Lotsen so gestalten lassen, dass diese nur das zu sehen bekommen, was für ihren speziellen Verantwortungsbereich wesentlich ist. Alle unwichtigen Details werden ausgeblendet. Zudem werden alle Wegstrecken für die Augen stark reduziert. Beispielsweise müssen die Fluglotsen mit ihrem Blick nicht mehr ständig vom Radar zum Schreibtisch und zurück wandern.

Doch wie können wir dieses Wissen über die Ermüdung unseres PFC nutzen? Wir könnten unserem PFC gezielt die Aufgaben abnehmen, die Kraft kosten. »Ich trage nur graue oder blaue Anzüge«, berichtete Barack Obama in einem Interview mit der *Vanity Fair*. »Ich muss täglich so viele Entscheidungen treffen, dass ich mir keine Gedanken darüber machen möchte, was ich esse oder trage.« Auch Facebook-Gründer Mark Zuckerberg trägt nahezu täglich das gleiche Brunello-Cucinelli-T-Shirt. Es heißt, er habe sich an Steve Jobs orientiert, der für seinen schwarzen Rollkragenpullover, für Jeans und New-Balance-Schuhe bekannt war. Apropos Schuhe: Ist Ihnen schonmal aufgefallen, dass Dr. Dre ausschließlich Nike Air Force 1 trägt? Zugegeben, das sind alles Männer! Mutmaßlich wird so ein Verhalten bei Männern sozial leichter akzeptiert als bei Frauen.

Auch ich selbst ertappe mich immer wieder bei solchen Verhaltensmustern: Ich habe mir einige Monate freigenommen, um täglich an meinem Buch zu arbeiten. Wer mir eine Mail sendet, bekommt eine Abwesenheitsnachricht, in der zu lesen ist, dass ich nur alle paar Tage antworte. Ich will die Kraft meines PFC für die Recherche und das Schreiben nutzen. Seit Wochen esse ich morgens immer das Gleiche: Haferflocken mit etwas Chia, Leinsamen und Sonnenblumenkernen mit kochendem Wasser übergossen. Dann gibt es eine Schicht Kokosflocken und darüber frisch geschnittenes Obst mit Nüssen. Würde ich das für den Rest meines Lebens frühstücken, müsste ich mir wohl Sorgen um mich machen. Doch beim Schreiben des Buches schenkte mir das jede Menge Ruhe und

Fokus. Auch im normalen Alltag entlaste ich meinen PFC, indem ich wiederkehrende, Kraft kostende Aufgaben beim ersten Mal sehr sorgfältig einmal richtig gut erledige, damit ich diese danach nur zu wiederholen brauche. Von den mehreren Hundert Mails pro Woche, die ich erhalte, kann ich auf diese Weise viele repetitiv beantworten. Früher habe ich jedem, der an meiner Arbeit interessiert ist, noch eine von Grund auf neu formulierte Antwort geschrieben. Doch das kostet Zeit und Kraft. Und es gibt Tageszeiten – bei mir zwischen 14 und 17 Uhr –, da bemerke ich, dass ich nicht so glasklar formuliere, wie ich es gerne würde. Darum habe ich mir verschiedene Textblöcke gut durchdacht vorgeschrieben. Jetzt kann ich sie, je nach Anfrage, immer neu zusammensetzen.

Viele Menschen beginnen den Tag mit dem Lesen ihrer E-Mails und verschwenden damit neuronale Ressourcen. Es ist meist nicht besonders anspruchsvoll, bedeutet jedoch oft eine Menge Impulskontrolle, da womöglich Nachrichten dabei sind, die sie aufregen und ihr limbisches System hochjagen. Im Handmodell bleibend bedeutet das: Bereits früh am Morgen rüttelt unser Daumen, und wir müssen die Finger stark zusammendrücken, um ihn unter Kontrolle zu halten. Für die komplexeren Aufgaben später am Tag steht dann nicht mehr so viel Kraft zur Verfügung.

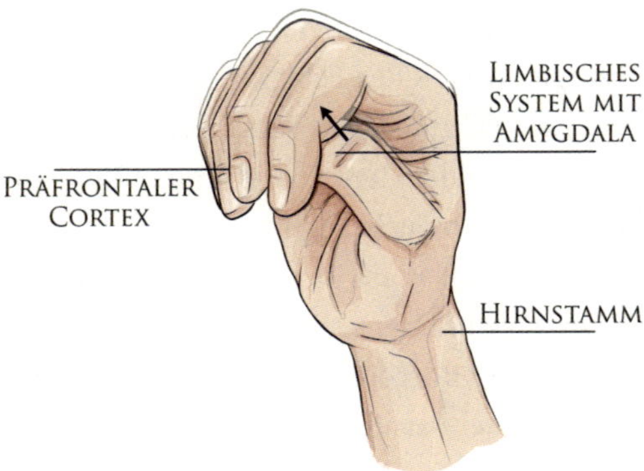

Je mehr wir uns mit Dingen beschäftigen, die uns aufwühlen, desto mehr Kraft benötigt unser PFC, um das limbische System zu beruhigen. Er hat danach weniger Energie für weitere höhere kognitive Leistungen zur Verfügung. Einen ausgeruhten PFC nach dem Aufstehen für das Lesen von E-Mails oder soziale Medien zu verwenden, ist meist eine Verschwendung wertvoller neuronalen Ressourcen. Er könnte das auch später mit halber Kraft erledigen.

Zusätzlich zu der Zuteilung der eigenen neuronalen Ressourcen – Wann nutze ich mein Hirn am besten wie lange für welche Aufgabe? – lohnt es sich, noch eine Ebene tiefer zu gehen. Die Natur mag Rhythmen. Tag und Nacht. Ebbe und Flut. Einatmen und Ausatmen. Unser Herz kontrahiert sich, um sich dann wieder zu entspannen. Wenn es dagegen nur kontrahiert, nennt sich das Kammerflimmern. Das ist kein mit dem Leben vereinbarer Zustand. Ein gut funktionierendes biologisches System braucht wellenförmige Bewegungen. Wir aber nutzen unser Hirn allzu oft wie einen Motor: Vollgas, bis wir unser Ziel erreicht haben. Wenn wir besonders schnell zum Ziel kommen wollen, geben wir besonders viel Gas. Dann lassen wir gerne mal das Mittagessen ausfallen, oder wir arbeiten bis spät in die Nacht. Doch die Biologie ist keine Physik. Bei einem physikalischen System, wie beispielsweise einer Dampfmaschine, führt mehr Druck zu mehr Leistung. Bei einem biologischen System bringt mehr Druck vielleicht kurze Leistungsspitzen. Doch mittelfristig führt es zu Minderleistungen oder einem totalen Ausfall.

Biologie ist nicht Physik.

Das beginnt bereits im Kleinen. Das haben wir in dem Experiment von Bastien Blain gesehen, der den PFC seiner Probanden sechs Stunden lang gefordert hat. Ein großer Teil der Fähigkeit zur Selbstkontrolle und der Aktivität des lateralen PFC ging ihnen dabei verloren. So wie die Ebbe der Flut und die Entspannung der Herzmuskel-Kontraktion folgt, so funktioniert auch das Gehirn – es braucht regelmäßige Phasen der Entspannung.

Giada Di Stefano kennt das aus ihrer Zeit in einem großen Unternehmen. Die ehemalige Produktmanagerin bei L'Oreal Paris und jetzige Professorin an der Universitá Bocconi hat dazu in ihrer Zeit an der Harvard Business School ein interessantes Papier veröffentlicht: »Learning by Thinking: How Reflection Aids Performance«. In mehreren Laborexperimenten und einer Feldstudie beschäftigte sie sich mit der Auswirkung von kurzen Auszeiten. In einem von Di Stefanos Laborexperimenten erhielten die Teilnehmenden eine Aufgabe mit dem Namen »Sum to ten«. Sie sahen zwölf Zahlen und mussten jeweils die beiden Paare finden, die addiert die Zahl Zehn ergaben. Um es etwas anspruchsvoller zu machen, besaßen diese Zahlen jeweils zwei Stellen nach dem Komma. Ein passendes Paar wäre beispielsweise 6,31 und 3,69. Die Probanden bekamen nun 20 Sekunden Zeit, um so viele Paare wie möglich zu identifizieren.

Di Stefano teilte die Teilnehmenden in zwei Gruppen. Die eine Gruppe musste 15 dieser Runden hintereinander lösen. Die andere Gruppe machte nach fünf Runden eine kurze Pause. Di Stefano bat die Teilnehmenden, ihre ersten Runden kurz zu reflektieren. Dann gab sie ihnen zehn weitere Rätsel. Letztlich hatten alle Probanden in allen Gruppen 15 Rätsel gelöst, ein Teil hatte jedoch eine kurze Pause eingelegt. Diese kurze Unterbrechung machte einen messbaren Unterschied. Die Gruppe, die nicht permanent durchgearbeitet, sondern ihrem PFC eine kurze Erholungspause gegönnt hatte, fand 25 Prozent mehr passende Zahlenpaare als die Vergleichsgruppe.

Di Stefano weitete ihre Forschung in die reale Welt aus. Sie begleitete zehn Wochen lang technische Kundendienstmitarbeitende in Callcentern. Wie viel Zugriff diese Menschen auf ihren PFC hatten, maß die Wissenschaftlerin daran, wie oft es ihnen gelang, die technischen Probleme der Kunden am Telefon zu lösen. Auch in dieser Feldstudie erhielt ein Teil der Teilnehmenden regelmäßig die Möglichkeit, in sich zu gehen und die eigene Arbeit zu reflektieren. Das Ergebnis war nahezu identisch mit dem des Laborexperiments: Die Leistung der Mitarbeitenden erhöhte sich um 22,8 Prozent, wenn ihr PFC immer wieder Phasen der Ruhe erhielt.

Unser Gehirn braucht Momente der Entspannung, um Dinge neu miteinander zu verknüpfen und um auf Ideen zu kommen, die im Rausch der Gedanken nicht entstünden. Die beiden Neurowissenschaftler Mark Beeman und John Kounios haben die Wechselwirkung von Ruhe und die dadurch neu entstehenden Gedanken genau unter die Lupe genommen. Beeman und Kounios sind Einsichtsforscher. Ein Einsichts- oder »Aha«-Moment ist das, was manchmal unter der Dusche, beim Joggen oder in anderen Situationen entsteht, in denen wir unseren PFC entspannen. Wir kommen dann auf neue Ideen, Gedanken und Geistesblitze, die im stressreichen Alltag nur selten entstehen. Beeman und Kounios haben Menschen untersucht, die gerade Einsichtsmomente erleben. Das lässt sich durch sogenannte Remote-Associates-Tests wunderbar erreichen. Diese Aufgaben lassen sich für gewöhnlich nicht durch kognitive Herleitungen lösen. Wir brauchen dazu eine Einsicht, einen Aha-Moment. Dazu werden uns drei Worte genannt, und wir müssen ein viertes Wort finden, das die ersten drei Begriffe verbindet. Ein Beispiel: Witwe, Biss, Affe. Die meisten Menschen müssen einen Gedankensprung machen, um auf den Begriff »Spinne« zu kommen. Und ja, es gibt eine sogenannte Affenspinne.

Ein etwas leichteres Beispiel wäre:
Tomate, Liebe, Ferrari.
War es für Sie zu leicht, auf den Begriff »rot« zu kommen?
Dann noch eines: Armut, Gruppe, Wurst.

Stellen Sie sich vor, Sie wären an ein Elektroenzephalogramm (EEG) angeschlossen und bekämen mehrere dieser Aufgaben von mir gestellt, die Sie nur durch Gedankensprünge, sogenannte Einsichtsmomente, lösen könnten. (Falls Sie noch bei der Antwort der letzten Aufgabe hängen: Blut). Ein EEG haben die meisten Menschen noch nie auf dem Kopf gehabt, jedoch schon einmal gesehen: Dutzende kleine Elektroden, die mit einer klebrigen Paste auf die Kopfhaut geklebt werden. An jeder Elektrode ist ein Kabel befestigt, das an einen kleinen Verstärker angeschlossen ist, um die winzigen Stromimpulse aus unserem Gehirn sichtbar machen zu können. Beeman und Kounios beobachten die elektrische Aktivität in Ihrem Kopf, während Sie ständig neue Einsichtsaufgaben erhalten. Jeweils kurz bevor Sie auf die richtige Antwort kommen, konnten die Wissenschaftler sehen, dass es in Ihrem Gehirn sehr ruhig wird. Viele neuronale Netzwerke reduzieren ihre Aktivität. Auch die Frequenz, mit der das Hirn arbeitet, verändert sich. Die bis zu 38 Hertz schnellen Betawellen weichen den deutlich langsameren Alphawellen, die nur noch in einer Frequenz von 8 bis 10 Hertz schwingen. Nur einen Moment später können Beeman und Kounios erkennen, dass plötzlich entlegenste Teile Ihres Hirns zeitgleich elektrische Impulse aussenden, die in dieser Konstellation zuvor niemals gemeinsam aktiv waren. Neue neuronale Netzwerke entstehen! Gedanken, Ideen oder Antworten erscheinen, die nicht möglich gewesen wären, wenn Sie ununterbrochen auf Hochtouren weitergedacht hätten.

Unser Hirn braucht immer wieder Denkpausen …

- **… um bestmöglich Zugriff auf unsere höheren geistigen Leistungen zu erhalten.**
- **… damit neue neuronale Netzwerke entstehen können.**

Niemand ist wie Harvey Specter

»Am Ende gewinnt der, der besser schläft.«
Jodie Foster

Zusätzlich zu den regelmäßigen bewussten geistigen Pausen während eines Tages brauchen wir jedoch ausgedehnte längere Phasen am Ende: den Schlaf. »Vier Stunden für die Männer, fünf für die Frauen und sechs Stunden für die Idioten«, war Napoleon Bonapartes Haltung dazu. Auch heutzutage gibt es viele Getriebene, die wenig Schlaf als einen Erfolgsfaktor ansehen. Für junge, aufstrebende Unternehmensberater oder Juristen in einer vielversprechenden Kanzlei gilt der »All-Nighter«, das Durcharbeiten bis zum nächsten Morgen, als Schulterklappe. Harvey Specter ist einer der besten Anwälte New Yorks in der US-Serie *Suits*. (Falls Sie sie nicht kennen: Das ist die Serie, in der Meghan Markle mitspielte, bevor sie die Frau von Prinz Harry wurde.) In jeder Staffel ermutigt Specter seine Kollegen »to pull an all-nighter«. Am Morgen haben die Staranwälte dann nach einer durcharbeiteten Nacht die brillante Idee zur Rettung eines neuen Multimillionen-Deals – und Harvey sieht trotzdem so aus, als wäre er gerade einer Tom-Ford-Werbekampagne entstiegen. Das ist genauso cool inszeniert wie der Marlboro-Mann aus unseren Kindertagen, der lässig durch die Prärie ritt. Und es ist genauso realitätsfern: David McLean, der Schauspieler, der den Marlboro-Mann mimte, ist leider nicht so cool wie in der Werbung, sondern im echten Leben an Lungenkrebs verstorben.

Die Folgen regelmäßigen Schlafmangels können ähnlich dramatisch sein. Lassen Sie mich Ihnen einige Wissenschaftler vorstellen, die Sie verstehen lassen, warum zu wenig Schlaf unser Gehirn schädigt und uns körperlich erkranken lässt. Vielleicht hat es sogar schon Politiker dazu gebracht, unnötig einen Krieg zu beginnen. »Reißerische Einführung ins Thema«, mögen Sie denken. Doch hier sind die Fakten:

»Wenn Sie eine Woche lang jede Nacht nur vier Stunden schlafen, wirkt sich das auf Ihre kognitiven Fähigkeiten genauso aus, als würden Sie 24 Stunden lang am Stück wachbleiben«, berichtet Dr. Charles Czeisler. Er ist einer der weltweit renommiertesten Schlafexperten der Harvard Medical School in Boston. »Das ist vergleichbar mit einer Blutalkoholkonzentration von 1 Promille.« Auf der »Why sleep matters«-Konferenz am 30. April 2019 in Boston zeigt Czeisler den Hirnscan eines Menschen, der eine Nacht lang nicht geschlafen hat. Blau eingefärbt sind die neuronalen Strukturen, die deutlich unterversorgt und nur noch wenig aktiv sind. Man kann ganz klar den präfrontalen Cortex blau leuchten sehen. »Das ist der Grund, weshalb wir übermüdet so schlechte Entscheidungen treffen«, erklärt der Wissenschaftler. Dann zeigt er auf den ebenfalls blauen occipitalen Cortex hinten im Hirn. Dieser Bereich verarbeitet die Informationen, die wir über die Augen wahrnehmen. »In diesem Zustand gehen uns zehnmal mehr visuelle Impulse verloren, als wenn wir ausgeschlafen sind«, sagt Czeisler. »Nach vier Nächten mit nur vier Stunden Schlaf ist zudem unser Glukose- und Insulinhaushalt so durcheinander, dass wir die klinischen Symptome eines Patienten mit Typ-2-D haben«, ergänzt er.

Czeislers Kollege, Professor Robert Stickgold, erforscht die Rolle von Schlaf auf unser Gedächtnis und auf die Verarbeitung von Emotionen. »Ich habe den Verdacht, dass die eigentliche Ursache für den ersten Golfkrieg ein starker Schlafmangel der Entscheidungsträger war«, sagt Stickgold. Er präsentiert eine Studie der Harvard Medical School: Teilnehmenden, die eine Nacht lang ohne Schlaf auskommen mussten, wurden einige Hundert Wörter gezeigt. Bei jedem Begriff mussten sie bestimmen, ob sie ihn negativ, positiv oder neutral einschätzten. Die Wissenschaftler hatten die Begriffe so ausgewählt, dass ungefähr ein Drittel aus jeder Kategorie enthalten waren. Zwei Tage und zwei Nächte guten Schlafs später kamen die Probanden wieder ins Labor. Dieses Mal wurden ihnen doppelt so viele Wörter gezeigt: Die eine Hälfte entsprach denjenigen der ersten Sitzung, dazu kamen weitere, komplett neue. Jedes Mal fragten die Wissenschaftler die Probanden: »War dieses Wort vorgestern dabei?« Einen großen Teil der Wörter hatten die Teilnehmenden bereits vergessen. Jedoch gab es einen deutlichen Unterschied: Die zuvor Übernächtigten erinnerten sich an doppelt so viele negative Wörter wie an positive und neutrale!

»Die Entscheidungsträger im ersten Golfkrieg haben damals Satellitenfotos von Trucks gesehen, auf denen biologische Kampfstoffe transportiert worden sein sollen«, sagt Stickgold. »Sie haben sich durch den massiven Schlafmangel in diesen bewegten Tagen nur an das Negative erinnert und vergessen, dass man ihnen gesagt hat: ›Es könnten auch Falafel-Trucks sein‹. Ich meine das ernst. Ich glaube, dass dieser Effekt damals eine wichtige Rolle gespielt hat, dass die USA diesen Krieg begonnen haben«, ergänzt Harvard-Professor Stickgold.

Schon nach nur einer Nacht ohne Schlaf geht unser Immunsystem in die Knie, wie uns die Ärztin Dr. Tanja Lange von der Universität Lübeck zeigen kann. Sie verabreichte Probanden Hepatitis-Impfungen. Ein Teil der Gruppe durfte in der Nacht nach der Impfung nicht schlafen. Das Ergebnis: Diese Teilnehmenden entwickelten nur die Hälfte der krankheitsbekämpfenden Antikörper im Vergleich zu der Gruppe mit ausreichend Schlaf.

Wir brauchen tägliche Gehirnwäsche

Eine weitere Forscherin sorgt seit einiger Zeit in der Welt der Neurowissenschaftler und insbesondere der Schlafforscher für Aufsehen. Die dänische Professorin für Neurologie und Neurowissenschaften Maiken Nedergaard. In unserem Gehirn fehlt der Platz für das reinigende lymphatische System, das den Rest unseres Körpers durchzieht und Abfallstoffe abtransportiert. Daher hat die Natur eine besonders ausgeklügelte andere Lösung entwickelt: das sogenannte glymphatische System, das Nedergaard entdeckte. Da der Platz für ein zusätzliches Reinigungssystem fehlt, werden im Schlaf den bestehenden Strukturen in unserem Kopf einfach zusätzliche Aufgaben zugeordnet. Wenn wir schlafen und unser Gehirn nicht mehr so viel Energie verbraucht, reduziert sich der Durchmesser unserer Blutgefäße, auch die Zellkörper schrumpfen etwas zusammen. Dadurch erhöht sich der zur Verfügung stehende Raum für durchfließende Flüssigkeiten. Das ist vergleichbar mit einem gut aufgeräumten Büroarbeitsplatz: Wenn all das, was tagsüber auf und neben dem Schreibtisch stand, am Abend weggeräumt wird, kann die Putzkolonne in der Nacht viel besser saugen und den Schreibtisch wischen. In unserem Gehirn wird diese Aufgabe vom Liquor, unserer Hirnflüssigkeit, übernommen. Bis vor einigen Jahren dachte man, dass die Hauptaufgabe des Liquor darin bestehe, das Hirn und das Rückenmark gut zu polstern und gegen Erschütterungen zu schützen. Seit Maiken Nedergaards Forschungsarbeit wissen wir jedoch, dass es noch mehr kann. Abfallstoffe wie beispielsweise das Protein Amyloid-beta werden vom Liquor aufgenommen und aus dem Gehirn abtransportiert. Das geschieht hauptsächlich im Schlaf. Verbleibt Amyloid-beta durch zu wenig Schlaf jedoch im Gehirn, lagert es sich dort ab. Genau das ist etwas, was viele Wissenschaftler im Moment sehr umtreibt. Denn es gibt eine Beobachtung, die man bei neurodegenerativen Erkrankungen wie Alzheimer in den Köpfen von Patienten immer wieder macht: Sie sind voll von Amyloid-beta-Ablagerungen. Im Moment sind viele Wissenschaftler noch vorsichtig, einen eindeutigen Zusammenhang zwischen zu wenig Schlaf und Alzheimer herzustellen. Doch Forschende an der University of Washington haben wiederholt festgestellt, dass Patienten, deren glymphatisches System durch ein Trauma zerstört ist, mit einer erhöhten Wahrscheinlichkeit dement werden.

Wir brauchen ausreichend Schlaf, damit unser Gehirn gereinigt wird. Es vermüllt sonst. Wortwörtlich!

Sie müssen Ihr glymphatisches System nicht durch einen Unfall zerstören. Stundenlange späte Nutzung von Netflix, Social Media oder regelmäßige Clubbesuche bis früh in den Morgen reichen völlig aus, damit in Ihrem Kopf nicht aufgeräumt wird. Die nächtliche gesunde Gehirnwäsche findet dann schlicht nicht statt.

Ach übrigens: Der kleine, bettflüchtige Napoleon wurde tagsüber von seinen Soldaten oft schlafend im Sattel seines Pferdes beobachtet. Die sechs Stunden Schlaf, die laut Napoleon den Idioten vorbehalten waren, sind eigentlich das Minimum. Sechs bis acht Stunden Schlaf sind ideal. Das zeigt eine Schlafstudie mit 100 000 Teilnehmenden aus 21 Ländern, die von Dr. Chuangshi Wang von der McMaster University in Kanada federführend durchgeführt wurde.

Und noch etwas: Erinnern Sie sich noch aus Kapitel 1 daran, was den Schlaf verbessert? Regelmäßige Dankbarkeitsübungen!

Alles der Reihe nach, bitte!

Lesen Sie diese Buchstaben mit leiser Stimme und so schnell wie möglich vor: A, B, C, D, E, F, G, H, I. Und nun das Gleiche mit diesen Zahlen. Leise Stimme und so schnell wie möglich: 1, 2, 3, 4, 5, 6, 7, 8.

Wunderbar. Eine dritte und letzte Aufgabe. Wieder mit leiser Stimme vorgelesen und so schnell wie möglich: A1, B2, D3, E4, F5, G6, H7, I8. Das ging nicht mehr ganz so schnell, oder?

Dieser kleine Test zeigt Ihnen, was in unserem Gehirn geschieht, wenn wir von einem Single- in einen Multitasking-Modus wechseln. Sowohl für die Verarbeitung von Zahlen als auch für die Buchstaben stehen uns jeweils eigene neuronale Netzwerke zur Verfügung. Bleiben wir in dem jeweiligen Netzwerk, haben wir schnellen Zugriff und die Worte fließen nur so über unsere Lippen. Wir können jedoch nicht auf beide Netzwerke gleichzeitig zugreifen. Wenn wir A1, B2, D3 sagen, müssen wir ständig zwischen den beiden neuronalen Strukturen hin und her wechseln. Das kostet Zeit und Energie, denn unser PFC kann Aufgaben nicht parallel ausführen. Er ist ständig mit dem An- und Ausschalten der dafür notwendigen Strukturen beschäftigt, wenn wir mehrere Dinge gleichzeitig machen.

Bei dieser kleinen Übung ist die Auswirkung noch harmlos. Gefährlich wird es, wenn eines der neuronalen Netzwerke, das bei einem Multitasking immer wieder ein- und ausgeschaltet wird, Einfluss auf das körperliche Wohlergehen hat. Hinter dem Lenkrad eines Autos zu sitzen zum Beispiel, also den Verkehr im Auge zu haben und ständig angemessen auf sich ändernde Situationen zu reagieren, ist eine deutlich komplexere Fähigkeit, als bis zehn zählen zu können. Wenn dann eine ständige Ablenkung ins Spiel kommt, kann das dramatische Auswirkungen haben. *The National*, die englischsprachige Tageszeitung der Vereinigten Arabischen Emirate, hat dazu am 15. Oktober 2011 einen beeindruckenden Artikel veröffentlicht. Damals waren gerade die BlackBerry-Server in Europa, dem mittleren Osten und Afrika für mehrere Tage ausgefallen. Die Kunden konnten ihre Geräte nicht mehr nutzen. Weder für E-Mails noch für das mobile Internet. Viele Autofahrer waren gezwungen, sich nur noch auf den Verkehr zu konzentrieren. »In Abu Dhabi ist die Anzahl der Verkehrsunfälle um 40 Prozent gesunken«, schrieb *The National*. »Es gab in den letzten Tagen überhaupt keine tödlichen Unfälle mehr.« Mit funktionierenden BlackBerry-Servern sterben in Abu Dhabi in dem gleichen Zeitraum für gewöhnlich drei Menschen im Straßenverkehr.

Multitasking ist also ein effektiver Weg, um unseren PFC schnell in die Knie zu zwingen und nur noch limitierten Zugriff auf unsere höheren geistigen Leistungen und unsere Potenziale zu erhalten. Genau das war ja auch das Verhängnis des Zürcher Fluglotsen, in dessen Schicht die beiden Maschinen nahe Überlingen zusammenstießen. Die Funksprüche der beiden Maschinen auf Kollisionskurs und die Funksprüche der landenden Maschine kamen zeitgleich an verschiedenen Arbeitsplätzen an, zwischen denen er hin und her wechselte. Zusätzlich dazu hatte er noch Aufgaben des Dienstleiters übernommen, und es liefen Techniker durch den Raum, die ihm sein Hauptradar-System abgeschaltet hatten, so dass er mit einem Back-up-System arbeiten musste, dessen Funktionen ihm teils nicht mehr vertraut waren.

Folge des limitierten Zugriffs auf den PFC: 71 Tote, 49 davon Kinder.

Professor Brian Bailey von der University of Illinois hat detailliert untersucht, welchen Einfluss dieses Hin- und Herschalten zwischen neuronalen Netzwerken auf kognitive Leistung und Wohlbefinden hat. Den Teilnehmenden seiner Studie stellte er Aufgaben, die ihnen unterschiedlichste Fähigkeiten abverlangten. Rechnen, Zusammenfassen gelesener Texte, analytische Auswertung von Grafiken, dann aber auch so einfache Dinge wie Eingeben der eigenen Personendaten in ein Onlineformular. Während die Teilnehmenden diese Aufgaben ausführten, unterbrach Bailey sie immer wieder. Manchmal mussten sie einige Zeilen einer Zeitungsnachricht lesen und diese einer passenden Überschrift zuordnen. Manchmal bekamen sie eine Ad-hoc-Meldung eines Unternehmens vorgelegt und sollten aufgrund dieser Informationen schnell entscheiden, ob Aktien dieser Firma gehalten, gekauft oder verkauft werden sollten.

Bailey teilte die Probanden in zwei Gruppen ein. Was diese unterschied: Die Testgruppe wurde während der Ausführung ihrer Hauptaufgabe ständig unterbrochen. Die Kontrollgruppe durfte hingegen jeweils eine Aufgabe beenden. Die Zeitungsnachrichten und Ad-hoc-Unternehmensnachrichten wurden eingeschoben, bevor sie mit der nächsten Aufgabe begann. Am Ende des Experiments hatten alle Teilnehmenden alle Aufgaben erledigt. Für die Testgruppe war es jedoch so, als hätten sie »A1, B2, D3, E4« gesagt. Für die Kontrollgruppe war es wie ein »A, B, C, D« und ein »1, 2, 3, 4«. Dieses ständige Hin- und Herwechseln zwischen den Aufgaben war für die Testgruppen-Teilnehmenden so aufwändig, dass sie bei manchen Aufgaben 27 Prozent mehr Zeit benötigten. Das war echte Nettozeit, denn Bailey hatte beim Einschieben der Störaufgaben die Uhr angehalten und sie wieder aktiviert, als die Probanden sich der eigentlichen Aufgabe zuwandten. Zudem machten sie doppelt so viele Fehler. Überraschend war dabei, dass diese Fehler nicht unmittelbar nach der Rückkehr zu ihrer Hauptaufgabe geschahen, sondern etwas zeitversetzt. Bereits die Erwartung, unterbrochen zu werden, sorgte dafür, dass diese Menschen sich unterbewusst offensichtlich kognitive Ressourcen freihielten, um mit der Störung umgehen zu können!

Zusätzlich zu dieser deutlichen Senkung der Leistungsfähigkeit konnte der Wissenschaftler einen massiven Einfluss auf das persönliche Wohlempfinden der Teilnehmenden feststellen. Denn während der Testphase hatte er beide Gruppen immer wieder befragt, wie belästigt sie sich gerade fühlen. (Ernsthaft, es gibt seit 1972 eine ursprünglich für die NASA entwickelte »annoyance scale« – eine »Belästigungsskala«.) Dabei wendete er eine 25-Punkte-Abfrage an. Ergebnis: Der Grad des Genervtseins lag bei der Testgruppe um 64 Prozent höher als bei der Kontrollgruppe.

Singletasking schont messbar unsere neuronalen Ressourcen. Wir sind dadurch schneller, machen weniger Fehler und sind deutlich weniger genervt.

Zu viel gleichzeitig zu tun zu haben, ist heutzutage jedoch leider eher die Regel als die Ausnahme. Wir brauchen daher eine Strategie, gut damit umzugehen. Es sind manchmal die ganz kleinen Dinge, die eine große Wirkung haben. Bereits das regelmäßige »Ping« einer neuen Nachricht versetzt uns ja oft in Aufregung. Der nächste Stress-Schub folgt beim Lesen. Die Psychologieprofessorin Elisabeth Dunn von der University of British Columbia hat im Jahr 2015 dazu zwei Wochen lang das E-Mail-Verhalten von 125 Erwachsenen erforscht. Unter ihnen waren Studierende, Ärzte, Finanzspezialisten und Schreibkräfte. Eine Woche lang bearbeiteten alle ihre E-Mails wie immer. In der zweiten Woche bat Dunn sie, das E-Mail-Programm nur noch drei Mal am Tag zu öffnen. Die Teilnehmenden mussten jeden Tag einen umfangreichen Fragebogen ausfüllen, damit die Wissenschaftlerin die Unterschiede erkennen konnte. »Die Teilnehmenden hatten signifikant weniger Stress, wenn sie ihre Mails nur dreimal pro Tag lasen«, schreibt Dunn. Es machte keinen Unterschied, wie viele E-Mails es waren oder ob sie diese beantworteten. Bereits das regelmäßige Öffnen des Mail-Programms sorgte für deutlich mehr Stress.

Der US-amerikanische Autor Jonathan Franzen, dessen Bücher weltweit millionenfach über den Ladentisch gehen, verriet dem *Time Magazine*, wie er sich selbst vor Ablenkung schützt – und das ist durchaus extrem. Bevor er seinen letzten Roman begann, besorgte er sich einen uralten Dell-Laptop. Darauf installierte er nur ein Betriebssystem sowie ein Schreibprogramm. Er entfernte die WLAN-Karte und sorgte dafür, dass er keinen anderen Onlinezugang bekommen würde. »Ich habe ein Ethernetkabel mit Sekundenkleber in den Netzwerk-Anschluss geklebt und das Kabel danach abgeschnitten«, erzählte Franzen.

Etwas weniger archaisch und für Menschen wie Sie und mich vermutlich passender ist die sogenannte Pomodoro-Technik von Francesco Cirillo. Sie ist so einfach wie effektiv: Man schreibt sich die Dinge auf, die man erledigen will. Dann stellt man eine Stoppuhr und erledigt eine Aufgabe nach der anderen – dabei jedoch immer nur eine zur gleichen Zeit. So lange, bis die Uhr klingelt. Bei unangenehmen Aufgaben weiß man von Anfang an: In X Minuten ist es vorbei. Es gibt inzwischen schon eine Menge Apps dafür. Man kann aber auch einen ganz normalen Timer nutzen. Ich persönlich habe mir eine große Sanduhr gekauft, die 30 Minuten durchläuft. Diese Uhr holt mich auf angenehme Weise aus der digitalen in die entschleunigtere, analoge Welt zurück. Ich habe auch noch eine zweite Sanduhr, die 5 Minuten durchläuft. Diese nutze ich, um meine Pausen zu messen, damit ich nicht im Arbeitsrausch gleich in die nächste Aufgabe reinspringe. Das ist dann gewollte, bewusst kontrollierte Ebbe im Gehirn.

Jake Knapp und John Zeratsky, zwei ehemalige Mitarbeiter des Google-Konzerns, haben ein ganzes Buch dazu verfasst: *Make Time*. Darin erklären sie, wie man mit den ständigen Multitasking-Zeitfressern umgehen kann, die täglich auf uns einprasseln. Das ist zwar ein bisschen so, als würden zwei Menschen aus der Tabakindustrie die Branche wechseln und ein Hotel an einem Luftkurort eröffnen. Aber es gibt dennoch einige gute Impulse. Seit ich es gelesen habe, sind die meisten Social-Media-Apps von meinem Handy geflogen, und ich habe mich auf den mobilen Webseiten von LinkedIn, Facebook & Co. abgemeldet, so dass ich tatsächlich nur noch über meinen Computer auf diese Seiten zugreifen kann. Der wöchentliche Aktivitätsbericht meines iPhones fällt seitdem deutlich kürzer aus.

Symphonie im Hirn – sie beginnt in unserer Nase

Edgar Adrian erforschte die Nasen kleiner Igel. Im Jahr 1941 machte der Physiologe und Nobelpreisträger eine neue Beobachtung. Mithilfe von winzigen Elektroden stellte er fest: Wenn die Tiere etwas schneller atmeten, veränderte sich auch die Aktivität in ihrem Piriform Cortex, ein Bereich des Riechhirns. Die Erkenntnis vor 80 Jahren war, dass ein Teil des Gehirns der Igel sich mit der Atemfrequenz synchronisiert.

Im Jahr 2016 wurde diese alte Erkenntnis plötzlich sehr relevant. Denn Wissenschaftler fanden heraus, dass Adrians Forschungsergebnis nur die Spitze des Eisberges war. Forscher an der Feinstein School of Medicine der Northwestern University, Chicago, machten im Jahr 2016 eine Beobachtung, die auf der Erkenntnis von 1941 aufbaute. Ein Team um die Neurologieprofessorin Christina Zelano konnte an menschlichen Probanden beweisen, dass eine bestimmte Form des Atmens nicht nur das Riechhirn, sondern auch die Aktivitätsmuster deutlich höher entwickelter neuronaler Netzwerke beeinflusst.

Die Ärzte an der Feinstein School hatten mehrere Epilepsie-Patienten auf eine bevorstehende Operation vorbereitet. Um die Ursprünge ihrer epileptischen Anfälle genau lokalisieren zu können, implantierte ein Neurochirurg eine Woche vor der Hauptoperation mehrere Elektroden in ihre Gehirne. Technisch ist das wie ein EEG, nur dass die Hirnströme nicht auf der Kopfhaut, sondern direkt im Gehirn abgenommen werden. Mit dieser modernen Technik kamen die Ärzte zu Erkenntnissen, die Edgar Adrian mit seinen einfachen Mitteln im Jahr 1941 niemals hätte erlangen können. Atmeten die Patienten durch die Nase ein, synchronisierte das die Aktivität der Hirnzellen im Piriform Cortex. Dass dort etwas geschieht, wusste Adrian durch seine Igel-Forschung bereits. Doch mit den überall im Gehirn verteilten Elektroden sah Christina Zelano, dass sich die Synchronisation des Piriform auf die Amygdala und den Hippocampus ausdehnte. Die Amygdala nimmt eine wichtige Funktion bei der Verarbeitung von emotionalen Reizen wahr, der Hippocampus ist so etwas wie der Bibliothekar in unserem Kopf. Er ist mit vielen verschiedenen Hirnteilen verbunden und entscheidet, wo neu erlerntes Wissen abgelegt wird. Er weiß auch, wo er im Hirn nachschauen muss, um sich an eine bestimmte Information zu erinnern.

Unsere Atmung versorgt unser Gehirn also nicht nur mit Sauerstoff, es orchestriert auch die Aktivität verschiedener neuronaler Netzwerke. Diese Orchestrierung fand jedoch nur dann statt, wenn Zelanos Patienten durch die Nase atmeten. Verwendeten sie ihren Mund, blieb das neu entdeckte Phänomen aus. Etwas Weiteres war wichtig: »Die Aktivität in der Amygdala und im Hippocampus ist beim Einatmen deutlich anders als beim Ausatmen«, erklärt Zelano. Beim Einatmen durch die Nase – und nur beim Einatmen durch die Nase – synchronisieren sich also die neuronalen Strukturen, die für die Emotionsverarbeitung und die Erinnerungen verantwortlich sind!

Mit dieser neu gewonnen Erkenntnis wollte Zelano es nun genauer wissen. Welchen Unterschied macht diese Synchronisation für uns im Alltag?

Um diese Frage zu beantworten, setzte die Wissenschaftlerin eine Versuchsreihe mit gesunden Teilnehmenden auf. In einem ersten Experiment wollte sie die Auswirkungen auf die Amygdala testen. Probanden wurden Fotos von emotional ausdrucksstarken Gesichtern in schnellem Wechsel gezeigt. Jedes Fotos erschien für nur jeweils 100 Millisekunden. Die Probanden mussten einen Knopf drücken, wenn sie ein Gesicht erkannten, das Angst ausdrückte. Einige sollten die Nase, die anderen den Mund zum Atmen nutzen. Während des Experiments wurden durch Brustgurte und Atemmasken durchgehend die Atemphasen der Menschen gemessen. Die Beobachtung, die zuvor bei Epilepsie-Patienten gemacht wurde, bestätigten sich nun auch bei den gesunden Menschen: Das Einatmen durch die Nase synchronisierte die Nervenzellen in der Amygdala so sehr, dass diese ihre Aufgabe messbar besser erfüllten. Wenn ein Proband gerade durch die Nase einatmete, erkannte er ein ängstliches Gesicht deutlich schneller, als wenn er ausatmete. Wie erwartet zeigte sich dieser Effekt bei den Teilnehmenden, die durch den Mund atmeten, nicht. Denn bei der Mundatmung bleibt die leistungssteigernde Synchronisation aus.

Zelano entwickelte einen weiteren Versuchsaufbau. Dieses Mal ging es darum, die Aktivität des Hippocampus in verschiedenen Atemphasen zu untersuchen. Auch hier zeigte sich, dass die Atmung durch den Mund zu den schwächsten Ergebnissen führte. Bei der Nasenatmung war, wie zuvor, das Einatmen besonders wichtig. Wieder an allerlei Technik zur Messung der Atemphase angeschlossen, bekamen die Probanden nun 180 Fotos für jeweils eine halbe Sekunde gezeigt. Nach einer Pause von 20 Minuten präsentierte Zelano ihnen 360 Fotos. Darunter waren die 180 aus der ersten Runde und 180 neue. Die Teilnehmenden sollten die Bilder identifizieren, die sie bereits aus der ersten Runde kannten. Die Trefferquote der erinnerten Bilder war in derjenigen Probandengruppe höher, die in der ersten Runde durch die Nase atmete. Die Quote der Wiedererkennung stieg sogar noch mehr, wenn die Probanden ein bekanntes Bild in der zweiten Runde in einem Moment sahen, in dem sie gerade durch die Nase einatmeten. Dieses zweite Experiment untermauerte abermals die vorherigen Beobachtungen bei den Epilepsie-Patienten: Die Nasenatmung synchronisiert den Hippocampus. Dieser kann dadurch seine Rolle als Bibliothekar des Hirns besser ausfüllen.

Das Einatmen durch die Nase synchronisiert höher entwickelte neuronale Netzwerke in unserem Gehirn und steigert messbar unsere kognitiven Fähigkeiten.

Springflut im Kopf – der schnelle Reset

Ich sitze in dem Brain Lab nahe Seattle, das Sie bereits kennen. Holly ist eine der wissenschaftlichen Assistentinnen, und sie hat gerade die EEG-Elektroden an meinem Kopf angebracht. Ich dachte, eine Glatze zu haben, wäre dafür ideal. Das Gegenteil ist der Fall. Die Kopfhaut eines Glatzenträgers hat eine dickere Schutzschicht und ist daher weniger leitfähig. Daher brauchte Holly mit ihren Vorbereitungen etwas länger, um nachher gut verwertbare Signale meiner Hirnaktivität auslesen zu können. In einer Halle warten mehrere »Pods« auf uns. Das sind eiförmige, weißglänzende Behälter, in deren Innerem ein Sessel und jede Menge Technik installiert wurden. Diese wird gleich mein Gehirn durchmessen, während ich verschiedene mentale Übungen durchführe. Wenn die Pods geschlossen sind, ist man hermetisch von der Außenwelt abgeschlossen – kein Licht und keine Geräusche dringen durch. Die beiden anderen Gäste und ich haben uns hier für eine Woche eingebucht und werden zweimal täglich für mehrere Stunden in diese Pods steigen und uns auf die Reise in unser Innerstes machen.

In den Monaten, bevor ich nach Seattle flog, hatte ich neue Methoden für die Teilnehmenden meiner Seminare entwickelt und wollte hier herausfinden, ob sie sich so auf das Gehirn auswirken, wie ich vermutete. In meiner ersten Sitzung nahm ich mir jedoch vor, eine spezielle Atemtechnik zu testen, die mir ein deutscher Hirnforscher beigebracht hatte. Ich saß also in meinem Pod und atmete auf diese spezielle Art und Weise, wie schon so viele Male zuvor. Durch die veränderte Sättigung meiner Blutgase in meinem Körper begann das bekannte, angenehme Kribbeln, und ich fragte mich, was die Elektroden auf meinem Kopf an die Computer außerhalb des Pods gerade sendeten. Eine Stunde später erhielt ich die Antwort. »Wow, das sind mit die höchsten Ausschläge, die wir bisher gesehen haben«, erzählen mir die Wissenschaftler, nachdem sie mich von all den Kabeln an meinem Kopf befreit haben.

Ich habe einen Teil der Technologie aus Seattle gekauft und in mein Büro in Hannover liefern lassen. Viele der Methoden, die ich Teilnehmenden meiner Seminare vermittle, habe ich mehrfach an mir und anderen auf ihre Wirkung auf das Gehirn hin getestet. Eine davon ist die verwendete Atemtechnik, die zu sehr spezifischen Frequenzveränderungen führt. Was genau geschieht und wie sich das auswirkt, erkläre ich Ihnen gleich. Lassen Sie mich Ihnen jedoch zuerst die Methode vorstellen.

Die Technik, die ich damals in Seattle praktiziert habe, nennt sich Wim-Hof-Atmung. Es ist eine einfach und kostenlos erlernbare Methode eines Holländers gleichen Namens: Wim Hof. In den Medien wird er gerne auch als der »Iceman« bezeichnet, da er inzwischen über 20 Guinness World Records hält, die meist mit extremer Kälte zu tun haben. Er hat sich beispielsweise für 1 Stunde und 53 Minuten in einen Trog mit Eis gesetzt, er bestieg nur mit Shorts bekleidet den Mount Everest bis in die Todeszone, er schwamm unter dem Eis eines zugefrorenen Sees oder lief barfuß und ohne Hemd einen Marathon – nördlich des Polarkreises.

Nach dem frühen Tod seiner Frau fiel Wim zuerst in eine Depression. Durch Anwendung seines jahrelangen Trainings entdeckte er, dass diese depressiven Symptome verschwanden, wenn er in einer kalten Jahreszeit in der Natur schwimmen ging. Der extremen Kälte ausgesetzt zu sein, holte seinen traurigen Geist ins Hier und Jetzt zurück, so dass er während dieser Zeit kein Trübsal blasen konnte. Im Winter in einen See zu springen, war jedoch immer nur für wenige Minuten möglich. Dann wurde die Temperatur unerträglich. Wim begann, Atemtechniken zu erforschen, um der Kälte länger trotzen zu können. Er probierte vieles aus, was er rund um die Welt entdeckte, und vereinfachte es so gut wie möglich. Die Grundform seiner Methode vermittelt er inzwischen kostenlos in einem Youtube-Video. Das macht seine Technik für mich so sympathisch. Ich hatte zuvor schon einige andere, meist fernöstliche Atemtechniken gelernt. Doch jedes Mal musste ich mich dazu verpflichten, niemandem zu verraten, wie diese genau funktionieren. Wim ist da anders. Man muss nur auf seinen Youtube-Kanal gehen und den passenden Film auswählen. Dann lernt man alles, was man zu Beginn braucht. Wenn man über diese Gratis-Grundtechnik hinaus mehr lernen will, geht man zu einem seiner weltweit ausgebildeten Wim-Hof-Instruktoren.

Hier können Sie das Video von Wim sehen, in dem er die Methode erklärt: leben-mit-hirn.de/wim

Einer dieser Lehrer ist Dr. Matthias Wittfoth. Er ist zudem noch Neurowissenschaftler, der mit funktionellen Magnetresonanztomografen lange an der Medizinischen Hochschule Hannover geforscht hat. Eine perfekte Mischung für mich. Wim ist auf eine positive Weise etwas verrückt und durch seine Art ein großartiger Motivator für viele Menschen, seine Methode auszuprobieren. Matthias ist der analytische Geist, von dem ich die vertiefte Technik lernen und mit dem ich mich über die wissenschaftlichen Hintergründe der Wim-Hof-Methode unterhalten konnte. Aber zunächst bekam ich die Praxis zu spüren: In einem Workshop in der ersten Januarwoche 2019 steckte Matthias mich nach mehreren Runden des Atmens in ein Eisbad. Bis zum Hals saß ich dort einige Minuten lang in 4 Grad kaltem Wasser. Der Moment hat sich bis heute in mir eingeprägt. Ich weiß noch ganz genau, wie ich während der gesamten Zeit auf den hohen Fernsehturm nahe der Medizinischen Hochschule schaute. Doch das, was ich an diesem Januarmorgen erlebte, ist lachhaft im Vergleich zu dem, was Wim mit Matthias getan hat.

»Wir waren um die 80 Menschen tief im Winter mitten im Riesengebirge an der polnisch-tschechischen Grenze«, erzählt mir Matthias. Die Gruppe verbrachte die ersten Tage in einem großen Raum und wendete Wims Atemtechnik an. »Zwischendurch sind wir immer wieder raus, um uns an die Kälte zu gewöhnen. Wir haben beispielsweise Yoga im Schnee gemacht. Nur mit einer Badehose bekleidet. Nach 30 Minuten spürte ich meine Hände und Füße nicht mehr.« Die Teilnehmenden sind auch immer wieder in Bergbächen baden gegangen, um sich auf das vorzubereiten, was gegen Ende der Woche auf sie wartete. Der Höhepunkt dieses Sieben-Tage-Workshops war der leichtbekleidete Aufstieg auf einen Berg, die Schneekoppe. Frühere Gruppen hatten das Glück, nur angenehme Temperaturen von 5 bis 8 Grad Celsius meistern zu müssen. Matthias` Gruppe begann den Aufstieg bei minus 12 Grad. Sie trugen Schuhe, eine kurze Hose, eine Mütze und einen Rucksack. Die Beine, die Arme und der Oberkörper blieben unbekleidet. »Wir haben zweieinhalb Stunden gebraucht und sind dabei von 500 auf 1 600 Meter aufgestiegen«, erzählt er. Andere Gruppen sind zwischendurch eingekehrt, um sich etwas aufzuwärmen und die Atemübungen aufzufrischen. Seine Gruppe wusste von dieser Option nichts und wanderte in einem Rutsch bis zur Bergspitze durch. »Ich habe zuvor noch nie so unvorstellbar die rohe Gewalt der Natur gespürt«, erinnert sich der Neurowissenschaftler. »Paradoxerweise hatte es jedoch auch etwas Beschützendes.« Oben durften die Wanderer die Rucksäcke öffnen und die mitgebrachte Kleidung anziehen. Der Abstieg war mollig warm eingepackt erlaubt.

Wims Atemtechnik hilft nicht nur, der Kälte zu trotzen, sondern auch, um das Immunsystem zu beeinflussen. Unter Laborbedingungen wurden dem Holländer Escherichia-Coli-Bakterienhüllen gespritzt, sogenannte Endotoxine. Für gewöhnlich verursachen diese für einige Stunden unangenehme Grippesymptome. Doch Wim atmete diese einfach weg. Vielleicht ist dieser Mann mit seinen fast zwei Dutzend Weltrekorden einfach anders als andere Menschen? Wim glaubt das nicht und hat zwölf der Nackt-Bergsteiger aus Polen in das gleiche Labor geschickt. Sowohl diesen Menschen als auch zwölf Kontrollgruppen-Probanden wurden die E.-Colis in ihre Armvenen gejagt. Wie Wim Hof begann die trainierte Gruppe bereits eine halbe Stunde vor der Injektion mit ihren Atemübungen. Im Laufe der nächsten Stunden berichteten sie von nur leichten körperlichen Symptomen, während die Kontrollgruppe unter Fieber litt. Die Bluttests aller Probanden im Anschluss zeigten, dass die Wim-Hof-Gruppe nach der Injektion der E.-Coli-Bakterien dreimal so viel entzündungshemmendes Interleukin-10 entwickelt hatte wie die Kontrollgruppe. Die Methode half normalen Menschen nicht nur, der Kälte zu widerstehen, sondern auch, das eigene Immunsystem zu beeinflussen.

Was mich persönlich am meisten beeindruckt hat, sind die Werte meiner Hirnströme, die ich nach der Atmung in Seattle sehe: Im hinteren Bereich meines Gehirns sind in wenigen Minuten die Alpha- und Thetawellen nach oben geschnellt. Das sind besonders niederfrequente Wellen zwischen 4 und 14 Hertz. Sie entstehen in einem Zustand tiefer Entspannung oder kurz vor dem Einschlafen. Da die Wim-Hof-Atmung jedoch auch für eine Ausschüttung von Adrenalin sorgt, ist man entspannt und wach zugleich. Die Methode passt in einem anderen Kontext auch sehr gut: In manchen meiner Führungs- oder Persönlichkeitstrainings zeige ich meinen Teilnehmenden Methoden der Achtsamkeitsmeditation. In meinem ersten Buch *Führen mit Hirn* habe ich diesem Thema ein ganzes Kapitel gewidmet. Die wissenschaftlichen Erkenntnisse über die Wirksamkeit dieser Methode sind zu überragend, als dass man sie ignorieren könnte. Unternehmen, die das Thema Achtsamkeit großflächig eingeführt haben, berichten von deutlich weniger psychischen Erkrankungen, einem höheren Maß an Zufriedenheit bei den Mitarbeitenden und einer gestiegenen Produktivität. »Jeden Euro, den wir in unsere Achtsamkeitstrainings investieren, bekommen wir doppelt zurück«, berichtet Peter Bostelmann, Chief Mindfulness Officer bei SAP. »Wir haben einen Return on Invest von 200 Prozent.«

Hier können Sie das ganze Gespräch von Peter Bostelmann und mir nachlesen: leben-mit-hirn.de/sap

So wunderbar die Auswirkungen von Achtsamkeitsübungen sind, so schwierig ist es jedoch manchmal, in diesen Zustand zu gelangen, in dem der rasende Geist sich beruhigt. »In meinem Kopf ist es gerade so ruhig wie auf der A7 während der Rush-Hour«, berichtet mir ein Executive der Telekom, nachdem er für einige Minuten meditiert hat. Ich zeige ihm und dem Rest der Gruppe dann die Wim-Hof-Atmung, und die A7 wird zu einem ruhigen Feldweg: Die Alpha- und Thetawellen im Hirn meiner Teilnehmenden werden stärker, die Gedanken werden ruhiger und Achtsamkeitsübungen gelingen besser.

Ich selbst nutze diese Methode gerne, wenn ich mitten am Tag einen Reset brauche, weil ich einige anstrengende Stunden hinter mir habe. Wenn ich von einem Vortrag oder einem intensiven Workshop komme, dann stelle ich mich manchmal ganz nach außen ans Bahngleis und nutze das Warten auf den Zug, um die Sauerstoffsättigung in meinem Körper und die Alphawellen in meinem Kopf zu erhöhen. Ich achte immer darauf, dass mich niemand dabei beobachtet, sonst hält mir noch jemand eine Tüte vor den Mund – denn es sieht von außen betrachtet so aus, als würde ich leicht hyperventilieren. Kurz vor dem Einschlafen ist es perfekt, denn im Schlaf tickt unser Hirn ohnehin im Alpha- und Thetazustand, und man schiebt sich durch diese Atmung sozusagen in diese neuronale Frequenz hinein.

Manchmal kann man jedoch die Wim-Hof-Atmung nicht anwenden, auch wenn man sie dringend bräuchte. Das können anstrengende Momente mit der Familie, aufreibende berufliche Termine oder der dritte verspätete ICE in einer Woche sein …

Dafür gibt es jedoch etwas anderes, das Sie tun können: Zählen Sie! Durch ein bestimmtes Atemmuster können Sie Ihr parasympathisches, entspannendes Nervensystem aktivieren. Der Trick ist ganz einfach: Das Ausatmen sollte länger dauern als das Einatmen. Wenn Sie beim Einatmen beispielsweise bis vier zählen, atmen sie so lange aus, wie es dauert, von eins bis sechs zu zählen. Das wird Ihnen in stressigen Situationen helfen, innerlich wieder etwas mehr Zugriff auf ihre höheren kognitiven Leistungen zu erhalten – egal was um Sie herum gerade geschieht.

Wir können allein durch einen veränderten Atem innerhalb weniger Minuten messbar unser Gehirn beruhigen und das Maß an entspannenden Alphawellen steigern.

ESSENZ FÜR EILIGE

Ebbe und Flut im Kopf: Wie wir unsere neuronalen Ressourcen managen

- Der PFC ist der Teil unseres Hirns, der unsere höheren geistigen Fähigkeiten beherbergt. Er benötigt die meiste Energie in unserem Kopf. Gönnen wir ihm keine Ruhepausen, verlieren wir vorübergehend den Zugriff auf einige dieser Fähigkeiten – beispielsweise unsere Impulskontrolle oder die Möglichkeit, komplexe Entscheidungen zu treffen.
- Biologie ist keine Physik: Immer mehr Druck führt bei uns nicht zu immer mehr Leistung. Zu viel Druck verringert den Zugriff auf die neuronalen Netzwerke mit den höheren geistigen Leistun-

gen und führt schlimmstenfalls zu einem Totalausfall von Körper und Geist.

- Momente des Innehaltens – auch wenn es nur wenige Minuten der Reflexion sind – verbessern messbar den Zugriff auf unseren präfrontalen Cortex. Zudem können in Ruhephasen neue neuronale Netzwerke entstehen, unsere Kreativität und Intuition steigen, und wir erreichen messbar bessere Ergebnisse.
- Im fMRT lässt sich erkennen, dass zu wenig Schlaf die Aktivität unseres präfrontalen Cortex reduziert. Wir treffen schlechtere Entscheidungen und erinnern uns an doppelt so viele negative wie positive Dinge.
- Wir brauchen ausreichend Schlaf, damit das glymphatische System in unserem Kopf optimal arbeiten kann. Dieses reinigt unser Gehirn von Abfallstoffen wie beispielsweise Amyloid-beta. Wird dieses nicht abtransportiert, lagert es sich ab und steigert das Risiko neurodegenerativer Krankheiten wie Alzheimer.
- Multitasking verbraucht übermäßig viel Energie in unserem Gehirn. Singletasking hingegen macht uns schneller, uns unterlaufen messbar weniger Fehler, und wir fühlen uns weniger genervt.
- Unsere Art des Atmens verändert die Aktivität unseres Gehirns: Nasenatmung synchronisiert die Nervenzellen des Hippocampus und der Amygdala. Wir können dadurch Emotionen wie Angst schneller verarbeiten, und wir entwickeln ein besseres Erinnerungsvermögen.
- Intensive Atemtechniken, wie die von Wim Hof, können innerhalb weniger Augenblicke das Maß an entspannenden Alpha- und Thetawellen in unserem Kopf steigern. Es ist wie ein Stress-Reset für das Gehirn.
- Ein längeres Aus- als Einatmen aktiviert unser beruhigendes parasympathisches Nervensystem.

Und was nun?

Ein allerletztes kurzes Experiment: Wenn Sie diesen Satz beendet haben, beobachten Sie einige Momente lang Ihren Atem, bevor Sie weiterlesen. Bitte tun Sie es wirklich.

…

Ist Ihnen aufgefallen, dass Sie plötzlich ein wenig anders geatmet haben? Es verändert sich etwas in uns, wenn wir genauer hinschauen. Man kennt das Phänomen aus der Quantenphysik: 1998 entdeckten Wissenschaftler in einem Experiment, dass bereits die Beobachtung eines Elektrons dazu führt, dass dieses sich anders verhält. Und genau das wäre nun eine Möglichkeit, mit den Erkenntnissen aus diesem Buch umzugehen: Durch das hinzugewonnene oder vertiefte Wissen schauen Sie jetzt in einigen Bereichen Ihres Lebens womöglich genauer hin. Bereits diese Selbstbeobachtung führt zu einem etwas neuen Verhalten – so, wie Sie es gerade mit Ihrer Atmung erlebt haben.

Es ist dabei völlig normal, dass einige Erkenntnisse dieses Buchs für Sie im Moment möglicherweise packender sind als andere. Das ändert sich und ist abhängig davon, in welcher Lebensphase Sie sich gerade befinden und was Ihnen derzeit wichtig ist. Hätte ich dieses Buch mit Anfang 20 gelesen, hätte ich mich wahrscheinlich zuerst auf die Umsetzung der Inhalte von Kapitel 4 gestürzt, um schneller meine Ziele zu erreichen und persönlich zu wachsen. Ich hatte damals gerade bei SonyMusic mit dem Aufbau des digitalen Geschäfts begonnen, wollte beruflich erfolgreich sein und aufsteigen. Einige Jahre später war mir das geglückt: Ich bekam eine weltweit leitende Rolle bei Ericsson und hatte plötzlich pro Tag zwei Dutzend Probleme aus verschiedenen Ländern zu lösen. Diese

Zeit war ziemlich hektisch und geprägt von einem täglichen Auf und Ab. Die Methoden für einen guten Sukha-Zustand aus Kapitel 1 hätten mir dabei damals sehr geholfen. Seit ich mich selbstständig gemacht habe, spätestens jedoch seitdem ich Vater bin, ist das Thema »Management der eigenen Ressourcen« sehr präsent – und damit sind die Inhalte aus dem fünften Kapitel besonders spannend.

Ich habe in verschiedenen Ländern an über zehn unterschiedlichen Orten gelebt. Daher habe ich die Erkenntnisse aus Kapitel 2 über das neurobiologische Grundbedürfnis von Verbundenheit und was geschieht, wenn es fehlt, hautnah und intensiv erfahren. Ich weiß, wie es sich anfühlt, wenn man sich an einem Platz ganz alleingelassen und an einem anderen vollkommen mit seinen Mitmenschen verbunden fühlt. Ich wäre daher gerne früher an das Wissen von Matthieu Ricard gelangt. Zum einen, weil ich dadurch auch in schwierigen Phasen das Verbundenheits- und Glücksgefühl in mir hätte steigern können. Zum anderen, weil ich manche Konflikte hätte leichter lösen können. Denn das Wunderbare an der Metta-Meditation ist: Man braucht so manche zwischenmenschlichen Probleme innerlich nicht mehr kognitiv zu bearbeiten – sie lösen sich teilweise bereits durch das Erschaffen eines wohlwollenden inneren Zustands.

Zurück zu Ihnen: Falls Sie es nicht bei der reinen Beobachtung Ihrer selbst belassen, sondern die Erkenntnisse dieses Buchs konkret umsetzen wollen, hätte ich noch etwas für Sie!

Schauen Sie sich das folgende Bild an, und übertragen Sie es auf ein Blatt Papier. Sie können mir auch eine formlose E-Mail an umsetzung@leben-mit-hirn.de senden. Sie erhalten dann automatisch in wenigen Augenblicken diese Grafik als PDF zugesandt.

Erinnern Sie sich daran, was Sie in diesem Buch am meisten angesprochen hat. Welche Ideen und Erkenntnisse waren für Sie besonders hilfreich? Dieses Bild kann Ihnen helfen, Ihre Gedanken noch besser einzuordnen und zu strukturieren. Stellen Sie sich zu jeder Erkenntnis die folgenden zwei Fragen, und übertragen Sie das Ergebnis durch ein kleines Kreuz auf dieses Bild.

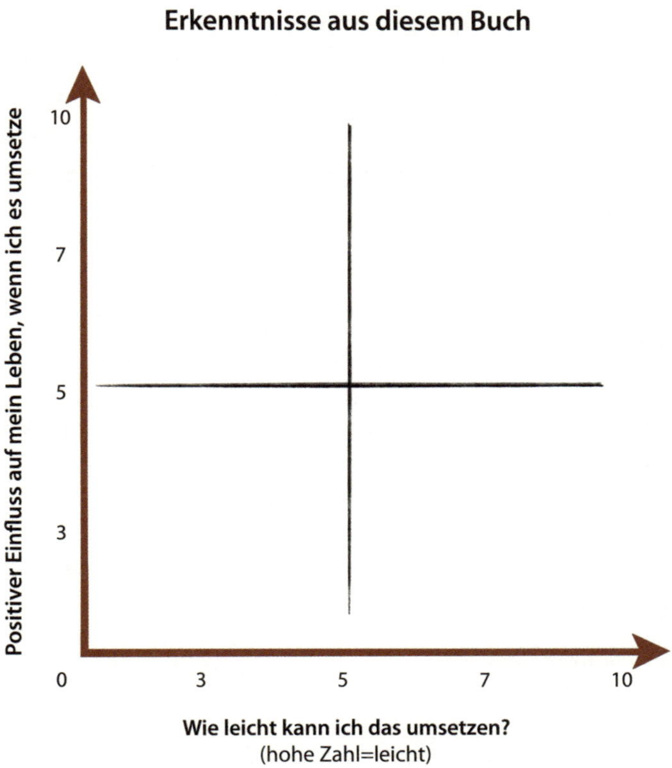

1. Auf einer Skala von 1 bis 10: Wie groß könnte der Einfluss dieser Erkenntnis auf mein Leben sein, wenn ich sie wirklich anwende?
2. Auf einer Skala von 1 bis 10: Wie leicht ließe sie sich umsetzen?

Wenn Ihnen beispielsweise »Singletasking« in den Sinn kam, Sie jedoch gerade Mutter von neugeborenen Drillingen sind, dann würden Sie Ihr Kreuz mutmaßlich sehr weit links machen und daneben das Wort »Singletasking« schreiben, damit Sie wissen, wofür das Kreuz steht.

Idealerweise werden Sie jedoch auch manches im oberen rechten Bereich dieser Matrix notieren. Das sind die Dinge, die einen großen positiven Einfluss auf Ihr eigenes Leben haben können, wenn Sie sie anwenden, und die zudem auch leicht umsetzbar sind.

Was sind »Erkenntnisse« genau? Nun, vielleicht sind es Dinge, die ich geschrieben habe. Vielleicht sind es aber auch Gedankenverknüpfungen, die in Ihnen entstanden sind, während Sie dieses Buch lasen. Als kleine Erinnerung hier eine – sicherlich unvollständige – Übersicht einiger Aspekte, die ich beim Durchblättern für Sie gerade zusammengestellt habe:

DINGE, DIE SIE VIELLEICHT MITNEHMEN MÖCHTEN

- Unsere Gedanken beeinflussen, welche Bereiche des Hirns aktiv werden (Seite 21)
- Re-Fokussierung (Seite 25)
- Unser Gehirn will uns am Leben erhalten – um das Glück müssen wir uns selbst kümmern (Seite 27)
- Dankbarkeit (Seite 29)
- Affect Labelling (Seite 36)
- Innere Distanzierung (Seite 42)
- Umdeutung (Seite 45)
- Fragen der Kraft (Seite 48)
- Normalisieren (Seite 49)
- Kooperation als Ausdruck von Verbundenheit (Seite 63)
- Verbundenheitsgefühl aktiviert Belohnungszentren im Gehirn (Seite 67)
- »Was brauchst du gerade, um dich besser zu fühlen?« – über Bedürfnisse sprechen (Seite 79)
- »Suspending Judgement« (Seite 85)
- Eine Geschichte – vier Menschen; Juan Diaz-Prinz (Seite 95)
- Achtsame Reflexion (Seite 97)

- Spiegeln der anderen Person (Seite 98)
- Mitgefühl ist besser als Mitleid (Seite 111)
- Mensch und Verhalten differenziert betrachten (Seite 128)
- »Play the ball, where the monkey drops it« (Seite 130)
- Metta-Meditation/Kultivierung von Liebe reduziert Anspannung, Verärgerung und körperlichen Schmerz und lässt unsere Zellen länger leben (Seite 132)
- Widerstände und Strategien antizipieren (Seite 149)
- Mentale Generalproben (Seite 156)
- Einfluss nehmen in herausfordernden Situationen wirkt beruhigend (Seite 160)
- Vergebung (Seite 164)
- Fokus auf Werte in Stress-Situationen wirkt beruhigend (Seite 179)
- Auf das eigene Umfeld achten, denn es beeinflusst den Glauben an uns selbst (Seite 180)
- Bereits das Streben nach Glück schüttet Dopamin aus (Seite 186)
- Wir können Materie durch unsere Gedanken verändern: die Struktur des Gehirns (Seite 187)
- Handmodell des Gehirns (Seite 193)
- Ruhephasen, um den PFC zu stärken und wieder komplexere Aufgaben zu bewältigen (Seite 209)
- Ruhephasen für neue neuronale Verknüpfungen: Einsichtsmomente (Seite 210)
- Ausreichend Schlaf (Seite 211)
- Singletasking (Seite 215)
- Reduzierte E-Mail-Frequenz reduziert Stress (Seite 218)
- Pomodoro-Technik (Seite 218)

- Nasenatmung (Seite 219)
- Wim-Hof-Atmung (Seite 222)
- Länger aus- als einatmen (Seite 227)

Doch blättern Sie selbst nochmal durch! Wahrscheinlich fallen Ihnen andere Dinge auf als mir.

Keine Sorge: Sie müssen jetzt keinesfalls alles in die Matrix übertragen. Es soll ja nicht in Arbeit ausarten. Nehmen Sie nur die Aspekte, die Sie ansprechen!

Wenn Sie all Ihre Kreuze gemacht haben, schauen Sie die Matrix nochmal in aller Ruhe an, und wählen Sie drei Aspekte für sich aus, die Sie fokussiert angehen wollen. Nehmen Sie dazu am besten etwas aus dem oberen rechten und dem oberen linken Quadranten. Sie können nun das Wissen aus Kapitel 4 anwenden, indem Sie sich zu jedem dieser Punkte folgende drei Fragen stellen:

1. Was würde sich für mich verändern, wenn ich diesen Aspekt konsequent in meinem Leben umsetzen würde? (Das ist die Chuck-Norris-Visualisierung aus Kapitel 4, der Ihren PFC in einen guten Zustand versetzt.)
2. Welche Widerstände bei der Umsetzung antizipiere ich?
3. Welche Strategien fallen mir jetzt bereits ein, um die möglichen Widerstände zu überwinden?

Sie wissen ja, dass durch Antizipation der Widerstände die Wahrscheinlichkeit deutlich steigt, mit dem Vorhaben erfolgreich zu sein! Insbesondere dann, wenn Sie sich die passende Lösungsstrategie bereits im Vorfeld zurechtlegen.

Ich hoffe, Sie konnten in diesem Buch über das erste Kapitel hinaus noch eine Menge weitere Ansätze entdecken, durch die Sie Ihren Sukha-Zustand verbessern. Denn natürlich wirken viele der Aspekte aus der Liste auch Sukha-stabilisierend. Sie wissen ja: Wir können die Beschaffenheit unserer Wege nicht vorhersehen. Jedoch können wir uns darauf vorbereiten, dass wir auf der Reise stabil bleiben!

Falls Sie sich jetzt fragen, ob man noch tiefer gehen kann: Ja, das können Sie. Ich habe dazu passende Trainings und Seminare entwickelt. Dort lernen Sie auch, wie Sie Ihre persönlichen Fragen der Kraft entwickeln. Mehr dazu erfahren Sie auf www.leben-mit-hirn.de

Anhang

Willkommen im Anhang. In Kapitel 3, in dem es um Wohlwollen und Menschen-Zugewandtheit ging, hatte ich Ihnen versprochen, dass ich Ihnen die Metta- und Mitgefühlsmeditation erkläre. Zunächst beschreibe ich Ihnen die einzelnen Schritte im Detail. Im Anschluss finden Sie eine praktische schnelle Anleitung des Meditationsprozesses.

Vorab zur Einordnung: Es gibt unzählige Varianten dieser mentalen Methode. Falls Sie bereits Metta- oder Mitgefühlsmeditation praktiziert haben, kann es sein, dass die von Ihnen praktizierte Methode sich von derjenigen unterscheidet, die ich Ihnen hier zeige. Entscheiden Sie sich einfach für die Form, die Ihnen am besten gefällt – und Sie können sogar eigene Variationen einbauen. Letztlich geht es im Grunde nur um eine Sache: dass Sie in der Lage sind, relativ schnell den angenehmen Zustand von Wohlwollen und Menschen-Zugewandtheit in sich zu erzeugen. Die vielfältigen wissenschaftlich fundierten Vorteile hatte ich Ihnen in Kapitel 3 erläutert.

Metta- oder Mitgefühlsmeditation – die detaillierte Erklärung

Diese Form der mentalen Arbeit lässt sich am besten in Ruhe und mit geschlossenen Augen durchführen. Falls Sie die Augen aber lieber offenhalten möchten, dann tun Sie das! Sie werden im Laufe des Prozesses an fünf verschiedene Menschen denken und für diese das Gefühl von liebevollem Wohlwollen entwickeln. Es gibt dafür einige Sätze, die Sie sich innerlich sagen können, um diesen Zustand zu intensivieren. Welche das sind, verrate ich Ihnen in wenigen Augenblicken. Lassen Sie uns zuerst die fünf Personen durchgehen:

Person 1: Denken Sie an jemanden, den Sie vorbehaltlos lieben. Das kann das eigene Kind sein, der Lebenspartner oder vielleicht auch ein Wohltäter – ein Mensch also, der besonders gut für Sie sorgt oder gesorgt hat. Ich persönlich wähle gerne meine Großeltern. Manchmal denke ich nur an eine der vier Personen, manchmal denke ich auch an alle hintereinander. Während Sie an diesen Menschen denken, lassen Sie wohlwollende Gedanken in sich entstehen. Achten Sie auf das Gefühl von Liebe, das Sie für sie oder ihn in sich spüren.

Manchen Menschen fällt niemand ein, wenn sie sich zum ersten Mal mit dieser Methode beschäftigen. Sollte das bei Ihnen der Fall sein, dann denken Sie an einen Hundewelpen, an ein Kätzchen oder an irgendein anderes Lebewesen, dem gegenüber Sie das unmittelbare Gefühl von Wohlwollen empfinden können.

Sobald Sie diesen Zustand von wohlwollender Liebe in sich spüren, bleiben Sie innerlich bei diesem Gefühl, während Sie sich der Person zuwenden, die Sie auf Platz zwei setzen.

Person 2: Das ist ein besonderer Platz. Denn er gehört Ihnen. Denken Sie an sich selbst, während Sie das Gefühl von Zugewandtheit, Wohlwollen und Liebe weiterhin in sich spüren. Für manche Menschen ist das ungewohnt. Es erscheint ihnen anfangs schwierig, an sich selbst zu denken und dabei Liebe zu empfinden. Wenn Sie sich selbst als Gesamtperson nicht vorbehaltlos annehmen können, dann mögen Sie vielleicht doch einen bestimmten Anteil von sich. Hier ist ein hilfreicher Trick: Denken Sie an einen Teil Ihrer Persönlichkeit oder an eine jüngere Version von sich selbst, und fühlen Sie dabei das Gefühl von Liebe. Sobald Ihnen das gelungen ist, lassen Sie diesen Zustand etwas intensiver werden. Denken Sie dann an die Person, die Sie selbst auf Platz drei gesetzt haben.

Person 3: Jetzt fokussieren Sie sich auf einen guten Freund oder eine gute Freundin. Bleiben Sie mit dem in den vergangenen beiden Runden entstandenen Gefühl von liebevoller Zugewandtheit verbunden. Vielleicht gibt es bestimmte Ereignisse und Erinnerungen, die Sie mit diesem Menschen verknüpfen, die es Ihnen leichter machen, diesen Zustand zu spüren und größer werden zu lassen. Oder möglicherweise denken Sie an gewisse Eigenschaften dieser Person, durch die das Gefühl von wohlwollender Zugewandtheit in Ihnen intensiver wird. Sobald Sie das gut in sich spüren, denken Sie an die Person auf Platz 4.

Person 4: Denken Sie an eine neutrale Person oder an eine neutrale Personengruppe. Das kann der Kassierer im Supermarkt sein, die Busfahrerin oder vielleicht auch ein Nachbar – was auch immer für Sie passt. Und nun übertragen Sie den Zustand von liebevollem Wohlwollen, den Sie zuvor in sich haben entstehen lassen, auf diesen Menschen. Vielleicht hilft es Ihnen, wenn Sie darauf achten, wo in Ihrem Körper Sie dieses Gefühl wahrnehmen. Lassen Sie es einige Augenblicke sehr intensiv werden. Dann wenden Sie sich der letzten Person zu, derjenigen auf Platz 5.

Person 5: Fokussieren Sie sich auf jemanden, mit dem Sie gerade ein eher schwieriges Verhältnis haben. Übrigens können Person 1 und Person 5 manchmal auch identisch sein. Bringen Sie das Gefühl des liebevollen Wohlwollens, das Sie in den vorherigen Schritten in sich entwickelt haben, auch hierher. Möglicherweise gibt es bestimmte Verhaltensweisen dieser Person, die Sie nicht mögen oder sogar ablehnen. Und zugleich können Sie nach einem menschlichen Aspekt suchen, den Sie bei ihm oder ihr finden und für den Sie wohlwollende Gedanken und Gefühle entwickeln könnten. Sobald Ihnen das gelungen ist, lassen Sie dieses angenehme Gefühl in sich größer werden – denn letztlich profitieren hauptsächlich Sie davon, wenn Sie so empfinden.

Bevor Sie sich gleich auf den Weg machen, diese Jahrtausende alte Methode anzuwenden, noch einige Sätze, die es Ihnen ermöglichen, das Gefühl von liebender, wohlwollender Güte leichter in sich zu kultivieren. Es gibt Tage, da können Ihnen diese Sätze sehr gut helfen, wenn das wohlwollende Gefühl von allein partout nicht in Ihnen aufkommen will. Aber vielleicht erweisen sie sich ja auch an allen anderen Tagen als nützlich, wenn Sie von ganz allein in den Zustand hineinrutschen. Denn auch für diese Sätze gilt: Es gibt verschiedene Varianten. Betrachten Sie sie als einen Einstieg in die Methode. Spielen Sie am besten im Laufe der Zeit etwas mit ihnen herum.

Bei jeder der fünf Personen, an die Sie denken, können Sie sich innerlich diese Sätze sagen. Versuchen Sie, jeweils intensiv zu fühlen, was dieser Satz für Sie bedeutet:

Mögest du glücklich sein!
Mögest du gesund sein!
Mögest du die Wellen deines Lebens reiten!
Mögest du in Frieden sein!
… was auch immer das Leben dir anbietet!

Diese Sätze helfen Ihnen, den Zustand von liebender Güte sehr intensiv werden zu lassen. Das ist der Metta-Zustand. Wenn Sie das nun in den Zustand von Mitgefühl erweitern möchten, brauchen Sie nur einen weiteren Satz hinzufügen. Versuchen Sie, diesen wirklich zu spüren, wie der buddhistische Mönch, Matthieu Ricard, es uns beschrieben hat.

Der Satz lautet: **»Mögest du frei von Leid sein«.**

Der Prozess

Runde 1

Denken Sie an einen Menschen, den Sie lieben. Sagen Sie sich innerlich Sätze wie:

Mögest du glücklich sein!
Mögest du gesund sein!
Mögest du die Wellen deines Lebens reiten!
Mögest du in Frieden sein!
Mögest du frei von Leid sein!
… was auch immer das Leben dir anbietet!

Runde 2

Denken Sie an sich selbst. Sie können auch nur an bestimmte Aspekte Ihrer Persönlichkeit oder an einen jüngeren Anteil von sich denken. Sagen Sie sich innerlich Sätze wie:

Mögest du glücklich sein!
Mögest du gesund sein!
Mögest du die Wellen deines Lebens reiten!
Mögest du in Frieden sein!
… was auch immer das Leben dir anbietet!

Runde 3

Denken Sie an einen guten Freund oder an eine gute Freundin. Sagen Sie sich innerlich Sätze wie:

Mögest du glücklich sein!
Mögest du gesund sein!
Mögest du die Wellen deines Lebens reiten!
Mögest du in Frieden sein!
Mögest du frei von Leid sein!
… was auch immer das Leben dir anbietet!

Runde 4

Denken Sie an eine neutrale Person oder eine neutrale Personengruppe. Sagen Sie sich innerlich Sätze wie:

Mögest du glücklich sein!
Mögest du gesund sein!
Mögest du die Wellen deines Lebens reiten!
Mögest du in Frieden sein!
Mögest du frei von Leid sein!
… was auch immer das Leben dir anbietet!

Runde 5

Denken Sie an eine Person, mit der Ihnen der Umgang gerade eher schwerfällt. Sagen Sie sich innerlich Sätze wie:

Mögest du glücklich sein!
Mögest du gesund sein!
Mögest du die Wellen deines Lebens reiten!
Mögest du in Frieden sein!
Mögest du frei von Leid sein!
… was auch immer das Leben dir anbietet!

Ich biete Ihnen diese Metta-Meditation auch als Audiodatei zum Download an. Wenn Sie diese haben möchten, senden Sie eine E-Mail an metta@leben-mit-hirn.de. Ein Autoresponder wird Ihnen in wenigen Augenblicken antworten und Ihnen den Link zu der MP3-Datei zusenden.

Dank

Von all meinen bisherigen Büchern liegt mir dieses besonders am Herzen. Damit es wirklich gut werden konnte, durfte ich im Laufe der vergangenen 18 Monate viele Menschen um Rat und Unterstützung bitten. Die meiste Arbeit mit mir hatte Andrea Rehmsmeier, die bereits seit vielen Jahren alle meine wichtigen Texte gegenliest und der es inzwischen sogar gelungen ist, dass ich das »historische Präsens« verstanden habe. Sie war das erste wichtige Korrektiv während des Schreibprozesses, und ich bin sehr froh, sie zu haben – vor allem, weil sie mich auch inhaltlich immer wieder hinterfragt.

Ich bin auch sehr dankbar für all die Testleser, die mir viele wertvolle Hinweise gaben, wo ich kürzen, verknüpfen, vereinfachen oder mehr ausführen sollte. Dennis Chan, Eric Hofmann, Gerald Hüther, Stefanie Krübbe, Frank Meyer, Nadine Rondholz, Ines Pardigol, Marina Pupac, Linda Residovic, Monica van Bueren, Athanasia Warnecke, Izabela und Lars: Danke für all die Zeit, die ihr mir geschenkt habt!

Eine sehr intensive, angenehme Reise hatte ich mit Nadine Rondholz. Sie hat alle Illustrationen in diesem Buch erstellt. Nach einer langen Odyssee bin ich froh, sie gefunden zu haben. Es ist ihr wunderbar gelungen, meine Gedanken in eine Bildsprache zu übersetzen, und ich habe die unkomplizierte, humorvolle Zusammenarbeit sehr geschätzt. In diesem Atemzug möchte ich auch Anika Knittel-Insalata danken, die mir geholfen hat, nach langer Suche Nadine zu finden.

Ich bin auch froh, Jörg Achim Zoll wieder an meiner Seite gehabt zu haben, der mir mit wichtigen Impulsen bei der Gesamtausrichtung dieses Buchs von Beginn an sehr half.

Und weil ich mich mit dem Team des Campus Verlags so wohl fühle, erscheint auch dieses Buch wieder dort. Dank an Joachim Bischofs, der mich in sechsmonatigen Abständen freundlich immer wieder daran erinnerte, dass ich ihm bei einem gemeinsamen Abendessen versprochen hatte, dieses Buch zu schreiben. Und auf halber Strecke bekam ich mit Danja Hetjens eine neue Lektorin, mit der es sich vom ersten Moment an so angenehm anfühlte, als hätten wir schon viele Jahre miteinander gearbeitet.

Glossar

Amygdala Die Amygdala spielt eine wichtige Rolle bei der Erzeugung und Verarbeitung von Emotionen und Erinnerungen. Insbesondere Angst und Wut werden von ihr beeinflusst. Menschen, denen dieser Teil des Gehirns operativ entfernt wurde oder bei denen er aufgrund einer Erbkrankheit verkalkt ist, können keine Angst mehr spüren – selbst dann nicht, wenn sie sich in einer lebensbedrohlichen Situation befinden. Ebenso sind sie auch nicht mehr in der Lage, den Gesichtsausdruck anderer Menschen zu deuten. Für gewöhnlich können wir uns emotional verknüpfte Ereignisse besser merken als trockene Fakten. Bei Menschen mit einer beschädigten Amygdala ist das anders. Sie können sich an abstoßende, neutrale oder angenehme Filmszenen gleich gut erinnern.

Auf Deutsch wird die Amygdala »Mandelkern« genannt – wobei es sich eher um einen Mandelkernkomplex handelt, der aus mehreren Unterteilen zusammengesetzt ist. Dieser Komplex verfügt über einige wichtige neuronale Verknüpfungen zu anderen Teilen des Gehirns. Zum einen besteht eine enge Verbindung zum Hirnstamm, über die die Amygdala die Atmung und den Kreislauf beeinflussen kann. Wenn wir starke Angst verspüren, dann ist es diese Verbindung, die unser Herz bis zum Hals schlagen lässt. Darüber hinaus gibt es noch einen Daten-Highway zum Hypothalamus. Das ist der Herr über das vegetative Nervensystem. Über ihn kann die Amygdala dafür Sorge tragen, dass unsere Nebennieren in bedrohlichen Situationen Adrenalin ausschütten.

EEG Mithilfe der Elektroenzephalografie (EEG) lässt sich die elektrische Aktivität eines Gehirns messen. Wird eine Nervenzelle erregt, strömen Millionen positiv geladene Natriumionen durch kleine Kanäle in der Zellmembran in die Zelle ein. Dadurch entsteht ein kleiner Stromstoß, der »Aktionspotenzial« genannt wird. Einer dieser Stromstöße ist zwar sehr schwach, doch für gewöhnlich werden gleich Millionen von Nervenzellen aktiv, und deren kumulierten Stromstöße lassen sich auf der Kopfhaut messen.

Bei einer Untersuchung mit einem EEG tragen die Patienten oder Probanden für gewöhnlich eine Haube mit vielen kleinen Löchern auf dem Kopf. In diese Löcher werden Elektroden gesteckt, die auf der Kopfhaut aufliegen. Meist wird jede Elektrode mit einem leitenden, klebrigen Gel versehen, damit die elektrischen Impulse von der Haut zur Elektrode noch besser übertragen werden. Man hat dadurch im Anschluss eine wirklich zerzauste Frisur. Schon 1924 kam das erste EEG zum Einsatz. An der Universität in Jena maß der Neurologe Hans Berger erstmals die Hirnströme eines Menschen durch dessen Kopfhaut. Bereits 50 Jahre zuvor hatte ein Arzt in Liverpool die elektrische Aktivität von Affenhirnen gemessen. Dazu hatte er damals den Schädel der Tiere geöffnet und die Elektroden direkt auf deren Hirn befestigt. Auch heute noch werden Elektroden bei Menschen direkt im Gehirn angebracht. Erinnern Sie sich noch an das Unterkapitel in Kapitel 5 »Symphonie im Hirn«? Die Ärzte an der Feinstein School hatten Epilepsie-Patienten auf eine bevorstehende Operation vorbereitet. Um die Ursprünge von epileptischen Anfälle genau lokalisieren zu können, implantierte ein Neurochirurg eine Woche vor der Hauptoperation mehrere Elektroden in die Gehirne der Probanden. Liegen die Elektroden anstatt auf der Kopfhaut direkt am Gehirn, nennt sich das dann jedoch »Elektrokortikogramm«.

fMRT Die funktionelle Magnetresonanztomografie ist eine Methode der sogenannten bildgebenden Verfahren. Bildgebende Verfahren, oftmals auch als »Neuroimaging« bezeichnet, helfen uns, einen sehr detaillierten Blick auf die Struktur und die Vorgänge eines Gehirns zu werfen, ohne dass man zu diesem Zweck den Schädel öffnen muss.

Wie funktioniert das? Wenn wir bestimmte Areale des Hirns besonders intensiv nutzen, benötigen diese mehr sauerstoffreiches Blut. Sauerstoffreiches und sauerstoffarmes Blut haben unterschiedliche magnetische Eigenschaften – und genau das lässt sich mit einem MRT-Gerät messen. Nehmen wir beispielsweise das Experiment von Olga Klimecki und Matthieu Ricard zu Mitleid und Mitgefühl aus Kapitel 3: Zuerst haben sich die Wissenschaftler die Gehirne aller Probanden im Ruhezustand mithilfe der fMRT angeschaut. Als sie diesen später Filme mit den leidenden Menschen zeigten und sie baten, sich in diese Personen einzufühlen, wurde bei den Probanden der anteriore Midcinguläre Cortex aktiver. Wie konnte man das erkennen? Als die Wissenschaftler abermals einen Hirnscan erstellten, während die Teilnehmenden die Filme sahen, konnten sie erkennen, dass im anterioren Midcingulären Cortex mehr sauerstoffreiches Blut zirkulierte als in der ersten Aufnahme im Ruhezustand. Auf diese Weise ließ sich der Rückschluss ziehen: Dieser Bereich des Gehirns ist gerade aktiver als zuvor.

Hirnstamm Lebewesen wie wir könnten auf viele Bereiche ihrer Gehirne verzichten und würden körperlich dennoch überleben. Doch wenn der Hirnstamm ausfällt, dann sterben wir. Dieser unscheinbare, daumengroße Bereich verbindet das Hirn mit dem Rückenmark und kümmert sich um viele der unbewussten, überlebenswichtigen Vorgänge in unserem Körper. Der Hirnstamm kontrolliert beispielsweise unseren Blutdruck, die Herzfrequenz, die Atmung und den Schlaf mit den damit verbundenen Traumphasen. Er löst Reflexe wie Husten, Schlucken oder Erbrechen aus, und er sorgt für Überlebensverhaltensweisen wie Angriff, Flucht und Starre, wenn wir uns in einer bedrohlichen Situation befinden.

Der Hirnstamm ist so etwas wie der gute Geist, der sich im Hintergrund um die Basics kümmert, während all die anderen Bereiche des Gehirns sich mit so coolen Dingen wie Bewegung, Verarbeitung von Impulsen, Emotionen und all den höheren kognitiven Fähigkeiten auseinandersetzen können. Vielleicht haben Sie schon mal davon gehört, dass die linke Hirnhälfte die Impulse verarbeitet, die sie aus der rechten Körperseite erhält, und dass sie auch die Muskeln der rechten Körperseite ansteuert. Gleiches gilt für die linke Körperseite und die rechte Hirnhälfte. Die Überkreuzung der Nervenbahnen von einer auf die andere Seite findet im Hirnstamm statt.

Limbisches System Das limbische System ist eine Beschreibung für mehrere neuronale Strukturen in unserem Kopf. Vor ungefähr 150 Jahren ist der Begriff entstanden. Seitdem diskutieren Wissenschaftler ständig darüber, was denn nun genau zum limbischen System gehört und was seine Aufgaben sind. Manche Teile gehören unumstritten dazu wie beispielsweise die Amygdala und der Hippocampus. Und es ist auch klar, dass das limbische System eine wichtige Rolle bei der Verarbeitung von Emotionen und Erinnerungen spielt. Aber dann fängt es auch schon an mit der Diskussion: Wissenschaftler heben gerne den Finger und sagen: »Aber es gibt doch auch andere Bereiche außerhalb des limbischen Systems, die eingebunden sind!« Sie sehen: Es ist gar nicht so ganz einfach, ganz klar abzugrenzen, was das limbische System nun ist und was es kann.

Aber wir können es ja mal andersherum versuchen: Was wäre, wenn manche Bereiche des limbischen Systems nicht mehr funktionierten? Was bei einer kaputten Amygdala geschieht, haben Sie weiter oben im Glossar bei »Amygdala« bereits lesen können. Wenn dann auch noch der Hippocampus fehlen würde, dann wird es wirklich schwierig, sich Informationen neu zu merken oder sich an Gemerktes zu erinnern. Der Hippocampus ist also so etwas wie der Bibliothekar in unserem Kopf. Leider ist er auch einer der ersten Bereiche im Gehirn, der bei Alzheimererkrankungen in Mitleidenschaft gezogen wird. Das Ergebnis kennt man …

Und da sind auch noch die körpereigenen Opioide, die sogenannten Endorphine! Dass diese ausgeschüttet werden, darum kümmert sich unser limbisches System auch. Daher könnte man sagen: Ohne limbisches System würden wir kaum noch etwas fühlen, und wir könnten uns an kaum etwas erinnern. Es wäre ein trostloses Leben.

PFC Der präfrontale Cortex (PFC) liegt direkt hinter unserer Stirn. Er gilt als das oberste Kontrollzentrum des Gehirns. Kein anderes Säugetier hat einen anteilig zur Gehirnmasse so gut ausgeprägten PFC wie wir Menschen. In ihm sind unsere höheren geistigen Leistungen verborgen: Er nimmt die Umwelt wahr, gleicht diese mit unserem Gedächtnis und den emotionalen Bedeutungen ab und lässt uns angemessen handeln. Stellen Sie sich beispielsweise vor, Sie säßen in einem Restaurant und der Kellner würde Ihnen die Flusskrebse empfehlen. Das wäre die Wahrnehmung der Umwelt durch den PFC: Sie erinnern sich, die Flusskrebse schon einmal probiert zu haben, und Ihr Hals schnürt sich zusammen, da Sie sich danach die halbe Nacht übergeben mussten. Das ist der vorher beschriebene Abgleich der Umweltwahrnehmung mit Gedächtnis und emotionaler Bewertung. Am Ende würden Sie also den Kellner freundlich anlächeln und einen Salat bestellen – das wäre eine angemessene Reaktion Ihres PFC!

Doch es sind weitere höhere kognitive Fähigkeiten im PFC verborgen, so etwa die Impulskontrolle oder die vorausschauende Handlungsplanung, aber auch die Fähigkeit, sich in andere hineinversetzen zu können.

Die Reifung des PFC ist oftmals erst im frühen Erwachsenenalter abgeschlossen, dieser Prozess kann bis zum 25. Lebensjahr dauern. Insbesondere während der Pubertät kann es zu einer tiefgreifenden Umstrukturierung dieses Bereichs unsers Gehirns kommen. So ist es möglich, dass ein 15-Jähriger oder eine 15-Jährige manche Fähigkeiten, die er oder sie bereits erworben hatte, zu verlieren scheint. Fähigkeiten wie beispielsweise die Impulskontrolle, die Empathie oder die vorausschauende Handlungsplanung verschwinden wie von Geisterhand und können die Eltern zur Verzweiflung treiben.

Wenn der PFC so bedeutsam ist, kann man etwas dafür tun, um seine Entwicklung zu fördern? Ja! Das Volumen des PFC und auch die Netzwerke, die in andere Bereichen des Gehirns führen, lassen sich vergrößern. In einer Studie der Harvard Medical School haben Probanden durch wenige Wochen regelmäßiger Achtsamkeitsmeditation diese Strukturen in ihren Gehirnen wachsen lassen – ich hatte die Studie auf Seite 187 erwähnt. Insbesondere diejenigen neuronalen Netzwerke haben sich dabei entwickelt, mit denen der PFC die emotionalen Impulse des limbischen Systems kontrolliert.